LIÇÕES PRELIMINARES DE FILOSOFIA DO DIREITO

Outros Livros do Autor

Direito e áreas afins

O Procedimento Administrativo, Coimbra, Almedina, 1987 (esgotado); *Quadros Institucionais – do social ao jurídico*, Porto, Rés, 1987 (esgotado); refundido e aumentado no volume *Sociedade e Direito. Quadros Institucionais*, Porto, Rés, 1990; *Introdução à Teoria do Direito*, Porto, Rés, 1988 (esgotado); *Noções Gerais de Direito*, Porto, Rés, 1.ª ed., 1988, 2.ª ed. 1991, outras eds. ulteriores (em colaboração). Edição bilingue português-chinês, revista. adaptada e muito aumentada: *Noções Gerais de Direito Civil,* I, trad. de Vasco Fong Man Chong, Macau, Publicações O Direito, ed. subsidiada pelo Instituto Português do Oriente e Associação dos Advogados de Macau, 1993); *Problemas Fundamentais de Direito*, Porto, Rés, 1988 (esgotado); *Direito*, Porto, Edições Asa, 1990; 2.ª ed. 1991; 3.ª ed., 1994 (esgotado); *Mito e Constitucionalismo. Perspectiva conceitual e histórica,* Coimbra, 1988, Separata do "Suplemento ao Boletim da Faculdade de Direito de Coimbra", vol. III, Coimbra, 1990 (esgotado); *Pensar o Direito I. Do realismo clássico à análise mítica,* Coimbra, Almedina, 1990 (esgotado); *Direito. Guia Universitário*, em colaboração, Porto, Rés, 1990; *Pensar o Direito II. Da Modernidade à Postmodernidade*, Coimbra, Almedina, 1991 (esgotado); História da Faculdade de Direito de Coimbra, Porto, Rés, 1991, 5 vols. (com colaboração); *Princípios de Direito. Introdução à Filosofia e Metodologia Jurídicas*, Porto, Rés, 1993; *Para uma História Constitucional do Direito Português*, Coimbra, Almedina, 1995 (esgotado); *Tópicos Jurídicos*, Porto, Edições Asa, 1.ª e 2.ª ed., 1995 (esgotado); *"Peço Justiça!"*, Porto, Edições Asa, 1995 (esgotado); *"Peço Justiça!"* edição em Braille, Porto, Centro Prof. Albuquerque e Castro, n.º 1176, 8 volumes; *Amor Iuris, Filosofia Contemporânea do Direito e da Política*, Lisboa, Cosmos, 1995 (esgotado); *Constituição, Direito e Utopia. Do Jurídico-Constitucional nas Utopias Políticas*, Coimbra, Faculdade de Direito de Coimbra, Studia Iuridica, Coimbra Editora, 1996; *Peccata Iuris. Do Direito nos Livros ao Direito em Acção*, Lisboa, Edições Universitárias Lusófonas, 1996; *Arqueologias Jurídicas. Ensaios juridico-humanísticos e jurídico-políticos*, Porto, Lello, 1996; *Lições Preliminares de Filosofia do Direito*, Coimbra, Almedina, 1998, esgotado, há 2.ª ed.; *A Constituição do Crime. Da substancial constitucionalidade do Direito Penal*, Coimbra, Coimbra Editora, 1998; *Instituições de Direito.* I. *Filosofia e Metodologia do Direito*, Coimbra, Almedina, 1998 (organizador e co-autor); *Res Publica. Ensaios Constitucionais*, Coimbra, Almedina, 1998; *Lições de Filosofia Jurídica. Natureza & Arte do Direito*, Coimbra, Almedina, 1999; *Mysteria Ivris. Raízes Mitosóficas do Pensamento Jurídico--Político Português*, Porto, Legis, 1999; *Le Droit et les Sens,* Paris, L'Archer, dif. P.U.F., 2000*; Teoria da Constituição,* vol. II. *Direitos Humanos, Direitos Fundamentais*, Lisboa, Verbo, 2000; *Temas e Perfis da Filosofia do Direito Luso-Brasileira*, Lisboa, Imprensa Nacional-Casa da Moeda, 2000; *Instituições de Direito.* vol. II. *Enciclopédia Jurídica*, (organizador e co-autor), Coimbra, Almedina, 2000; *Responsabilité et culpabilité. Abrégé juridique pour médecins*, Paris, P.U.F., 2000 (esgotado); *O Ponto de Arquimedes. Natureza Humana, Direito Natural, Direitos Humanos,* Coimbra, Almedina, 2001; *Propedêutica Jurídica. Uma perspectiva jusnaturalista,* Campinas, São Paulo, Millennium, 2001 (em colaboração com Ricardo Dip); *Lições Preliminares de Filosofia do Direito*, 2.ª edição revista e actualizada, Coimbra, Almedina, 2002; *Teoria da Constituição*, vol. I. *Mitos, Memórias, Conceitos*, Lisboa, Verbo, 2002; *Faces da Justiça*, Coimbra, Almedina, 2002; *Direitos Humanos. Teorias e Práticas*, Coimbra, Almedina, 2003 (org.), com Prefácio de Jorge Miranda*; O Século de Antígona*, Coimbra, Almedina, 2003; *Teoria do Estado Contemporâneo* (org.), Lisboa / São Paulo, Verbo, 2003; *Política Mínima,* Coimbra, Almedina, 2003 (esgotado, há 2.ª ed.); *Miragens do Direito. O Direito, as Instituições e o Politicamente Correto,* Campinas, São Paulo, Millennium, 2003; *Droit et Récit,* Québec, Presses de l'Université Laval, 2003 ; *Memória, Método e Direito,* Coimbra, Almedina, 2004 (esgotado); *O Tímpano das Virtudes,* Coimbra, Almedina, 2004; *Filosofia do Direito – Primeira Síntese,* Coimbra, Almedina, 2004 (esgotado); *Direito Natural, Religiões e Culturas,* org., Coimbra, Coimbra Editora, 2004; *Anti-Leviatã*, Porto Alegre, Sérgio Fabris, 2005; *Repensar a Política. Ciência & Ideologia*, Coimbra, Almedina, 2005 (esgotado; há nova ed.); *Lusofilias. Identidade Portuguesa e Relações Internacionais*, Porto, Caixotim, 2005 (Menção Honrosa da SHIP); *Escola a Arder*, Lisboa, O Espírito das Leis, 2005; *Política Mínima*, 2.ª ed., corrigida e actualizada, Coimbra, Almedina, 2005; *Novo Direito Constitucional Europeu*, Coimbra, Almedina, 2005; *História do Direito. Do Direito Romano à Constituição Europeia*, Coimbra, Almedina, 2005 (em colaboração com Joana de Aguiar e Silva e António Lemos Soares); *Direito Natural, Justiça e Política*, org., Coimbra, Coimbra Editora, vol. I, 2005; *O Essencial sobre Filosofia Política Medieval*, Lisboa, Imprensa Nacional-Casa da Moeda, 2005; *O Essencial sobre Filosofia Política Moderna*, Lisboa, INCM, 2006; *Per-Curso Constitucional. Pensar o Direito Constitucional e o seu Ensino*, Prefácio de Manoel Gonçalves Ferreira Filho, São Paulo, CEMOROC – EDF-FEUSP, Escola Superior de Direito Constitucional, Editora Mandruvá, 2006 (esgotado); *O Essencial sobre Filosofia Política da Antiguidade Clássica,* Lisboa, Imprensa Nacional – Casa da Moeda, 2006; *Pensamento Jurídico Luso-Brasileiro,* Lisboa, Imprensa Nacional – Casa da Moeda, 2006; *Raízes da República. Introdução Histórica ao Direito Constitucional*, Coimbra, Almedina, 2006; *Direito Constitucional Geral*, Lisboa, Quid Juris, 2006; *Filosofia do Direito*, Coimbra, Almedina, 2006; *Direito Constitucional Geral. Uma Perspectiva Luso-Brasileira*, São Paulo, Método, 2006 (Prémio Jabuti); *Constituição da República da Lísia*, Porto, Ordem dos Advogados, 2006; *A Constituição Viva. Cidadania e Direitos Humanos,* Porto Alegre, Editora do Advogado, 2007; *Repensar a Política. Ciência & Ideologia*, 2.ª ed., revista e actualizada, Coimbra, Almedina, 2007; *Direito Constitucional Aplicado,* Lisboa, Quid Juris, 2007; *O Essencial sobre Filosofia Política Liberal e Social,* Lisboa, INCM, 2007; *O Essencial sobre Filosofia Política Romântica*, Lisboa, INCM, 2007; *Manual de Retórica & Direito*, Lisboa, Quid Juris, 2007, colaboração com Maria Luísa Malato; *Constituição, Crise e Cidadania*, Porto Alegre, Livraria do Advogado Editora, 2007, com Prefácio de Paulo Bonavides; *Direito Constitucional e Fundamentos do Direito*, Rio de Janeiro / São Paulo / Recife, Renovar, 2008; *Comunicação e Direito*, Porto Alegre, Livraria do Advogado Editora, 2008; *Tratado da (In)Justiça*, Lisboa, Quid Juris, 2008; *Direito Constitucional Anotado*, Lisboa, Quid Juris, 2008; *Fundamentos da República e dos Direitos Fundamentais*, Belo Horizonte, Forum, 2008; *O Essencial sobre Filosofia Política Contemporânea* (1887-1939), Lisboa, Imprensa Nacional-Casa da Moeda, 2008; *O Essencial sobre Filosofia Política do séc. XX (depois de 1940)*, Lisboa, Imprensa Nacional-Casa da Moeda, 2008; *Filosofia Jurídica Prática*, Lisboa, Quid Juris, 2009; *Direito Constitucional & Filosofia do Direito*, Porto, Cadernos Interdisciplinares Luso-Brasileiros (coord.), 2009; *Filosofia Jurídica Prática*, Belo Horizonte, Forum, 2009; *Da Declaração Universal dos Direitos do Homem*, Osasco (São Paulo), EDIFIEO, 2008; *Síntese de Filosofia do Direito*, Coimbra, Almedina, 2009

Ficção e Poesia

Tratado das Coisas não Fungíveis, Porto, Campo das Letras, 2000*; E Foram Muito Felizes,* Porto, Caixotim, 2002; *Escadas do Liceu,* São Paulo, Mandruvá, 2004; *Livro de Horas Vagas*, São Paulo, Mandruvá, 2005

PAULO FERREIRA DA CUNHA

LIÇÕES PRELIMINARES DE FILOSOFIA DO DIREITO

3.ª edição, novamente revista, actualizada e aumentada

ALMEDINA

LIÇÕES PRELIMINARES DE FILOSOFIA DO DIREITO

AUTOR
PAULO FERREIRA DA CUNHA

EDITOR
EDIÇÕES ALMEDINA, SA
Av. Fernão Magalhães, n.º 584, 5.º Andar
3000-174 Coimbra
Tel.: 239 851 904
Fax: 239 851 901
www.almedina.net
editora@almedina.net

PRÉ-IMPRESSÃO | IMPRESSÃO | ACABAMENTO
G.C. – GRÁFICA DE COIMBRA, LDA.
Palheira – Assafarge
3001-453 Coimbra
producao@graficadecoimbra.pt

Junho, 2009

DEPÓSITO LEGAL
295786/09

Biblioteca Nacional de Portugal - Catalogação na Publicação

CUNHA, Paulo Ferreira da

Lições preliminares de filosofia do direito.
3ª ed., novamente rev., actualiz. e aument.
(História e filosofia do direito)
ISBN 978-972-40-3886-5

CDU 340
378

A
Paulo Merêa
Luís Cabral de Moncada
António José Brandão
Michel Villey

in memoriam

"... ce dont le monde présent a besoin plus peut-être que de toute autre chose, c'est bien d'une pensée lucide en matière de philosophie du droit"

Von Wahlendorf, *Politique, Droit Raison*, p. 173

APRESENTAÇÃO

Μέγα βιβλίον μέγα κακόν

APRESENTAÇÃO DA 1.ª EDIÇÃO

Se só se ama o que se compreende (1), a geral intolerância jurídica à filosofia (2), acrescida do proverbial horror português a tal tipo de estudos (3)[1], comprometeriam seriamente qualquer Filosofia do Direito entre nós.

Acreditamos na primeira tese (1), mas descremos da necessidade inevitável da segunda (2), e consideramos a terceira fruto de uma confusão (sobretudo atinente à determinação dos géneros literários em Filosofia) (3), de cuja solucionação este livro, aliás, ousa fazer-se eco (teórico e prático), modestissimamente embora.

Há, isso sim, preguiça filosófica — tal como há, em geral, preguiça cultural e humanística, mas não há uma deficiência congénita ou constitucional nem no jurista, nem no português que os impedissem de aceder à Filosofia.

O problema é, em grande medida, antes de tudo o mais, de falta de conhecimentos que deveriam ser ministrados e apreendidos desde cedo — e na prática não o são; de consequente escassez de hábito; e de cegueira aos benefícios, espirituais e até materiais, de um comportamento diverso do rotineiro — acrítico, não-filosófico.

E ainda, como todo o conhecer também releva de uma afectividade (e não pouco), há que reconhecê-lo, têm-nos faltado a muitos de nós formas de cativar juristas e candidatos a juristas para estas matérias.

Em Outubro de 1997, retomámos a regência da Filosofia do Direito, associada curricularmente à Metodologia. Recordávamos, com saudade, as aulas e seminários que sobre tais matérias ou conexas frequentámos, em Coimbra, com o Senhor Prof. Doutor Castanheira Neves, e em Paris, com M. François Vallançon, e as que delas preleccionáramos, no Porto — parecia-nos há uma eternidade já.

---

[1] Cf. Sampaio BRUNO — *A Ideia de Deus*, nova ed., Porto, Lello, 1987 (1.ª ed., 1902), p. 1.

Os anos transcorridos entretanto tinham-nos mostrado toda uma outra face da Universidade e dos seus caminhos. Como distavam já tantas ilusões dos primeiros tempos!

Metemos ombros à tarefa que, a muita insistência dos nossos colegas, aceitáramos, posto que — confessamo-lo — bem longe do entusiasmo da nossa primeira regência.

Recordávamos as palavras desiludidas e até amargas de Baptista Machado, numa das últimas vezes que com ele falámos, qualificando a Filosofia do Direito como um saber *que a tribo recusa*. Recordávamos a ainda relativamente recente nihilização ou apoucamento prático da cadeira, em várias escolas.

Começaram as aulas, porém, e determinámo-nos a ter um só objectivo, nele investindo todas as nossas forças: o de procurar fazer entender aos estudantes que a Filosofia jurídica, o Direito pensado e o pensar o Direito, é o reduto teórico da Justiça, a retaguarda onde os paladinos da luta pelo Direito (que só o é se for justo) retemperam forças e dessedentam o espírito em águas lustrais. Prometemo-nos então prosseguir não a vulgarização deformadora, mas a simplicidade da reminiscência, da evocação, da memória. Por isso, este texto é propositadamente breve, e com poucas e curtas notas.

Recordámos as *Lições de Direito Administrativo* de Afonso Queiró — que associou desde cedo à sua invulgar craveira de juspublicista a preocupação filosófica —, aquelas em que escreve *currente calamo*, sem livros e como se tivera os alunos diante de si[2].

Sabíamos, evidentemente, e de antemão que jamais atingiríamos a depuração e muito menos a qualidade daquele saudoso Mestre de Coimbra. Mas procurámos com algum afinco evitar toda a erudição. Para que tudo resultasse mais enxuto, mais dado ao essencial.

O texto que ora se dá a lume não é sequer, assim, o primeiro capítulo, ou o capítulo introdutório, de um tratado, manual, ou compêndio de Filosofia Jurídica. E, embora não possa nenhum escrito furtar-se à autoria que leva impressa, muito menos é o presente um estudo dogmático, subjectivo, ou doutrinal que recolhesse a nossa própria perspectiva pessoal sobre os grandes problemas da jusfilosofia.

---

[2] Sobre estas lições, cf. Rogério Ehrhardt SOARES, no seu discurso na jubilação de Afonso Queiró (*in* "Boletim da Faculdade de Direito", Coimbra, Universidade de Coimbra, 1984, vol. LX, pp. 333-334).

Trata-se antes do enfeixar de algumas laudas que reflectem muito directamente as primeiras aulas teóricas da cadeira que estamos pessoalmente redescobrindo e que pretendemos fazer descobrir aos finalistas do nóvel curso jurídico.

Só as damos a lume porque a tal instado, e confessamos que também entusiasmado com a inteligente e igualmente entusiástica participação dos estudantes. Donde termos presumido que talvez outros, além deles, pudessem eventualmente juntar-se a nós nesta caminhada.

O intento é muito lhanamente didáctico — por vezes chocantemente até: mas quiçá seja o tempo de descer do autismo das cátedras ou dos estrados e ir falar com os estudantes, a seu lado. Porque, se isso não for feito, quem nos ouvirá — pelo menos quem nos ouvirá dentro de alguns anos?

Quem nos está ouvindo já?

Insistimos. Os defeitos — inumeráveis — destas folhas não estão, não podem estar, no que nunca pretenderam ser. E não desejaram ser senão a memória de uma meia dúzia de lições preliminares, muito muito simples, de Filosofia do Direito. Bem vistas as coisas, não nos repugnaria nada (antes pelo contrário) que este pequeno livro fosse também utilizado em intenção dos jovens que cursam Introdução ao Direito. Pois essa introdução, devendo ser, como sempre temos defendido (e, na verdade, em muito boa companhia), metodológica e filosófica, muito necessita, de facto, que se vá entendendo o que é a Filosofia do Direito, e a importância da Filosofia para os juristas.

Se esta estratégia de cerco à matéria e de tentativa de sedução das massas universitárias pela técnica do *grão a grão* for surtindo mediano efeito, iremos dando a lume, em sazão própria, a restante meia ou uma dúzia de livrinhos que consideramos faltarem para um aprendiz de jurista começar a ir entendendo alguma coisa de Filosofia do Direito (livrinhos que, com sorte, talvez motivem os estudantes e os juristas a lerem obras mais ortodoxas, volumosas e árduas).

Feito isto, talvez devamos depois começar a reescrever este — naturalmente, completando-o; quiçá complicando-o um pouco... Mas isso é se o público já tiver ficado de algum modo cativado por essa esquiva e misteriosa donzela que é a Jusfilosofia.

Vamos a ver se um dia poderemos dar a lume uma lição cujo exergo seja "*...et ultima non accipitur*".

NOTA DA 2.ª EDIÇÃO

Tendo recebido com surpresa a notícia de que a 1.ª edição destas *Lições* se havia esgotado, não permitiu a urgência dos prelos que esta 2.ª edição viesse a ser fruto de madura re-ponderação e reescrita, como desejaríamos.

Limitámo-nos a rever o texto, depurando-o das gralhas mais patentes e, ao nível bibliográfico, procurámos colmatar algumas lacunas mais óbvias. Não bombardeando, porém, os estudantes – a quem este livro primeiramente se destina – com títulos inacessíveis, cuja superabundância só serviria para ostentar vã erudição. Mas não esquecendo o que de qualidade se vai fazendo perto de nós.

NOTA DA 3.ª EDIÇÃO

Apesar de a 2.ª edição ter permanecido esgotada um certo tempo, à espera que tivéssemos ensejo de avançar para uma reescrita do livro, não foi ainda agora que tal pôde verificar-se, dadas as inúmeras tarefas académicas do quotidiano.

Pensando, contudo, em especial nos novos mestrados bolonheses acrescentámos a Lição n.º 8. Que não se limita a destinar-se a jusfilósofos aprendizes, como é óbvio, mas a todos se dedica e dirige.

O livro mantém a traça geral, mas foi rigorosamente revisto e corrigido em sintonia com a orientação das suas sequências "naturais": os volumes *Síntese de Filosofia do Direito*, *Tratado da (In) Justiça* e *Filosofia Jurídica Prática.*

Eles são, afinal, as "lições" seguintes. Omitiu-se, desta feita, a bibliografia geral, que deverá um dia ser totalmente aditada e repensada, e subdividida por redes temáticas. Procedeu-se, naturalmente, à actualização bibliográfica que, no contexto do estilo do presente livro, se nos afigurou mais relevante.

Lição n.º 1

O MESTRE

Prima non datur

O MESTRE[3]

Aos meus Mestres, nem Lao Chang, nem Lie Tsé.

O Mestre Lao Chang tinha um discípulo muito amado, de nome Lie Tsé. Lie Tsé procurava aprender a arte de julgar.

Durante três penosos anos, Lie Tsé leu todas as leis do Império, consultou todos os mandarins, visitou todas as prisões, e regressou junto do seu Mestre, apto a qualquer exame.

Este não o recebeu.

Então, Lie-Tsé fechou-se no seu jardim, em Tcheng, ignorando todos. Meditou e orou. Ao cabo de três anos, bateu novamente à porta de Lao Chang. Esta permaneceu cerrada.

Lie Tsé compreendeu que não tinha estudado nem meditado o suficiente. Despediu-se dos pais, e recolheu-se a uma montanha, onde

---

[3] História de ficção baseada nas personagens, lugares e peripécias da obra de Lie-Tseu, *O Verdadeiro Clássico da Vida Perfeita* (mas que aqui foram transfiguradas, e tomadas com liberdade poética, simbólica e mítica), e ainda na ideia de Mestre para os *sadiliies*, recolhida por Abu-l-Abbas. A versão de Lie Tseu foi colhida na edição *Philosophes taoistes* da biblioteca da Plêiade, nosso inseparável companheiro para estes clássicos. O poema inspira-se, muito directamente, na versão constante da mesma colectânea: *Tao-tö king*, XX. Mas foi-lhe introduzida a rima e uma diversa focalização, além de uma ou outra liberdade mais. A fonte do texto muçulmano, também por nós tratado algo livremente, é uma formulação dada pelo nosso bom amigo Prof. Dr. D. Joaquín Lomba Fuentes, catedrático da Universidade de Zaragoza, em palavras proferidas pelo cinquentenário do falecimento de Miguel Asin Palacios.

Qualquer semelhança com personagens ou factos da vida real mais ou menos contemporânea é mera coincidência, aliás normal, dado que a literatura e a vida continuamente se imitam.

viveu asceticamente, entre o êxtase e os pergaminhos, durante mais cinco longos anos.

Quando desceu da montanha, as barbas pendiam-lhe pela cintura, e os olhos atentos agigantavam-se-lhe no rosto cadavérico, como duas gemas.

Não foi sequer abraçar os pais: correu à casa de Lao Chang.

Não obteve senão silêncio.

Sem desânimo, Lie-Tsé saíu e passou às terras dos bárbaros. Aí permaneceu mais quatro anos, estudando e aprendendo outros costumes de julgar. Regressou trazendo na sacola novidades e presentes para Lao Chang.

Os portões da habitação deste permaneceram frios e impenetráveis.

Então, Lie-Tsé passou a comportar-se como um homem normal, relembrando o ensinamento de Lao Tsé, no *Tao Te King*:

> "Se a estudar renunciares
> Cuidados deixas de ter
> Pois que diferença há-de haver
> Entre negares e afirmares?
>
> Que divergência acharás
> Entre beleza e fealdade?
> Sábio ou néscio temerás
> O que temer sociedade
>
> Pois o estudo é imenso
> E sem fim fica suspenso."

Com estes versos consolou a sua assumida leviandade. E um dia, volvidos três anos, quando houvera já esquecido as leis e os julgados e as masmorras, passou pelo jardim de Lao Chang. Foi aí que este pela primeira vez o honrou com um olhar.

Lie-Tsé começou a compreender.

Cinco anos mais tarde, Lie-Tsé limitava-se a considerar os actos humanos em silêncio, timidamente, quase com pudor. Foi neste estado que voltou a casa do Mestre.

Aí pela vez primeira o viu ao de leve sorrir.

Entusiasmado, Lie-Tsé levou sete anos a procurar olvidar o negro e o branco, o avesso e o direito, como preparação para a maior tarefa: esquecer o bem e o mal. Disso lhe lembrava também Lao Tsé:

"Pois que diferença há-de haver..."

Ainda não preparado, apresentou-se, arquejante, na sala do Mestre, o qual, num gesto vago, pela primeira vez lhe indicou um assento.

Voltou Lie Tsé a vaguear pela sua Tcheng natal e a correr mundo, tido por louco, pois já não distinguia nenhuma cor, não mostrava preferência por sabor algum, não proferia nenhum juízo. Ou, fazendo-o, baralhava-os. Ora chamava amarelo ao verde, ora pérfido ao amável. Os pais choravam-lhe o juízo perdido.

Quando em si passou a ser frequente encolher os ombros a tudo, e tudo aceitar como possível, sem sequer trocar o em cima pelo em baixo, nem o recto pelo torto, tomou o caminho do jardim de Lao Chang.

Este não o reconheceu, mas venerou-o como a um Mestre.

Ao ouvi-lo sobre as artes de julgar, pensou em recomendá-lo ao seu velho discípulo, ausente há já nove anos.

E Lie Tsé, que tinha na sua diáspora conhecido terras muçulmanas, recordou intimamente, saboreando o seu triunfo:

"Não será teu mestre aquele a quem escutes, mas aquele de quem aprendas; nem o será aquele que te dê as suas lições, mas o que deixe em teu coração o sinal dos seus ensinamentos; nem o será ainda o que te convide a entrar pela porta, mas o que te descerre o véu; nem o que te brinde com as suas palavras, mas antes o que excite em ti os seus próprios estados espirituais."

Por isso, Lie Tsé calou-se, olhou Lao Chang com comiseração, e afastou-se ante o espanto intrigado deste.

Lie Tsé foi a casa, despediu-se para sempre dos pais, já muito idosos, mas agora resignados, e partiu de Tcheng.

Três anos depois, o Mandarim de Wei nomeava Lie Tsé seu juiz.

O justo juiz de Wei deixou nome no coração das gentes como o Salomão daquelas paragens. E quando se retirou, passou a acolher no seu jardim discípulos, aos quais raramente dirigia sequer o olhar.

De Lao Chang, sabemos apenas que continuou a despedir os discípulos. Ah, e mais uma coisa: para o fim da vida, jactava-se de haver sido mestre do juiz Lie Tsé, de Wei. Isso deu-lhe muita popularidade entre os jovens que demandavam a advocacia.

E olhando a sagrada colina envolta em bruma pela janela da sala de aula, o professor de Filosofia do Direito fechou o livro. Trazendo o seu olhar para dentro, observou então os vários rostos dos alunos como se foram um só, e pediu-lhes várias respostas:

"— Há três sentidos fundamentais (porque há sempre *três* sentidos fundamentais) para este texto. Quais serão?"

Lição n.º 2

DA FILOSOFIA

"La marque, en Socrate, du philosophe, c'est qu'il fut condamné à boire la ciguë"

Michel Villey, *Les Carnets*, p. 108

DA FILOSOFIA

1. DA IMPORTÂNCIA DA FILOSOFIA PARA O DIREITO E OS JURISTAS

1.1. Da Negação da Filosofia

1.1.1. *Das formas de Negação da Filosofia*

A importância da Filosofia para o Direito e para os juristas é um tópico ambivalente. Vão sendo já poucos os que, de cabeça levantada, ousem dizer, ao nível científico, em *forum* profissional ou em sede académica, que ela lhe seja nociva ou vã[4]. Porém, muitos troçam dela e dos seus cultores, sobretudo, ao que parece, porque não ganhariam causas nem agenciariam pareceres.

Mas o mais agudo e dramático ataque à Filosofia em geral, curiosamente referindo-se à sua imprestabilidade em questões de Direito (designadamente para defesa em processo judicial), é o de Calícles a Sócrates:

"Na verdade, meu caro Sócrates [...] não te parece vergonhoso comportares-te como, na minha opinião, te comportas, assim como os que, além de ti, sempre aprofundam mais e mais a filosofia? Agora [...] supõe que, apoderando-se de ti ou de algum dos teus pares, vos arrastavam à prisão, arguindo-vos culpados de um crime que não

[4] Sobre os ataques ou proclamações de morte da filosofia (positivistas e marxistas), Luis LEGAZ Y LACAMBRA — *Filosofia del Derecho*, 5.ª ed., Barcelona, Bosch, 1978, p. 23 ss.; António Braz TEIXEIRA — *Sentido e Valor do Direito. Introdução à Filosofia Jurídica*, 2.ª ed., Lisboa, Imprensa Nacional-Casa da Moeda, 2000, p. 23 ss..

haveríeis jamais cometido, não sabes tu bem que serias incapaz de te livrar da situação? Mas não! a vertigem apossar-se-ia de ti; tu aí estarias, boquiaberto, sem encontrar que dizer; e, no dia em que te apresentasses na barra do tribunal, deparando diante de ti com um acusador cheio de malquerença e de perversidade, tu serias condenado à morte, se fosse do seu desejo pedir a morte para ti. Que sabedoria é contudo essa, Sócrates? uma arte que, uma vez tendo tocado com a sua mão um homem bem dotado naturalmente, o tornou pior? que o tornou tão impotente para a si próprio se socorrer como para salvar dos maiores perigos quer a si mesmo quer a pessoa de outrem? exposto a ser, pelos seus inimigos, esbulhado de tudo o que possui? a viver desprezado no seu país? [...]"[5]

E, como sabemos, é este um ataque pesadíssimo, porquanto Platão, jogando com a ironia trágica, nos relembra a factual veracidade dos argumentos do contraditor do seu Mestre. Sem que, todavia, a um nível mais profundo, a razão se inverta. Mas esse nível não é a todos dado ver, posto que a enunciação do diálogo predisponha, obviamente, à simpatia pró-socrática do leitor.

A maioria, de facto, será convencida, seja pela advertência do interlocutor de Sócrates, quer pelos conselhos que, logo a seguir, lhe prodigaliza — sensatos conselhos:

"Crê antes em mim, meu caro, põe termo às tuas especulações, adestra-te [antes] na bela música dos actos, treina-te naquilo que te dará os meios de ser considerado um homem de bom senso, deixando para outros esses preciosismos [...], desejoso de imitar não as pessoas que disputam sobre nadas, mas [ao invés] os que têm meios de existência, reputação e uma multidão de outros bens."[6]

É interessante analisar o comportamento dúplice dos detractores da Filosofia. Porque se despreza tanto a Filosofia no mundo dos juristas? E porque será que, coerentemente, não se tem, não diríamos já a coragem, mas ao menos a ombridade de o afirmar? Porque, no limite,

[5] Platão — *Górgias*, 486 b)-c), trad. nossa a partir da fr. de Léon Robin (Platon — *Œuvres complètes*, I, Paris, Gallimard, 1950, p. 430).

[6] Platão — *Górgias*, 486 c)-d), trad. nossa a partir da fr. de Léon Robin (Platon — *Œuvres complètes*, I, Paris, Gallimard, 1950, p. 430).

quem despreza o pensar e o pensar livre (e mais que desprezo deles tem horror) chega ao ponto de pretender discorrer "filosoficamente" (pobre Filosofia) e crê que qualquer grau jurídico seria apto a estabelecer como "jusfilósofo" quem, num momento de desenfado, pretendesse doutrinar estudantes com a sua ideologia ou crença a coberto dessa designação, ou discorrer banalidades (mais ou menos autobiográficas?) como desfastio de outros labores mais técnicos. Um dos maiores sinais de desprezo pela Jusfilosofia reside no duplo movimento de, por um lado se considerar que qualquer um pode ensiná-la, e, por outro, que quem se desconsidera e se pretende desprestigiar como jurista não passaria de "um Filósofo do Direito!"

Qual a razão destas especificidades epistemológicas? É certo que os historiadores do Direito, os seus sociólogos e antropólogos também não são levados a sério entre os pretensos donos do saber jurídico. Mas os jusfilósofos são tidos ao mesmo tempo por os mais bizarros e os mais invejados – pois muitos juristas práticos parecem ambicionar "reformar-se" (ou "tirar férias") a ensinar essa matéria que não sabem e menosprezam e mesmo atacam ou ridicularizam.

Pode haver muitas respostas correctas a estas interrogações. Gostaríamos de, sem nos comprometermos em absoluto com ela, colocar à vossa consideração uma hipótese.

Não será que negar a filosofia é já filosofar? Tal já foi afirmado por alguns filósofos, a começar logo por Aristóteles. Ora sustentar com argumentos, ainda que positivistas, racionalistas, ou pseudo-científicos, isto é, utilizando um discurso estruturado, com o mínimo de coerência argumentativa, a inutilidade ou a nocividade da Filosofia, ao menos para os juristas, seria já um exercício com algo de filosófico[7].

Ora, para negar a Filosofia é preciso fugir a todo o pensamento reflexivo, especulativo, e a toda a sua exposição de forma lógica e argumentada. O mais eficaz meio de negar a Filosofia é a corrosão histriónica do riso, do riso daninho e mesquinho, desse riso a que alguém chamou, com muita propriedade, a raiva dos impotentes. E, de facto, rir-se da Filosofia, nesse risinho vil, nesse desdém superior da raposa das uvas verdes, é decerto a única forma de negar a Filosofia

---

[7] Cf. o várias vezes paradoxal intento de uma retórica da negação da retórica de Carlo MICHELSTAEDTER — *La Persuasione e la Rettorica*, Milão, Adelphi, 1982. Para mais, o autor suicidar-se-ia no dia seguinte à conclusão deste estudo.

sem filosofar. Todavia, mesmo isso seria negado por Pascal: "Se moquer de la Philosophie, c'est vraiment philosopher"[8].

Ao risinho vil responde uma canora e franca gargalhada filosófica[9]. O risinho é alvar. Mesquinho. Ridículo. A gargalhada é um trovão de inteligência a varrer a mesquinhez. É uma torrente de confrontação entre o real e o ideal (isso é que nos faz rir) que na enxurrada lava das máculas e das verrinas.

1.1.2. *Da Negação da Filosofia à assunção de uma Filosofia implícita e empírica*

Mas o filósofo não pode quedar-se pela gargalhada.

E outra realidade, próxima desta, que lhe é dado observar, é que a negação da Filosofia, enquanto posicionamento de vida ou de profissão, é ainda a assunção de uma filosofia. E entre os juristas, quando vemos o causídico ladino e loquaz (hoje nem sequer isso: digamos, o calculista "videirinho" já nem sequer farfalhudamente verboso), ou o professor que decorou todos os códigos e ficou sem fôlego, dizerem que não vão em filosofias como quem afirmasse que "não vai em futebóis", podemos estar tranquilos que a filosofia jurídica que ambos professam existe, e é só uma: chama-se positivismo jurídico[10]. Mas positivismo jurídico rasteiro, de quinta apanha, sem nada em comum com o positivismo garboso de intelectuais honestos e estudiosos: que os há. E normalmente a sua fé é especificamente votada à versão legalista deste filosofia que, em boa medida, pretende rejeitar a própria Filosofia.

Dir-nos-ão que estamos jogando com as palavras, e que se não pode assacar bossa filosófica a quem queira expressamente livrar-se dessa carga — ou canga. O problema é, evidentemente, de sabermos o que é Filosofia. Neste momento é ainda cedíssimo para realmente procurarmos com rigor qualquer noção técnica (aqui, especificamente

[8] Blaire PASCAL — *Pensées*, I, 4, *in fine*.

[9] Cf. posições de Horácio, Bergson, G. Papini, M. Foucault, Horkheimer, Adorno, etc. no nosso *Constituição, Direito e Utopia. Do Jurídico-Constitucional nas Utopias Políticas*, Coimbra, 'Studia Iuridica', Boletim da Faculdade de Direito, Universidade de Coimbra/Coimbra Editora, 1996, p. 436 ss..

[10] Na verdade, "o positivismo é a filosofia espontânea dos juristas", como recorda António Braz TEIXEIRA — *Sobre os pressupostos filosóficos do Código Civil português de 1867*, in "Fides. Direito e Humanidades", III, Porto, Rés, 1994, p. 148.

filosófica). Porém, se fizermos apelo à noção empírica, corrente, à pré-compreensão geral da palavra, ou ao significado do próprio *topos* "Filosofia", pois não é ele sinónimo de perspectiva de conjunto, cosmovisão ou mundividência, sistema? Ainda que por aí ficássemos, ou apenas pela ideia de que é uma perspectiva, opinião ou até "ideologia", teríamos então que o positivismo jurídico, enquanto explicação ainda que surda e semi-consciente do mundo jurídico, é uma mundividência do Direito, e, assim, um tipo de Filosofia.

Muito mais haveria a aduzir, mas bastem-nos estes argumentos simples, afeiçoados com palavras simples.

1.2. **Da defesa da Filosofia para o Direito e os Juristas**

Mas felizmente não há só quem negue a Filosofia e indirecta e cavilosamente a ataque.

Seria fastidioso e até impossível dar voz ao coro de vozes que em defesa da Filosofia no e para o Direito se têm levantado ao longo dos séculos. Todavia, importa lembrar aqui algumas, para sistematizarmos os argumentos que aduzem em sua defesa, e afinal para vermos se, efectivamente, haverá alguma vantagem em estudar esta matéria, ou se, como dizem os seus detractores, é perda de tempo e até maléfica perda de tempo.

Da Banda dos Filósofos também juristas, seleccionámos a opinião de Leibniz[11]:

"Como seria bom que os juristas renunciassem ao seu desprezo pela Filosofia e compreendessem que, sem ela, a maior parte dos seus problemas são labirintos sem saída!"[12].

De entre os filósofos puros, Josef Pieper, na sua *Verteidigungsrede für dir Philosophie*, coloca espantosa e significativamente em

---

[11] Um testemunho importante (embora algo indirecto) é ainda o do filósofo Martin Heidegger, que, no semestre de Verão de 1930, na Universidade de Fribourg, ousa dar um curso de introdução à filosofia cuja matéria fundamental (e título primeiro) seria a essência da liberdade humana. Ora o problema da Liberdade é um dos principais (e primeiros) da Filosofia do Direito. Cf. Martin HEIDEGGER — *Vom Wesen der menschlichen Freiheit: Einleitung in die Philosophie*, Frankfurt, Klostermann, 1982.

[12] LEIBNIZ, *apud* António Braz TEIXEIRA — *Sentido e Valor do Direito*, cit., p. 9.

exergo do seu trabalho, precisamente este texto que, por não ter indicação de autor, lhe devemos, em princípio atribuir:

"Muitas coisas, necessárias e grandes, como o Direito, encontram-se desamparadas por natureza. Têm de ser defendidas pelo poder, que nesta tarefa encontra simultaneamente o seu fim e a sua legitimação. Pois bem, o exercício do poder do intelecto, para o bem como para o mal, é a argumentação"[13].

Não sendo este texto uma defesa da Filosofia do Direito para os Juristas, é expressão da importância tributada por um filósofo ao Direito, e a subtil afirmação de que a filosofia (argumentativa) é a única a poder fundar o Direito.

No campo dos Filósofos do Direito com actuação prática, destacámos já Schwarz-Liebermann von Wahlendorf:

"[...] ce dont le monde présent a besoin plus peut-être que de toute autre chose, c'est bien d'une pensée lucide en matière de philosophie du droit (...)"[14].

E no dos Filósofos do Direito mais dedicados ao ensino e à investigação, recordamos um memorável e sempre actual texto, também esperançoso, embora escrito em tempos de crise para as nossas áreas, da autoria de Francisco Puy: *Filosofía del Derecho y Ciencia del Derecho*[15]. A sua extensão (e o facto de citações breves o irem sempre de algum modo truncar) não no-lo permite citar aqui, mas incitamos vivamente à sua leitura no original. Sobretudo interessante é verificar-se, por esse texto, que a Filosofia do Direito não vive nas nuvens, e que é labor intelectual e vivência apta a preparar o espírito e a mente para algumas das mais prestigiadas actividades profissionais práticas a que os juristas podem aspirar.

---

[13] Josef Pieper — *Verteidigungsrede für dir Philosophie*, Munique, Kösel, 1966 (trad. cast. de Alejandro Esteban Lator Ros, *Defensa de la Filosofía*, 4.ª ed., Barcelona, 1982).

[14] H. A. Schwarz-Liebermann von Wahlendorf — *Politique, Droit, Raison*, Paris, L.G.D.J., 1982, p. 173.

[15] Francisco Puy — *Filosofía del Derecho y Ciencia del Derecho*, in "Boletim da Faculdade de Direito", Coimbra, Universidade de Coimbra, vol. XLVIII, 1972, p. 145 ss..

Entre nós, o filósofo Álvaro Ribeiro afirma:

"A filosofia da justiça — ou, simplesmente, a filosofia — tem de estar na base da preparação dos juízes, dos jurisconsultos e dos juristas"[16].

Acumular mais testemunhos em nada acrescentaria à argumentação e seria fastidioso.

2. DA IMPORTÂNCIA DO DIREITO PARA OUTROS SABERES, DESIGNADAMENTE OS FILOSÓFICOS E HUMANÍSTICOS

Mas, para além das declarações expressas da importância da Filosofia e da Filosofia do Direito para os juristas verifica-se hoje, retomando a tradição clássica, uma renovada preocupação pelo Direito por parte dos filósofos.

Não vai há muitos anos, já Luc Ferry, no seu ambicioso livro *L'Homme-Dieu*, não deixa de alvitrar sobre o Direito, nomeadamente redescobrindo uma das características recorrentes da reflexão filosófico-jurídica portuguesa contemporânea: a relação entre Direito e Amor[17]. Propõe assim o filósofo francês, sem plausível inspiração lusa (isso parece óbvio) uma fundamentação da *Dikê* na *Philia*[18]. Mas esta proposta reflecte sobretudo a sensibilidade crescente dos pensadores à importância do Direito — e à sua capacidade reprodutiva e influenciadora, desde sempre, noutros domínios e saberes. Embora esta percepção nem sempre seja acompanhada de um estudo muito atento do que o Direito seja... Chega-se a filosofar sobre o Direito sem se ter jamais entrado num tribunal, sem se ter lido um código... E o "hábito" de o fazer não é sequer moderno.

---

[16] Álvaro RIBEIRO, *apud* António Braz TEIXEIRA — *Sentido e Valor do Direito*, cit., p. 9.

[17] Desde logo, J. M. da Cunha SEIXAS — *Galeria de sciencias Contemporaneas*, Porto, Livraria Internacional, 1879, p. 293 ss. As referências a uma tal concepção repetem-se em múltiplos autores. cf. o nosso *Amor Iuris. Filosofia Contemporânea do Direito e da Política*, Lisboa, Cosmos, 1995, máx. p. 172 ss..

[18] Luc FERRY — *L'Homme-Dieu*, Paris, Grasset, 1996 (trad. port. de Maria do Rosário Mendes, *O Homem-Deus ou o sentido da vida*, Porto, Asa, 1997, p. 171 ss..

Há, porém, empreendimentos mais eminentemente práticos. Para os quais o Direito não é tanto uma experiência e uma racionalidade das quais se poderão importar paradigmas (por redescrição, por exemplo), mas um saber técnico e científico onde se procuram soluções práticas. E essa preocupação, embora menos filosófica, é — deve-se dizê-lo — legítima, lisonjeira e sobretudo muito útil a todos.

Ricardo La Cierva, historiador, estudoso de Informática e Teologia, e professor universitário, antigo ministro da Cultura de Espanha, a quem as Finanças do país vizinho, com discernimento e bom critério, qualificaram como "humanista", afirma, por exemplo, com muita propriedade:

"Pero la especialización ha de completarse con un conocimiento serio, aunque no sea especializado, de los demás campos principales del saber. *Un inginiero de sistemas necesita conocer lo esencial del Derecho; aunque no sea por exigencia profesional, pero sí por necesidad cultural, que además puede abrirle posibilidades profesionales insospechadas*"[19].

3. APROXIMAÇÕES À FILOSOFIA E ÀS FILOSOFIAS

3.1. Da Filosofia para candidatos a juristas

Falar especificamente de Filosofia para candidatos a juristas que, de uma maneira geral, pouco aprenderam da matéria na escola secundária, e tudo foram normalmente esquecendo durante os precedentes três anos do curso jurídico, é tarefa árdua. Não serão uma meia dúzia de páginas que os farão recobrar o gosto, nem recordar o olvidado, e muito menos fazer saber o que nunca conheceram.

Por isso é que a empresa de Miguel Reale, na sua *Filosofia do Direito*[20], dedicando quatrocentas páginas a introduzir a filosofia aos

---

[19] Ricardo La CIERVA — *Como ampliar mi cultura*, Madrid, Temas de Hoy, 1988, p. 23 (sublinhado nosso).

[20] Miguel REALE — *Filosofia do Direito*, 13.ª ed., S. Paulo, Saraiva, 1990. Num volume de cerca de duzentas e cinquenta páginas: Miguel REALE — *Filosofía del Derecho*, 1. *Introducción filosófica general*, Madrid, Pirámide, 1979.

candidatos a juristas, é de saudar — mas também é, de algum modo, de arrepiar. Em quantas aulas poderão esses conhecimentos ser ministrados?[21]

Idêntica avaliação e idêntica inquietação nos assaltam perante a estratégia de Elías de Tejada, que dedica todo o tomo I do seu *Tratado de filosofía del derecho* a duas lições, circunscritas ao saber do Direito no quadro dos saberes. Para tal requere quase quinhentas páginas[22].

Aconselhamos, desde já, a leitura e o estudo daqueles autores. Entretanto, sem pretensões de resumir, perguntamo-nos: quais são os rudimentos filosóficos mais essenciais para um aprendiz de filosofia do Direito?

Decerto que alguns terão de ser ministrados *pari passu* com a introdução dos diversos problemas jusfilosóficos.

À partida, de forma muito incipiente embora, seleccionámos algumas questões.

3.2. **Da noção de Filosofia**

A primeira questão a colocar é mesmo a da noção (e, indo um pouco mais longe, da definição — se tal fosse possível...) de Filosofia. Embora o problema da definição de Filosofia possa ser o primeiro problema filosófico, a verdade é que, aqui como em outras coisas, a filosofia vale pelos esforços e não pelos resultados — sobretudo se se quiserem definitivos. É muito complexo definir Filosofia[23]. Talvez seja

---

[21] O que pode ficar para a Filosofia Jurídica propriamente dita? E não esqueçamos que agora a jusfilosofia nas licenciaturas (quando tenha resistido) está reduzida à expressão mais simples de um semestre, em muitos casos. Por vezes, há uma outra disciplina, opcional. Mas parece que os estudantes pouco acreditam que realmente possa abrir, por isso não a escolheriam. Será isso, ou apenas a atracção pelas cadeiras que se crê abram mais portas de empregos? Ou ainda haverá outras explicações?

[22] Francisco ELIAS DE TEJADA — *Tratado de Filosofía del Derecho*, I, Sevilha, Universidad de Sevilla, 1974.

[23] V., entre nós, António José de BRITO — *Para uma Filosofia*, Lisboa, Verbo, 1986, pp. 9-60. É interessante verificar como, não raro, descrições ou aproximações ao conceito de Filosofia (ou às suas formas, prática, função, ou significado) parecendo aparentemente diversas, e até antagónicas, afinal mais não são que diferentes perspectivas (verbais, frequentemente) da mesma preocupação. Assim, por exemplo, dizer

impossível fazê-lo lucidamente e talvez não seja sequer desejável comprimir este saber entre talas definitórias.

Como veremos seguidamente a propósito do Direito, também aqui as definições são multidão, também aqui elas dependem da perspectiva de cada autor, que a insinua normalmente na própria definição, e também aqui optaremos por um pensamento em dois momentos.

Num primeiro momento, embora consideremos que há várias noções de Filosofia muito estimáveis, cuidamos que a mais simples é a melhor.

Poderíamos, com efeito, dizer com, Padovani e Castagnola, que a Filosofia é

> "ciência das coisas pelas causas primeiras para resolver o problema da vida"[24].

Ou, acompanhando Geisler e Feinberg, diríamos que a Filosofia é

> "a análise crítica dos conceitos fundamentais da pesquisa humana, a discussão normativa de como o pensamento e a acção humanos devem funcionar, e a descrição da natureza da realidade"[25].

Excelentes definições, estas. Mas, a nosso ver, mais excelente ainda a estilizada versão de S. Tomás de Aquino:

> "*Scientia rerum per altissimas causas*."

Pois é: a Filosofia é o conhecimento das coisas pelas suas mais elevadas causas.

(como Montaigne, retomando Cícero) que "philosopher, c'est apprendre a mourrir" (*Essais*, XX), parecerá *prima facie* muito diverso da definição para a qual "la philosophie est une pratique discursive, qui a la vie pour objet, la raison pour moyen, est le bonheur pour but" (André COMTE-SPONVILLE — *L'amour la solitude*, Venissieux, Actes du Sud, 1996, p. 10). Não o é nada, embora o impacto de uma formulação e da outra reflictam um estilo bem diverso. Aprender a viver, e a "viver feliz", pode bem ser o mesmo que aprender a morrer, a bem morrer.

[24] Umberto PADOVANI/Luís CASTAGNOLA — *História da Filosofia*, 12.ª ed. bras., S. Paulo, Melhoramentos, 1978, pp. 55-56.

[25] Norman GEISLER/Paul D. FEINBERG — *Introdução à Filosofia. Uma perspectiva cristã,* trad. bras., S. Paulo, Vida Nova, 1983, p. 16.

O que não é muito diferente da perspectiva de Aristóteles:

"ciência dos primeiros princípios e das primeiras causas."

Todavia, não porque a Filosofia, ao contrário do que veremos para o Direito, verdadeiramente se afaste desta demanda, mas porque importa localizar a preocupação filosófica (mesmo quando, aparentemente, ela não procura desvendar os grandes segredos ou explicar a complexa máquina do Mundo), devemos sublinhar que a Filosofia se reconhece por dois modos que, diríamos nós, juristas, de si são requisitos taxativos e cumulativos.

3.3. **Do espírito filosófico**

3.3.1. *Ver e estar filosoficamente*

3.3.1.1. *Da serenidade sapiencial em geral*

O primeiro, e o mais importante, que, se não fora não poder laborar sem objecto por si só bastaria, é o espírito filosófico, a forma filosófica de ver e de estar.

A forma filosófica de estar é uma forma que, reconhecendo que "a coruja de Minerva só levanta voo ao entardecer" (Hegel), se dá a si mesma tempo. Wittgenstein dizia, com plena razão, que os filósofos deveriam saudar-se assim:

"— *Laβ dir Zeit* !"

"Tem tempo, *toma* o teu tempo, não tenhas pressa".

Todo o sábio faz de algum modo sua divisa o poema *Canción de la vida solitaria,* de Frei Luís de León, esse professor de Salamanca que, depois de preso largos anos, retomou a sua cátedra e o inacabado comentário do *Cântico dos Cânticos* com estas míticas e bem significativas palavras:

" — Como dizíamos ontem...".

Não resistimos a citar só o início dessa excelente *regra* de vida:

Canción de la vida solitaria

"Que descansada vida
la del que huye el mundanal ruido
y sigue la escondida
senda, por donde han ido
los pocos sabios que en el mundo han sido!
Que non le enturbia el pecho
de los soberbios grandes el estado,
ni del dorado techo
se admira, fabricado
del sabio moro, en jaspes sustentado.
No cura si la fama
canta con voz su nombre pregonera,
ni cura si encarama
la lengua lisonjera
lo que condena la verdad sincera. [...]"[26]

Coisa semelhante diz, por diversas vezes, o nosso polígrafo jurista (canonista) António Ribeiro dos Santos ao seu confrade e amigo o Professor de Direito Doutor Ricardo Raimundo Nogueira. Recordemos agora apenas um trecho dum par delas:

"Tu dizes, que estou só, e vivo triste.
Longe do trato social: mas chamas
Viver em solidão, quem vive lédo
De Lucrecio, d'Horacio, de Virgilio,
de Sá e de Ferreira acompanhado?
Quem conversa Camões, Menezes, Castro,
E outros vates illustres d'alta Lysia,
Aos Romanos iguaes, iguaes aos Gregos?
Nas horas ao prazer só dadas entra
Ora hum, ora outro: quantas coisas
Me contão, que meu esp'rito arrebatão;

---

[26] Frei Luís de LÉON — *Poesias Completas*, trad., prólogo e notas de José Bento, Lisboa, Assírio e Alvim, p. 34.

[...]
Que grãa Filosofia me apresentão?
Não essa de theoricas altivas,
Que ignotas regiões, invias veredas,
Sem prumo, e lastro vagabundas correm:
Mas a practica, e segura, e certa guia
Na carreira da vida [...]"[27]

A segunda, espelha claramente o que estamos habituados, pelos padrões normais da crítica, a considerar o elogio da *aurea mediocritas*. Mas, será uma mediocridade assim tão medíocre? (Para não questionar já em que sentido é áurea, e se não há, assim, uma *contradictio in terminis*):

"A pompa e a escravidão á Corte deixa,
E aos Filosofos vãos, que se debatem,
Sua louca ignominia e seu orgulho:
Deixa ao avaro o oiro, que amontôa.
Que ha-de largar á borda do sepulcro:
Deixa aos homens crueis o vil cuidado
De enganar a innocencia, deixa tudo,
[...]
Se claro ves, o que he o mundo, busca
Nelle ao menos viver, fiando pouco
De quanto te apresenta: [...]
Amigo, o são prazer sómente vive
No seio de huma casa sem tumulto,
Sem requerente, sem crédor á porta;
Sem mór cuidado do futuro incerto,
Que poucas provisões davida pede:
Vive no trato dos fieis amigos;
Nas praticas suaves, que entretenhão
Nosso ávido esprito em lédas horas;
na lição de bons livros, bons Poetas,
Nas Chronicas, que os grandes feitos guardão.

[27] António Ribeiro dos Santos — *Poesias de Elpino Duriense*, vol. I, Lisboa, Na Impressão Regia, 1812, p. 45.

[...]
Sem fausto, mas sem mingoa e sem cuidados.
Se isto tiveres, és hum Deos na terra,
Eu desejo estes bens e t'os desejo."[28]

Não podemos, é certo, esquecer o mundo em que hoje nos encontramos. E em que mesmo os filósofos e amigos da Filosofia nas universidades se sentem em perigo: desde logo pelos seus empregos. Esta precaridade do emprego (e da "consideração", que a roleta de mandos e avaliações potencia) não é de modo algum favorável ao ócio criativo, única situação em que a filosofia e outras *epistemai* do Espírito podem florescer. O sobressalto docente e a necessidade de procurar empregos alimentares mata a Filosofia. Porque os ociosos abastados raramente filosofam.

3.1.1.2. *Filosofia e outras alternativas. Do místico ao cientista, ao artista e ao poeta*

Voltemos ao belo poema citado.

Será este arcádico bucolismo sinónimo de Filosofia? Pode sê-lo, mas nem sempre o será. Nesta paz podem estar outros, que não os filósofos, captados por outras propostas — religiosas (e até místicas), morais, estéticas... E, nalguns casos, até científicas.

Contudo, o filósofo não se sente mal — pelo contrário — nessa calma e nesse desprendimento das coisas vis, e até das coisas pequenas, materiais, "práticas" e apressadas. Precisa mesmo dessa paz. No bulício do negócio, na guerra da política não há sossego que permita pensar muito, critica a profundamente. E depois há a própria servidão à opinião e aos poderes. O filósofo tem de poder desagradar. Por isso alguns se quedaram em vida inéditos.

Seja como for, há uma grande convergência de ambições entre todos os que subscreveriam estes poemas. Embora não possa haver mentalidades mais adversas entre si que as do místico em transe e o cientista experimental. Pelo menos no *método*.

Uma tarefa útil e necessária é a de procurar não confundir a Filosofia com outras alternativas humanas, como as da sabedoria ascética, da fé religiosa, do mito, da magia, ou, de outra banda, da ciência.

---

[28] António Ribeiro dos SANTOS — *Poesias de Elpino Duriense*, vol. I, cit., p. 29.

Alguém disse que o filósofo está a meio caminho entre o teólogo e o cientista. Não estará rigorosamente a meio caminho, e fará decerto algo de diferente. A verdade é que, do ponto de vista da sua *forma mentis* e da sua metodologia, comunga o filósofo com ambos aqueles de muitas características. Mas como o faz colhendo de um e outro, e para mais tem a sua própria finalidade, com eles jamais se poderá confundir. Retomando Poincaré, diríamos que, se a ciência pergunta "como?", a filosofia interroga "porquê?". E a Teologia? Aí relembraríamos que a teologia é ou uma forma de ciência da religião, donde a sua pergunta ser também "como?", ou uma normatividade religiosa, o que a aproximaria, por outra via, do próprio Direito...

Mas, além do teólogo e o cientista, porque não pensar também na similitude do trabalho do filósofo com o do artista? A subjectividade da Filosofia de cada filósofo, aliada à incindibilidade da sua substância e da sua forma (literária, claro) fazem-nos pensar seriamente nesta analogia — cuja fecundidade ainda nos não brindou com todos os seus frutos[29]. Por alguma razão Schelling considerava a arte o "órgão da Filosofia", e na sua *Einführung in die Metaphysik* Heidegger expressamente afirma que apenas a Poesia é da mesma ordem da Filosofia e do pensar filosófico. No que, aliás, seguia Montaigne, para quem a filosofia era uma "poesia sofisticada". Não será por acaso que muitos filósofos (Heidegger desde logo, com Hölderlin) como que retiram de um poeta uma inspiração fundamental, com ele entretecendo fecundo diálogo. Em Portugal isso ocorre muito, essa "geminação" filósofo-poeta.

3.3.1.3. *Ócio, Espanto, Acção e Paixão*

Classicamente dizia-se que a Filosofia nascera do ócio — na verdade, só pôde florescer porque ele a alimentara. Mas mesmo assim é pouco como explicação de uma génese: apenas aponta para as condições materiais de surgimento. E o resto?

Disse-se depois (e é muito mais fecundo associar ambas as explicações) que a Filosofia brotara do espanto. Lá está: o espanto é o assombro do Homem perante o que desconhece, o que não compreende, que o maravilha ou amedronta, e pretende conhecer, desvendar.

---

[29] Cf., por todos, Daniel INNERARITY — *A Filosofia como uma das Belas Artes*, trad. port. da Cristina Rodriguez e Artur Guerra, Lisboa, Teorema, 1996.

É o espanto — no sentido de choque perante uma realidade que não domina — é o espanto que faz filosofar. E este embate impele — ao menos numa primeira fase — para uma atitude activa, descobridora. Mas depois implica uma outra atitude, de recolhimento amoroso pelo saber:

"La pregunta por el origen se produce en términos de admiración, que espolea el deseo de saber, lo que también ocurre en la magia, en el mito y la técnica. Lo que distingue a la admiración filosófica de las demás es que no está mezclada con el interés práctico, sino que nace del amor del saber por el saber."[30].

Não pensemos, pois, que o espírito filosófico é apenas contemplativo, ataráxico, nirvânico.

Pelo contrário, pensar é uma maldição, em muitos casos — na sua maioria — e o espírito filosófico confunde-se também com o espírito crítico. Dependendo das condições e da psicologia de cada indivíduo, assim a análise crítica do mundo e da vida pode impelir a fugir do mundanal ruído, ou a intervir nele, na esperança de o melhorar. Mas isso já não é filosofia propriamente dita, embora dela decorra, no caso de uma acção enformada pela reflexão filosófica.

Afirmava concisamente o agudo filósofo Alain:

---

[30] Salvador RUS RUFINO — *El Problema de la Fundamentacion del Derecho*, SPUV, Valladolid, 1987, p. 30. O Autor chama a atenção, correctissimamente, para a magia e o mito. Um dos primeiros lugares comuns que se aprende hoje (em princípio) nas primeiras lições de Filosofia é que esta supera o pensamento mágico, mítico, etc.. Ora o problema é muito mais complexo que essa afirmação quase (ou mesmo!) *ideológica*. Para uma mais global compreensão das relações entre as entidades em causa, cf., por todos: G. S. KIRK — *Myth. Its meaning and functions in ancient and other cultures*, Cambridge *et al.*, Cambridge Univ. Press/California Univ. Press, 1970, máx. p. 238 ss.; José Nunes CARREIRA — *Filosofia antes dos Gregos*, Mem Martins, Europa-América, 1994; F. M. CORNFORD — *Principium Sapientiae*, trad. port. de Maria Manuela Rocheta Santos, Lisboa, Fundação Gulbenkian, 1975; Victor Raúl da Costa MATOS [e SÁ] — *Originalidade e novidade da Filosofia*, Coimbra, s.e., 1972; Jean-Pierre VERNANT — *Les origines de la Pensée Greque*, 5.ª ed., Paris, P.U.F., 1983; Wilhelm NESTLE — *Vom Mythos zum Logos. Die Selbstentfaltung des griechischen Denkens*, 2.ª ed., Stuttgart, Alfred Kröner, 1975; Kurt HÜBNER — *Die Wahrheit des Mythos*, München, Beck, 1985.

"*Penser c'est dire non*"[31].

"Pensar é dizer não." Talvez seja um exagero, embora, efectivamente, a concordância passiva, acrítica, seja normalmente sinónimo de marasmo do espírito — ou oportunismo. Cada vez mais, em sociedades neofeudalizadas como as contemporâneas ser um *yes man* ou uma *yes girl* é muito compensador, e não o ser muito penalizador. Mas, como dizia uma canção, o problema é estar "de bem com os outros e de mal consigo".

É uma opção para os críticos, pois os acríticos aceitam, conformam-se, até aderem.

E o curioso é que duas atitudes se fundem complexamente, e se digladiam no espírito filosófico: se, por um lado, ele anseia pela paz, pelo retiro, para, sem ilusões sobre o eterno desconserto do mundo, colher a felicidade possível no prazer estético recortado num pano de fundo de tranquilidade instalada, por outro, cada injustiça, cada erro, cada mentira, cada imperfeição é um desafio a que o aprendiz de filósofo (e, em geral, o intelectual, o homem de cultura, o humanista) saia a terreiro e procure intervir, ainda que apenas com a pena e a palavra, com o seu testemunho, o seu protesto. E em cada consciência quantas vezes se não desenha com nitidez o velho dilema hamleteano:

"*Whether it is nobler in the mind to suffer*
The slings and arrows of outrageous fortune;
Or to take arms against a sea of troubles"[32].

Por isso, não é de estranhar que a posição de Alain aparente ser bem diversa da de Ribeiro dos Santos. Porém, note-se que este, quando foi necessário tomar posição, não vacilou, o que lhe valeu pelo menos duas perseguições políticas graves, numa das quais seria mesmo acusado perante a rainha de republicano e monarcómaco[33]. Donde parece que a aspiração à tranquilidade e ao retiro não é, nos maiores, sinónimo de

---

[31] ALAIN, *apud* Bernard EDELMAN — *'Ma' définition de Droit*, in "Droits", n.º 11, p. 23.

[32] SHAKESPEARE — *Hamlet, Prince of Denmark*, III, 1.

[33] Cf., em geral, os nossos *Mythe et Constitutionnalisme au Portugal (1778--1826). Originalité ou influence française?*, Paris, 1992, policóp.; e *Para uma História Constitucional do Direito Português*, Coimbra, Almedina, 1995, p. 233 ss..

abstenção, alheamento ou tibieza, mas apenas legítima aspiração de quem soube e sempre saberá dizer "Não" nos momentos necessários[34]. Donde a razão pode engendrar também a paixão — e vice versa[35]. Assim, a contemplação pode dar lugar à acção. O filósofo não é um Sócrates "nas nuvens", como o retrata satiricamente Aristófanes. Que injustiça apresentá-lo nas nuvens, quando pagou com a vida a fidelidade à Filosofia!

E não esqueçamos nunca que a Filosofia é uma "via sacra até ao calvário", como ao então jovem estudante liceal Álvaro Ribeiro desejoso de seguir tal senda disse um dia o já então famoso Leonardo Coimbra[36]. Desconfiemos dos pretensos filósofos promovidos pelo *marketing*: sorridentes, ricos, felizes. Ou em pose de sábios...

3.3.2. *Metodologias. Investigação e acção filosóficas*

Além do posicionamento ou forma de estar filosófica, há a atitude filosófica — em geral, como "filosofia de vida", sabedoria e preocupação filosóficas, confunde-se com a primeira. Mas pode exercitar-se autonomamente enquanto investigação ou acção filosófica.

A investigação filosófica pode comportar em concreto muitos métodos — uns mais friamente "científicos", outros mais arrebatados, inspirados, míticos ou poéticos. Mas sempre rompe com a opinião instalada, corrente, ilusória e cómoda, para procurar mais alto e mais fundo. A ciência rompe com o senso comum. A Filosofia rompe com o próprio senso comum da "ciência". Vai mais fundo e mais longe. Pelo menos assim o pensamos, a partir dos diferentes géneros literários de que a filosofia se reveste — e que podem ser, realmente, todos[37]. Não tendo acesso, normalmente, ao laboratório pessoal das alquimias

---

[34] Sobre a acção dos filósofos e o seu *engagement*, cf. os problemas postos por Maurice MERLEAU-PONTY — *Éloge de la Philosophie*, Paris, Gallimard, 1953 (trad. port. de António Braz Teixeira, *Elogio da Filosofia*, 4.ª ed., Lisboa, Guimarães, 1993), *passim*. V. também, sobre o mesmo problema, as reflexões autobiográficas de um François CHÂTELET — *Chronique des idées perdues*, Paris, Stock, 1977, *passim*.

[35] cf., *v.g.*, Michel MEYER — *Le Philosophe et les Passions*, Librairie Générale Française, 1991, trad. port. de Sandra Fitas, *O Filósofo e as Paixões. Esboço de uma História da Natureza Humana*, Porto, Asa, 1994.

[36] Álvaro RIBEIRO — *Memórias de um Letrado*, I, Lisboa, Guimarães, 1977, p. 33.

[37] Cf. *infra*, p. 97 e ss.

filosóficas, apenas contactamos com as obras finais desse processo. E é a partir delas que vislumbramos a diferença. Mas seria curioso — e não absolutamente improvável — que um filósofo seco e esquálido houvesse atingido o seu sistema por inspiração, transe ou sonho, e um filósofo caudalosamente poético tivesse chegado à sua visão pelos mais aturados labores experimentalistas, e tratos de polé dados à lógica. Uma coisa é o método de investigação, outra coisa é o método de exposição.

Cuidamos que a síntese de Geisler e Feinberg é muito adequada a explicitar o tipo de problemas e métodos da Filosofia em geral. Sintetizá-la-emos também, colhendo-lhe apenas as grandes "teses"[38]:

1. As disputas filosóficas não são fruto da falta de informações de facto.
2. Raramente os problemas filosóficos poderão encontrar solução pelo recurso ou apelo aos factos.
3. A filosofia frequentemente tende a ocupar-se mais do método do que do conteúdo teorético.
4. Um dos alvos principais da filosofia é a elucidação, o esclarecimento, e não a verdadeira solucionação dos problemas.
5. A filosofia ocupa-se com a reflexão crítica sobre a justificação e a evidência.
6. A pesquisa filosófica centra-se numa busca da verdade sobre questões cruciais que são perenemente discutidas pelos homens que pensam.
7. A análise e explicação filosóficas envolvem apelos a sistemas de princípios.
8. Parte da filosofia ocupa-se com a natureza da "existência" ou realidade.

Esta listagem das forças e limites da Filosofia, em geral, deverá ser completada com uma outra, sobre as prevenções que, aqui e agora, importará ter quando se pretender filosofar, e face aos que o fazem. Estes tópicos afiguram-se-nos da maior relevância, porque com malha mais fina ainda delimitam o terreno do filosófico do que, podendo parecer navegar nas mesmas águas, se encontra todavia em águas turvas[39].

---

[38] Cf. Norman GEISLER/Paul D. FEINBERG — *Introdução à Filosofia*, cit., pp. 16-17.

[39] A falta de deontologia de alguns leva-os a escrever (mais que dizer: dizer é mais directo) coisas pretensamente filosóficas sem o menor valor especulativo. Embora

Trata-se de uma lista de procedimentos a evitar, uma espécie de tábuas da lei (proibitivas) do filósofo. Afeiçoámo-las a esse estilo:

1. Não praticarás a demagogia filosófica, nem usarás de linguagem fascinante para cativar as audiências e os públicos;
2. Não desprezarás nunca a consistência argumentativa, própria ou alheia;
3. Não serás arrogante para com as demais disciplinas, acreditando que a filosofia soluciona os problemas ditos vulgarmente "existenciais";
4. Não pensarás que a metafísica se encontra historicamente ultrapassada;
5. Não te iludirás com um possível regresso a uma ignota origem, nem pensarás que o caminho até aqui é casual e, no fundo, um equívoco;
6. Não sofismarás a realidade pretendendo que a filosofia se pode furtar a tirar as consequências políticas que de si decorrem. Ou as suas consequências jurídicas[40].

3.4. **Dos ramos da Filosofia e das Filosofias especiais**

As referidas listas permitem circunscrever um pouco mais o campo de labor da filosofia. Ele só estará delimitado *tant bien que mal*, porém, quando virmos quais são as principais disciplinas que compõem a Filosofia e as suas temáticas gerais.

Por aí poderemos obter a malha da captação de onde está a Filosofia. Não só pelo exercício de uma vocação filosófica, pela prática da

haja grandes filósofos árduos, difíceis, quase "obscuros", como Kant, a verdade é que, uma vez dominado o vocabulário filosófico, deveria ser clara a mensagem de quem escreve, também nesta área. Salvo honrosas excepções, o verbalismo obscuro é normalmente um sucedâneo de falta ou banalidade de ideias, as quais assim travestidas se pretendem elevar a profundidade que não possuem. O grande teste é tentar fazer uma "tradução" em linguagem directa. Alguns ídolos revelam assim os pés de barro.

[40] Inspirámo-nos de muito perto, e seguimos os seis tópicos resumidos primeiro e desenvolvidos depois por António MARQUES — *Acerca de meia dúzia de coisas que o filósofo deve evitar*, in *A Filosofia e o Resto*, Lisboa, Colibri, 1996, p. 45 ss., máx. p. 46. Obviamente que somos o único responsável pelas adaptações ou alterações introduzidas.

investigação filosófica e pela evidenciação do espírito filosófico, mas pela consagração aos problemas da Filosofia.

Evidentemente que, potencialmente, a Filosofia pode tratar de tudo. Todavia, na prática, há assuntos da predilecção dos filósofos mais célebres, que dão à História da Filosofia uma qualidade curiosa: a de ser uma espécie de passagem do testemunho da marcha sem fim do Homem tentando desvelar a cortina da sua ignorância.

Os temas tratados pelos diversos filósofos de renome constituem assim como que uma tópica recorrente das aludidas "questões cruciais que são perenemente discutidas pelos homens que pensam". É, em termos latos o que Mortimer Adler chamaria "the great conversation". Um diálogo a muitas vozes, que ecoam pelos séculos.

Seja qual for a resposta, poderemos considerar que, em geral, onde estão esses problemas, aí está alguma filosofia.

Falando de forma simplificada, poderá dizer-se ainda que a Filosofia se divide (pelo menos para muitos[41]) em:

3.4.1. — *Metafísica* — ocupando-se do supra-sensível, e sendo, literalmente, *o que está para além da Física*[42], que engloba (normalmente):

3.4.1.1. — a *Cosmologia* ou, como se dizia "outrora", *Cosmologia racional* (problemática da matéria e da vida),

3.4.1.2. — a *Teodiceia*, também já designada *Teologia racional* (estudo filosófico da divindade, ou do supremo ser, ou do absoluto) e

---

[41] Parece considerar também importante a clareza de conceitos sobre estas questões, por parte do debutante aprendiz de jusfilosofia Cabral de MONCADA — *Filosofia do Direito e do Estado*, vol. 1. *Parte Histórica*, Coimbra, Coimbra Editora, 2.ª ed., 1955, pp. 3-4, n. 1 da p. 3.

[42] A designação de Metafísica, embora de algum modo fortuita, é feliz e com virtualidades denotativas e conotativas. Como se sabe, Aristóteles não teria designado esse tipo de estudos por *Metafísica*, mas sim por Filosofia primeira ou Proto-Filosofia. Foi Andrónico de Rodes quem, ao organizar a obra do Estagirita, no séc. I a. C., resolveu, ao que parece por razões de simples comodidade prática, chamar *Metafísica*, *Meta-física*, para além ou para lá da Física, aos escritos que se sucedeream a estes. Todavia, de facto, o que está para além dos escritos da "física" é, realmente, como diríamos hoje, "metafísico". Ou seja: parece correcto chamar "para além da física" ao que primordialmente se ocupa do conhecimento não directamente palpável ou sensível.

3.4.1.3. — a *Ontologia* (também já designada por *Ontosofia*) que estuda o Ser.

É a *Metafísica* o cerne mais relevante e específico da Filosofia, o estudo sistemático da natureza última das coisas, do real. Poderá pensar-se na possibilidade de a *Ontologia* se destacar, como ramo à parte, da *Metafísica.* Mas, curiosamente, também há quem identifique, pura e simplesmente, *Ontologia* e *Metafísica.* O problema fará mais sentido se compreendermos que tanto se pode considerar a *Ontologia* de forma muito lata, incluindo considerações sobre o absoluto, próprias da Metafísica, e assim tendo uma dimensão vastamente ontológica *hoc sensu*, ou restringi-la à sua dimensão de estudo dos problemas dos seres, sem grandes especulações ontológicas no sentido mais claramente metafísico referido, mas numa vertente a que se chama normalmente *ôntica.* Esta oposição entre o ontológico e o ôntico será a chave das relações entre Ontologia e Metafísica.

3.4.2. — *Gnoseologia* (*Noética*, ou *Teoria — geral — do Conhecimento, lato sensu*) — abarcando:

3.4.2.1. — a *Epistemologia* (ou filosofia das ciências — de algum modo a substituir a antiga *Metodologia* filosófica, a qual era considerada uma *Lógica* especial; e desprendendo claramente o seu sentido, que também já teve, do de mero sinónimo de teoria — geral — do conhecimento, ou gnoseologia) e

3.4.2.2. — a *Lógica.*

Também se pode autonomizar a *Lógica*, nela englobando, como dissemos, a *Epistemologia* (ou então pô-las em paralelo) e incluir as matérias mais fundantes da *Gnoseologia* (como a crítica do valor e possibilidade do conhecimento) na *Metafísica.*

Todas as questões postas por estas divisões da Filosofia se referem, afinal, ao problema da *Verdade.* Outras divisões nos remetem para diferentes dimensões, como o *Bem* e o *Belo.* São elas a Ética e a Estética que, por serem valores, se podem integrar na Axiologia, como veremos já a seguir.

Verdade, *Bem* e *Belo* constituem uma tríade inafastável (a expressão "incontornável" tem um travo indisfarçável a novo riquismo cultural ou a mimese mediática) de problemas caracterizadores das preocupações filosóficas. Poderá mesmo haver tríade mais cativante?

3.4.3. — *Ética* (também designada outrora por *Moral*, que hoje tem sobretudo um significado "técnico" diverso, ora social ou dos costumes, ora mais cívica, ora mais introspectiva, da consciência íntima de cada um, e menos valor propriamente filosófico) — estudando o modo de ser (*ethos*) e/ou os valores morais, ou o Bem e as suas manifestações.

3.4.4. — *Estética* (por vezes aproximável de uma *Filosofia da Arte*) — estudando os valores artísticos e da beleza, ou o Belo e as suas manifestações.

3.4.5. Também se podem englobar a *Ética* e a *Estética* na

— *Axiologia*, ou na (por vezes assim designada) *Filosofia dos Valores*. Há, porém, valores nem éticos nem estéticos (embora com similitudes e intersecções com ambos), como os valores religiosos e os valores políticos, por exemplo. Dos valores e das convicções religiosas pode tratar filosoficamente a *Filosofia da Religião* (v. *infra*). E uma *Filosofia Política* (v. *infra*) pode também ser encarada do ponto de vista axiológico (cf., *v.g. Amor Iuris*, p. 125 ss., máx. 132-136).

3.4.6. Por *Filosofia Prática* (de imensa importância para os estudos jusfilosóficos) se designam também quer o conjunto da *Ética* e da *Estética* (confundindo-se assim com a *Axiologia*) quer alargando-se ainda à Filosofia Política e Jurídica e até à Filosofia da Educação. Há diversos pontos de vista e diferentes catalogações, mas a ideia principal é a de uma Filosofia enraizada sobretudo na problemática cívica e social, do bem e do belo, sem demais especulações metafísicas ou sequer lógicas, gnoseológicas, etc. (que estão mais do lado da questão da "Verdade").

3.4.7. Entretanto,

— a *Psicologia*, que outrora se integrava ainda na Filosofia, autonomizou-se, sendo duvidoso que tipo de questões da *psique* ou da alma ainda aí residualmente se encontrem. Porque a Psicologia que se autonomizou é uma ciência... Por isso, também, há quem continue a localizar na Filosofia a *Psicologia racional*, estudo da "alma" no plano filosófico, e integrando-se consequentemente na Metafísica.

3.4.8. Menos clássicas, são:

— A *Antropologia filosófica* — que se centra no estudo filosófico do Homem.

3.4.9. E as filosofias segundas, especializadas (algumas incluíveis decerto também numa Antropologia filosófica):
— *Filosofia Política*
— *Filosofia Social*
— *Filosofia do Estado*
— *Filosofia (ou Teoria) da Cultura*
— *Filosofia da Educação*
— *Filosofia da Religião*
— *Filosofia (ou Teoria) da acção*
— *Filosofia da Natureza ou filosofia natural* — embora esta última expressão já tenha servido para designar o estudo das ciências naturais (ou "da vida" mais as geológicas e afins)

3.4.10. — E filosofias especializadas das ciências:
— *Filosofia (ou Teoria) da História*
— *Filosofia (ou Teoria) da Literatura*
— *Filosofia (ou Teoria) do Direito*
— *Filosofia da Economia* (bem diferente da(s) *Teoria(s) Económica(s)*, e obviamente mais ainda da *Análise Económica*)
etc..

3.4.11. Finalmente — ou talvez ainda não? — abarca a Filosofia diversas filosofias especializadas sobre concretas actividades humanas (ou quiçá serão elas secções da Antropologia filosófica). Fala-se assim — embora a alguns repugne a intromissão de temas relativamente inusuais e quiçá pouco dignos (aos olhos de alguns):
— *Filosofia do Trabalho*
— *Filosofia do Lazer (ou dos tempos livres)*
— *Filosofia do Desporto*
— *Filosofia da Técnica e da tecnologia*
etc.

A evolução das subdivisões destes ramos e, em geral, da sua concatenação, deixa-nos um tanto céptico quanto à consistência de uma tabela (dir-se-ia taxonómica) destas disciplinas. Nesta questão, ou se possui um conhecimento genealógico das autonomizações e dos reagrupamentos, ou então talvez nem fosse pior ir considerando cada matéria de per si, sem a vincular demasiado a uma malha de relações sempre contestável. Com efeito, como evoluímos desde Xenócrates, um dos sucessores de Platão na sua Academia, para quem a Filosofia se dividia apenas em Lógica (compreendendo toda a Gnoseologia), Física (idêntica ao que hoje se chama, sobretudo nos países anglo-saxónico, "Filosofia Natural") e Ética!

O estudo com perspectiva e instrumentos filosoficos destas matérias é, ainda e sempre, Filosofia.

Trata-se, como podemos adivinhar já, de um terreno vastíssimo, que abarca, afinal, não apenas a reflexão geral sobre as coisas, o Homem, o mundo, a vida, a existência, e o conhecimento, o sentido e valor de qualquer delas, como ainda a especulação ou a análise sobre todas as ciências e actividades humanas.

Não deixa de ser interessante verificar que para boa parte das disciplinas filosóficas gerais — Metafísica, Ontologia, Gnoseologia, Epistemologia, e Lógica (pelo menos) — existe uma correspondente disciplina filosófico-jurídica: Metafísica do Direito, Ontologia jurídica, Gnoseologia jurídica, Epistemologia jurídica, e Lógica jurídica. As particularidades ontológicas do Direito talvez não permitam a existência de uma Cosmologia jurídica, mas não se passará o mesmo com um possível estudo das relações entre Direito e Teodiceia, e, como veremos no fim deste estudo, encontram-se nos nossos dias muito pujantes os estudos decorrentes das relações e implicações éticas e estéticas do Direito[43].

3.5. **Prolegómenos Filosóficos gerais — convite ao estudo**

Embora prescindamos de ministrar um mini-curso de filosofia para juristas, desde já devemos chamar a atenção para que, se se poderá considerar de algum modo luxo erudito muita da matéria filosófica, todavia há alguns temas filosóficos gerais que, pela sua importância e recorrência, e por serem basilares esteios de posições filosófico-jurídicas, têm de ser recapitulados.

Consideramos que esses temas são essencialmente três:

3.5.1. *Os Universais*

— A *questão dos universais*, que terá fundamental relevância na oposição realismo/nominalismo, está na base da grande ruptura jurídica

[43] Cf. por todos, o nosso *Filosofia Jurídica Prática*, Lisboa, Quid Juris, 2009.

moderna, mormente com a criação dos "direitos subjectivos", e determinará ainda a grande divisão entre o jusnaturalismo clássico e o positivismo jurídico[44]. Trata-se de um problema atinente ao conhecimento, mas de uma questão gnoseológica que é também ontológica e metafísica, com relevantes consequências jusfilosóficas e jurídicas em geral.

Independentemente dos seus pressupostos e dos resultados a que chegaria, o certo é que estas consequências seriam agudamente intuídas por Bertrand Russel, que entendeu começar a expor a matéria dos universais precisamente com o exemplo da *démarche* filosófica de Platão para atingir a noção de... Justiça. Diz este filósofo inglês:

> "O problema de que se trata é muito antigo, pois quem o trouxe à filosofia foi Platão [...] A maneira como o problema se apresentou a Platão foi mais ou menos a seguinte. Considere-se, por exemplo, a noção de *justiça*. Se nos perguntarmos o que é a justiça é natural que examinemos certos actos justos, — este, aquele e aqueloutro, — para descobrir que haverá neles de comum. Devem todos, em certo sentido, ser participantes numa natureza comum, que acharemos em tudo o que seja justo, e em mais coisa alguma. Esta mesma natureza comum, em virtude da qual todos eles são justos, é que deve constituir a própria justiça, é que deve essa pura essência cuja mescla com factos do viver ordinário produz a multiplicidade dos actos justos. O mesmo se dirá de qualquer outro vocábulo dos que se podem aplicar a muitas coisas, como o termo *brancura*, para dar um exemplo."[45]

A citação foi longa, mas a história dos universais ainda está no princípio. Aconselhamos o seu estudo e a sua compreensão, pois tal se revelará muito útil. Um jurista que não entenda a base filosófica do direito subjectivo e da teoria geral da relação jurídica (apesar de todas as críticas que se lhes possam asacar, e dos movimentos hodiernos para a sua superação) não será nunca um jurista integralmente formado.

---

[44] Sobre o problema e a sua actualidade, Cf. Michel VILLEY — *La Formation de la Pensée Juridique Moderne*, nova ed., Paris, Montchrestien, 1975, p. 203; sobre a questão dos direitos subjectivos, v. os ensaios recolhidos em Michel VILLEY — *Estudios en torno a la nocion de Derecho subjectivo*, Valparaiso, EDUVAL, 1976.

[45] Bertand RUSSEL — *The Problems of Philosophy*, 3.ª ed. port., trad. e prefácio de António Sérgio, *Os Problemas da Filosofia*, Coimbra, Arménio Amado, 1974.

3.5.2. *Ser e Dever-ser. Falácia naturalística*

— A questão da chamada *falácia naturalística*[46], isto é, no fundo, de averiguar se do ser pode resultar (de que modo e em que medida) o dever-ser é também relevantíssima. E se *ser* e *dever-ser* são, realmente contrapostos, ou se se podem harmonizar. Estamos perante um problema de ontologia, mas também de axiologia. Na verdade, ante o grande problema de saber como se relacionam uma e outra.

3.5.3. *Os valores*

— A *questão dos valores*[47], da sua génese, da sua legitimidade ou validade enquanto tais, do seu conhecimento, e da sua perenidade e mutabilidade é a terceira grande temática. Logo, também, evidentemente, do seu carácter absoluto ou relativo. É um problema de índole axiológica e mais precisamente ética (mas eventualmente também estética), que, novamente, apela para as grandes questões do ser.

3.5.4. *Posição adoptada*

Não pode ser este o local para desenvolver estes problemas (correríamos, desde logo, o risco de fugir à concisão que nos propusemos), que deveriam ter sido alvo de estudo prévio, no ensino pré-universitário.

Porém, sempre diremos, para orientação do leitor, que, quanto ao primeiro problema, assumimos uma posição realista moderada, professando a nossa fé nos universais, sem deixar de prestar homenagem aos nominalistas, sobretudo pelo legado de liberdade de pensamento que nos deixaram; que, quanto ao segundo, admitimos que o dever-ser decorra em certos casos do ser, embora nem sempre (donde, poderá haver lugar, em certas situações, à falácia naturalística); que, quanto ao terceiro, consideramos que há valores perenes, que há valores

---

[46] Cf., por todos, o número a tal tema dedicado pela revista "Persona y Derecho" — vol. 29, 1993**.

[47] Sobre a positivação constitucional de alguns valores jurídico-políticos, cf. os nossos *Direito Constitucional Geral*, Lisboa, Quid Juris, 2006, p. 151 ss.; *Direito Constitucional* Anotado, Lisboa, Quid Juris, 2008, p. 83 ss.; *Filosofia do Direito*, Coimbra, Almedina, 2006, p. 653 ss..

irreversíveis embora historicamente adquiridos, e que há valores circunstanciais ou contextuais, sendo apenas estes os verdadeiramente relativos.

O heterodoxo desta posição — pois é uma posição ecléctica, matizada — obrigaria a muito maiores desenvolvimentos, mas da sua possível compatibilização poderão dar testemunho outros escritos nossos[48].

Mas, muito mais importante que a nossa posição é, evidentemente, a de quem nos lê. O benévolo leitor fará o favor de recapitular estas matérias, e de, quando estiver esclarecido, assumir a sua própria perspectiva[49].

"Quando eu era jovem, consistia o filosofar, para os intelectuais à moda, na adopção integral e na propaganda assídua de fórmulas simplificadas do positivismo de Comte, do evolucionismo de Spencer; depois, foi a adopção integral e a propaganda lírica de retóricas inspiradas no anti-intelectualismo bergsónico; hoje, é a adopção integral do positivismo lógico, ou da filosofia tomista, ou do materialismo dialéctico, com a propaganda entusiástica de alguns dogmas simples [...]" — assim lamentava António Sérgio o pendor dogmático da doutrinação das correntes, no prefácio à sua tradução de *The Problems of Philosophy*, de Bertrand Russell. A situação de hoje é muito semelhante: só que há mais correntes e a moda e a escola esqueceram mais as antigas.

Um dos passos de gigante da Filosofia é precisamente o deixar o dogmatismo da fidelidade acrítica a escolas para passar ao exame crítico de todas as posições, independentemente de professadas por esta ou aquela corrente, este ou aquele pensador. Aderir a uma corrente filosófica não pode ser sinónimo (e felizmente não o é, em muitos casos) de suspensão do pensamento pela própria cabeça.

---

[48] Cf. sobretudo *Pensar o Direito*, vols. I e II; *Peccata Iuris*, máx. p. 103 ss..; *Amor Iuris*, máx. p. 65 ss., p. 141 ss..

[49] Cf. *v.g.*, Javier HERVADA — *Lecciones Propedeuticas de Filosofía del Derecho*, Pamplona, EUNSA, 1992, pp. 57-69; ATIAS, Christian — *Philosophie du droit*, 2.ª ed., Paris, PUF, 2004, p. 79 ss..

Poderão colher-se várias posições de correntes e autores hodiernos designadamente *in Jurisprudence*, 3.ª ed., Londres, Cavendish, 2002; FARALLI, Carla — *La Filosofia del diritto contemporanea*, Roma, Laterga, 1997, trad. port. *A Filosofia Contemporânea do Direito*, São Paulo, Martins Fontes, 2006.

Lição n.º 3

DAS FILOSOFIAS DOS FILÓSOFOS

"Lire un philosophe — Chacun a sa porte d'entrée. Il faut faire le tour du voyage jusqu'à ce que l'on ait trouvé sa porte d'entrée."

Michel Villey, *Les Carnets*, p. 263

DAS FILOSOFIAS
DOS FILÓSOFOS

No dia seguinte, o professor pensou que estava ensinando apenas muito teoricamente, e decidiu-se a escrever previamente a sua lição, para que ela brotasse, na aula, mais solta, mais leve, mais vivencial. Intento paradoxal, esse.

Não era a primeira vez que terçava armas com Minerva e a sua coruja, e por isso o texto manou, já em polémica e deslizando para a sinceridade, que parece ser dos mais perigosos riscos de um saber descarnado e universal.

"Há quem conceba a filosofia como ciência experimental" — começou a escrever. Lembrava-se do seu velho e agudo mestre, sempre pronto a dissecar uma atitude e a proclamar a falta de dados científicos para fundamento de qualquer tese. Era um homem de bem, esse mestre. Mas nele o saber não avançava mais que numa equação. Tudo era dedução.

"Para esses — continuou, tendo sempre presente a figura tutelar, a quem efectivamente assim retratava —, filosofar é tratar em última instância elementos racionalmente apurados pelas ciências, para chegar a verdades consensuais, comuns, universais — porque inter-científicas".

E continuou, dividido entre a admiração do mestre positivista rigoroso e probo, e aspirações a mais alto e mais fundo:

"Assim, a filosofia é sem dúvida digna amizade pela sabedoria, mas não ultrapassa o saber comum formalizado em ciência. Não passa da física, física natural ou social (esta, afinal, constitui as ciências humanas), nunca se convertendo em meta-física, isso que ultrapassa a física".

"Há, pois, duas filosofias": — concluía.

"A que procura caminhar com pé firme na observação e na teorização de primeiro grau de ciência; e a que especula, mirando-se no espelho sem fundo do pensar, como meta-física".

Tirou duas fumaças no seu largo e tranquilo cachimbo, remirou as frases como quem avalia um diamante, e estendeu, confortado, o olhar pela praia adiante de si. Havia pouca metafísica naquele vasto areal. Mas, pelo contrário, a sensação estética de plenitude deu-lhe a certeza de que estava ali perante o valor do Belo. Não era pouca coisa.

Levantou-se. Não gostava de permanecer sentado muito tempo. As costas doíam-lhe.

Serviu-se de um refresco leve.

"Falta qualquer coisa" — pensou.

Retomou a pena, e pô-la a interrogar-se:

"Mas parece-me que não ficam por aqui as oposições em Filosofia" — parou por instantes. "Sim... é isso! "— pensou, num *alea jacta est.* E prosseguiu, maquinalmente, sem cuidar de alindar prosa, só levado pela ideia que irrompia em ansiosa busca de desaguar como a tinta no bico da sua caneta:

"Filosofia cientista ou positivista, de um lado; e Filosofia metafísica, do outro, além de serem antagónicas como projecto, como estilo, não deixam de o ser ambas. E, por isso, apesar dos anátemas que reciprocamente se lançam, parecem-nos ambas muito importantes e, além de imensamente úteis uma à outra, sumamente adequadas à diversidade de problemas da Humanidade".

"— Sim. Importa sublinhar que são ambas amizade pelo saber, embora o entendam de forma diversa, e que, na essência, convergem e se completam"— meditou, enquanto escrevia sem parar. Doía-lhe já o calejado dedo médio. Quem disse que pensar com a caneta não é também duro trabalho manual?

"Mas, para além desta primária oposição, outras lutas ecoam no vasto terreiro, no amplo campo de batalha da Filosofia.

Tudo começa com a própria concepção filosófica. Eu creio que tal como sucede hoje já em boa medida com a História, devemos fazer um esforço de desfocagem. E re-centramento.

Num primeiro momento, poderíamos dizer — e bem — que a Filosofia é servida por diversos estilos ou géneros literários. Que o seu "Espírito" sopra onde quer...

Mas, numa fase mais elaborada, teremos que reconhecer que é um pouco o inverso: a Literatura é que, por vezes, toca o género filosófico. E isso sucede-lhe na poesia, no ensaio, no teatro, etc...

A Filosofia não é senão uma secção da Literatura. Tal como a História. Ou como o Direito. Que haja quem se afadigue a considerá-los *verdades* ou *normas*, isso é exterior ao valor ficcional e literário, que pré-existe".

"Isto vai chocar muita gente e nem sequer deve ser totalmente original" — pensou o nosso professor. Voltou à carga:

"Há duas maneiras de conceber a Filosofia: como diálogo ou como discurso; como interrogação ou como sistema. E aí é que está a verdadeira e a mais profunda oposição em Filosofia.

A sofística desacreditou o diálogo. Mas mesmo assim não completamente.

O sistema ainda não foi suficientemente desmascarado, embora seja dele que se riem os que têm os filósofos como matutos vãos.

Ora a Filosofia — importa dizê-lo novamente em abono do equilíbrio onde reside a verdade — não é só diálogo, nem é apenas inspiração.

Se só argumentação, esvazia-se no sofisma. Mesmo quando o não atinge, é árida — e não atingindo a alma, não pode ser totalmente verdadeira.

Se só tese, estiola no apriorismo. E quando o não seja, abafa o pensamento com o peso do cristalizado — esquece a sua dimensão ginástica e dinâmica.

Nem a ditadura dos iluminados, nem o nihilismo cínico dos logógrafos. A Filosofia tem de afirmar-se no risco e na linha de sombra entre a procura da verdade em debate, pela maiêutica e pela ironia, e a apodíctica ou dogmática declaração (que subjaz já a esse debate — porque Sócrates sabia muito bem e de antemão onde queria levar os seus interlocutores).

Pode, porém, pensar-se que, na Filosofia, o diálogo é só um meio literário, porque o caminho não importa à meta (já pré-concebida).

É preciso surpreender Sócrates e Platão. Eles não podem ser os senhores absolutos do diálogo, manipulando como títeres as suas personagens.

Por isso é que a dialéctica terá de esperar pelas *quæstiones disputatæ* e sobretudo pelas *quæstiones quodlibetales* para se afirmar.

O mestre grego dispõe tudo nos seus textos.

Mas o mestre universitário medieval tem de dialogar com os seus interlocutores sem guião prévio. O mestre medievo é verdadeiramente "toureado": levado a investir teoricamente contra a capa rubra de novos problemas.

Na Grécia, encenou-se um diálogo, a tese, contrastando-a com as suas antíteses.

Nas *quæstiones* escritas, de novo as autoridades parecem discordar para um contraponto de uma harmonia já prevista.

Nas questões livres dir-se-á que se volta à sofística — porque triunfa quem, sem guião, melhor sustentar a sua tese (por vezes nem sequer muito assumida, mas "encomendada"). E eis que retomamos o problema, como que "demonstrando-o", ou tirando-lhe a "prova real": a Filosofia que busca em real diálogo a verdade, corre o risco da sofística; a que afirma, experimenta o perigo do dogmatismo, da ditadura do "espírito" (ou do que julgue sê-lo).

O nosso autor parou, para tomar fôlego, e indeciso quanto ao desfecho a dar.

"Não estou aqui a fazer a apologia de coisa nenhuma — é preciso que se entenda. Limito-me a dar pistas e opiniões". Voltou à folha de papel. Optou por começar por recapitular, para clarificar e ganhar tempo:

"Sintetizando: a Filosofia positivista e a Filosofia metafísica hão-de ter com a Filosofia dialéctica e com a sistemática qualquer relação, que a todas melhor explique ou ilumine.

Antes de mais, julgo que todas têm algo a dar na busca da verdade.

A Filosofia é positivista ou metafísica quanto ao nível a que se situa e à crença nas suas forças próprias para explicar ou ver o real. A positivista é explicativa. A metafísica, teórica ou visionária.

Já a Filosofia é dialéctica ou sistemática na medida em que aceita, ou não, a crítica e a argumentação como meio de aceder à sabedoria, ou de a substituir ou captar pela contemplação ou intuição directa, sem confrontos (que não ulterior e consequente ao sistema e, logo, apenas polémica). A dialéctica crê que da discussão nasce a luz; a sistemática que da luz provém a discussão. Mas enquanto a primeira não passa sem o debate, a segunda apenas o tolera ou encara como ginástica do espírito — forma de o manter ágil.

Assim, à primeira vista, dir-se-á que a sistemática é metafísica e a positivista dialéctica. Mas não sucede assim. São possíveis todas as combinações.

Além disso, falámos de tipos-ideais.

A realidade é muito mais mesclada".

Sentiu-se então forçado a tomar partido: "Afirmo agora, como um dogmático ou sistemático, que em todas estas vias há mérito. E pode haver muito mérito até. Mas tenho algumas iniludíveis preferências.

Contra a atitude que estou afinal tomando — e esta contradição não é sem consequências — creio pedante e perigoso construir uma filosofia a partir de uma visão ou intuição. Sobretudo se não tiver apoio no real. Só conceberia, pois, uma filosofia sistemática positivista.

Porém, tal é, a meu ver, muito empobrecedor. Porque as conclusões a que com certeza se pode chegar a partir da lógica e da natura (a mais não ousaria a filosofia cientista, assim construída) são sobretudo tautológicas ou descritivas, na melhor das hipóteses. Alguns quase confessam que não passam de redundâncias, discursos sobre o discurso, metalinguagens.

Julgo, pois, útil uma metafísica. Mas temo-me muito da metafísica filosófica sistemática, porque descreio da nossa humana capacidade nesse âmbito. O perigo do romance fantástico é para mim muito real — com o inconveniente de as produções filosóficas, neste estilo, se sem dúvida não convertem, muito menos são capazes de divertir ou recrear, como o seu gémeo ficcional "puro". Aí, confiaria apenas na Revelação e no religioso, que é doutro domínio, não filosófico mas, quando muito, sófico. Obviamente que há grande possibilidade de diálogo entre a Filosofia a essas formas de transcendência. desde logo as espiritualidades e as teologias. Mas nelas é preciso distinguir com o rigor o que é filosófico e o que o não é[50].

Uma metafísica filosófica baseada, então, no diálogo? Não é essa a moda comunicacional hodierna? Não é essa uma grande tolice? Como pode a luz surgir da mera discussão?"

Estava realmente numa encruzilhada.

Ainda escreveu: "Seria simétrico com o meu 'sistema', e tranquilizador, afirmar uma *metafísica dialéctica*, mas não o posso fazer em absoluto, a menos que aos dialogantes reservasse qualidades excepcionais. Até um diálogo de anjos não faz surgir senão Lúcifer. Suspendo, pois, o juízo".

E foi-se passear pela praia. Calçado e tudo, como é de bom filósofo.

---

[50] Sobre as relações (e até os preconceitos) no diálogo a que simbolicamente poderíamos chamar Atenas/Jerusalém, cf., recentemente, *v.g.* Paul K. Moser (ed.) — *Jesus and Philosophy. New Essays*, Cambridge, Cambridge University Press, 2009, p. 1 ss..

Olhou o quase infindo mar e esse seu mestre rigoroso já falecido há muito, com quem, agora, insensivelmente acabara por coincidir. Porque só admitir uma filosofia sistemática positiva era o coroar das esperanças do seu mestre.

Recordou como polemizara com ele, até de forma amarga, virulenta.

Continuava a considerar muito indigente, miserável até, um filosofar tão térreo. Mas estava vacinado contra o linguajar sofístico dos dialectas e as abstracções aéreas dos sistemáticos metafísicos.

O nosso professor tinha-se vagamente por metafísico, por dialecta, por atento à ciência, mas não gostava de sistemas. Pareciam-lhe ficções contadas bem demais, logo, ficções falsas.

Parou numa rocha perto do mar. Viu sete vezes a maré a aproximar-se. E escreveu mentalmente o fim do seu ensaio:

"É em grande medida a personalidade do escritor e as opções vivenciais básicas que tomou, o que verdadeiramente decide do seu tipo de filosofia. Por isso, não é nada inadequado estudar a História da Filosofia, sobretudo se ela for história dos filósofos e da sua psicologia. Só isso iluminará os seus sistemas. Não há kantismo sem Kant, hegelismo sem Hegel, tomismo sem Tomás de Aquino, schopenhauerismo sem Schopenhauer. E mesmo assim os "— ismos" traem sempre os mestres que veneram. Nem todos tiveram a sorte de poder deixar registado na acta da História da Filosofia o que Marx declarou: não ser *marxista*. Mas se o tivessem podido fazer tê-lo-iam certamente feito. Estes são exemplos evidentes, mas ocorre sempre o mesmo. Isto de se optar por qualquer dos aludidos quatro caminhos na rosa dos ventos da filosofia é afinal, decorrente de um "sistema" pessoal e, assim, nesse sentido todos são dogmáticos.

O grande problema que então se põe é, pois, o da sinceridade da filosofia no seu propósito. Não será ela apenas uma ideologia ou um narcisismo de rezingões que, tendo dominado um vocabulário cifrado, se põem a ditar ao mundo as sua leis sobre o mais profundo e o mais inefável? O totalitarismo da filosofia não é nada de excluir. Já se falou na "tirania do Logos"[51].

Acredito que os filósofos tivessem querido salvar o mundo. Mas também o desejaram os utopistas, com os infernais resultados hoje

---

[51] Cf. Jean-Marie Benoist — *Tyrannie du Logos*, trad. port., *Tirania do Logos*, Porto, Rés, s.d..

geralmente à vista. Como é possível consumir-se alguém em labores filosóficos? Desgastantes, estéreis... só pela vaga e tão distante promessa de celebridade? Pelo auto-contentamento de se sentir diferente, superior? Pela ridiculíssima pretensão de se ir galgando a escadaria da verdade (que é realmente uma ravina hostil)?

Ia nestas lucubrações e recuou. Rasgou mentalmente a página. Pareceram-lhe considerações pueris e perigosas, no reino da barbárie em que acreditava viver.

Preferiu ficar filosoficamente a olhar o mar e as marés por mais sete vezes sete vezes.

Até que anoiteceu e recolheu a casa, sem intenção alguma de continuar o seu texto.

O Mestre, que o olhava das estrelas, sorriu, porque na eternidade também a Filosofia está suspensa."

O professor, o professor real, pigarreou acabada a leitura, e perguntou aos alunos, que o fitavam, algo confusos:

"— Teria razão Voltaire ao afirmar que "a filosofia é o romance da alma", atalhando logo ser muito menos divertida que as *Mil e uma Noites?* Ou, passando aparentemente ao nosso tema: os senhores não crêem que este bem intencionado professor tem algumas inconsistências no seu pensamento? Haverá mesmo contradições? Não usa ele uma linguagem excessivamente imprecisa? Não terá abandonado o seu projecto cedo demais? E, afinal de contas, que importância tem tudo isso? Finalmente: Que vos inspiram as angústias deste nosso professor? E o que vos sugere a posição do narrador do texto? Lançarão alguma luz sobre a questão filosófica? E sobre a arte de filosofar?"

E continuou o nosso professor verdadeiro, não sabemos se para deixar passar o tempo necessário a que os estudantes reunissem ideias:

" — Como sabem, já dizia Kant que 'a filosofia não se pode ensinar, apenas se pode aprender'. Aguardo, pois, o fruto das vossas angústias..."

O tempo suspendeu-se destas reticências. Mas eis que um sorriso se abre:

" — Ah, já ali vejo um braço levantado! Faz favor..."

Lição n.º 4

DO DIREITO

"Luctemos pelo nosso direito! Da constatação historica: todos os direitos foram conquistados na lucta, façamos um imperativo categorico: que todos os direitos sejam *conquistados na lucta! Tenhamos sempre presente a ameça de Kant: quem anda de rastos como um verme nunca deverá queixar-se de que foi calcado aos pés. — E como consequencia d'esta altitude rejeitemos sem escrupulo todas as teorias que possam paralisar, ou sequer debilitar em nós o sentimento do direito (...)"*

Manuel Paulo Merêa — *Idealismo e Direito*, Coimbra, França & Armenio, 1913, pp. 56-57.

DO DIREITO

1. O DIREITO POSTO À PROVA: ALTERNATIVAS, NORMATIVIDADES E DOUTRINAS

1.1. O Direito como alternativa humana e as alternativas ao Direito.

Antes de mais, importa recordar — pois estamos sobretudo falando com candidatos a juristas — que não só o Direito não é (posto que muito influente e determinante), radical e filosoficamente falando, mas também falando vivencialmente apenas, o que mais importa[52], como existem alternativas diversas ao Direito[53], outras experiências, outras propostas, e, mesmo para realizar o que especificamente lhe incumbre na nossa sociedade seria concebível um outro tipo de organização. Por exemplo: uma outra "ordem" não preocupada com a justiça, ou então apenas curando da moralidade. Há várias hipóteses. Uma das quais (mas fatal para o Direito enquanto tal) seria, por exemplo, a abolição dos juristas (ou, pelo menos, dos advogados) — intento que todos os poderes brutais utopicamente procuraram levar por diante[54].

---

[52] Como muito agudamente recordava, entre nós, Fernando José BRONZE — *Apontamentos Sumários de Introdução ao Direito (memória das aulas teóricas de 1995-96)*, Coimbra, Faculdade de Direito, Universidade de Coimbra, 1996 (policóp.), máx. pp. 28-30.

[53] A. Castanheira NEVES — "O Direito como alternativa humana. Notas de reflexão sobre o problema actual do Direito", in *Digesta, Escritos acerca do Direito, do Pensamento Jurídico, da sua Metodologia e Outros*, Coimbra, Coimbra Editora, I, 1995, p. 287 ss.

[54] Cf., sobre a possibilidade, Fernando José BRONZE — *Op. cit.*, pp. 17-18, e sobre o seu sentido, o nosso *Constituição, Direito e Utopia. Do Jurídico-Constitucional nas Utopias Políticas*, cit., p. 184 ss.. Porém, o jurista tem um relevantíssimo papel a desempenhar. Cf. especialmente A. Castanheira NEVES — "O Papel do Jurista

Estas ideias alternativas multiplicam-se sobretudo porque, nestes tempos finiseculares, há uma latejante impressão de que o Direito não está só em crise: poderá estar mesmo em risco de sucumbir. Como afirma Castanheira Neves:

"Ora, se o direito se vê, assim, já abandonado numa irresistente instrumentalização ao político, já subsistindo apenas como amoral e tecnológico expediente de contrôle social, já alvo de devastadora crítica totalmente negadora do seu sentido, como não compreender que o atinja uma profundíssima crise, a autorizar todos os cepticismos? Não será mesmo lícito perguntar, dada a profundidade desta crise do direito, se ela não lhe será mortal?"[55]

Esperemos que se encontrem forças capazes de resistir a essa ameaçadora espada de Dâmocles. Porque as alternativas são deprimentes, regressivas, sinais de decadência. E ameaçadoras para o Homem e os seus valores. Mesmo agora, na "vigência", ao menos teórica, de ordens de Direito (ditas até Estados de Direito — e para mais democráticos), os elementos de des-juridização são, em geral, preocupantes. Sobretudo por reinstaurarem a terra-de-ninguém nas relações, o que se traduz na mera lei do mais forte.

1.2. Crise das normatividades não jurídicas e suas consequências jurídicas

Além das alternativas que para si podem constituir designadamente o poder, a ciência e a política, o Direito enfrenta ainda uma situação única nos nossos tempos, em que as normatividades sociais não jurídicas em muito vasta medida deixaram de exercer a sua pedagogia (e as suas sanções) sobre larguíssimos sectores sociais. O Direito não sofre, em geral e em princípio, na sua ipseidade, com uma pretensa concorrência da religião, da moral, da civilidade, das normas de trato social, etc.. Pelo contrário: a existência activa desses sistemas acultu-

---

no nosso Tempo", in *Digesta, Escritos acerca do Direito, do Pensamento Jurídico, da sua Metodologia e Outros*, cit., p. 9 ss.; Fernando José BRONZE — *Op. cit.*, p. 11 ss..

[55] A. Castanheira NEVES — "Justiça e Direito", in *Digesta, Escritos acerca do Direito, do Pensamento Jurídico, da sua Metodologia e Outros*, cit., I, 1995, p. 253.

radores e unificadores na sociedade não só em muito vasta medida convergia com ele em comandos concretos (não matarás, não roubarás...), como treinava para uma interiorização da necessidade de ordem, hierarquia, princípios, valores — o que anda muito esquecido quando uma sociedade, como a nossa, acaba por só apenas ao Direito ir respeitando. E tal (o que é gravíssimo para o próprio Direito) sobretudo porque alguns dos comandos jurídicos são neutros ou razoáveis (e nada custa cumpri-los), ou então pela força da ameaça das penas.

As normatividades não jurídicas ainda detêm um relevante papel na educação de elites e grupos marginais. O grande problema é que, agora, o Direito, só consigo podendo contar, e não com elas, para a formação da imagem do mundo axiológico das grandes massas, acaba por exageradamente se alargar, querendo suprir funções que não são suas e, assim, degenera. Por outro lado, há comandos sociais que não são adequadamente impostos pelo Direito nem correctamente sancionáveis por meio das suas sanções. A virtude, por exemplo, só no seu contrário mais patente está apta a ser tutelada pelo Direito. E entretanto este necessita do seu apoio. É verdade que em alguns aspectos a sociedade e o Homem se libertaram com uma ordem menos fechada, com menos tabus e olhares reprovadores de *moral entrepeneurs* espalhados. Mas o preço foi alto. E a única forma de minorar essa orfandade sobretudo ética será cultivar as virtudes cívicas e tentar encontrar, ao menos, focos de civismo e até de espiritualidade no seio do mundo egoísta, individualista e materialista que nos cerca.

1.3. **O Conflito doutrinal**

Voltamos ao problema que muitos julgam ser o prévio, embora nunca o seja. Dizer o que é algo — sobretudo de entidades tão complexas como estas — é sempre conclusão, não é *a priori*.

Ainda não estamos *in medias res*, mas já não no umbral da porta, e atrever-nos-emos a avançar algumas ideias mais, apenas como auxiliares de uma navegação, de um percurso pessoal de cada um. Claro que a Filosofia não é um percurso meramente subjectivo; não se trata de discorrer, divagando, de acordo com simples opiniões. Más interpretações desta ideia geram pseudo-filósofos "incompreendidos" que por alinhavarem meia dúzia de palavras mais sonantes e copiarem o ar dos textos filosóficos já se acham dignos da admiração do Mundo. Há mais do que pode pensar-se...

Dizer o que é o Direito passa, hoje, pelo conflito doutrinal filosófico. Cada autor propõe a sua definição (a que, por vezes, chama descrição, ou noção[56]). E cada autor mais ou menos se integra (ou é integrável) numa corrente.

1.3.1. *Dos positivismos, sobretudo do legalista*

Os positivistas[57] (grupo onde os legalistas são largamente preponderantes e maioritários) têm predilecção pela definição de Direito que, estilizadamente embora, vimos *supra*: "conjunto de normas estaduais, impostas coactivamente", etc., etc.[58].

É tal a influência desta verdadeira força da gravidade jurídica que, muitas vezes, somos impelidos todos a formulações, métodos e práticas positivistas legalistas, cuidando entretanto estar a guardar, puríssimos, os princípios da doutrina classicamente contrária, o jusnaturalismo[59].

Não admira, assim, que em muitos autores, de confessada filiação jusnaturalista ou aparentada, irrompa o positivismo por vezes logo no início dos seus manuais, porquando definindo este ou aquele ramo do Direito como sendo, desde logo, um "conjunto" de "regras" ou "normas".

---

[56] Como sabemos, filosoficamente, uma definição e uma descrição não são nem podem ser equivalentes. Falta, em muitas das definições do Direito, uma clara compreensão prévia do papel definitório de categorias como género e espécie, género próximo e diferença específica, propriedade e acidente, etc.. A definição tem, *por definição*, alguns critérios: brevidade, simplicidade, reciprocidade entre sujeito e predicado, universalidade e propriedadade ou adequação ao objecto. Ora, o que sucede frequentemente com o Direito é que as definições não o são, e as descrições, embora sendo-o talvez, todavia funcionam dogmaticamente na prática, como se foram definições. Cf. o nosso *Princípios de Direito*, p. 45 ss.. Para a problemática da definição em geral, cf. ARISTÓTELES — *Organon*, *Tópicos*, 102 a) (ed. port. com trad. e notas de Pinharanda Gomes, Lx.ª, Guimarães, 1987, p. 15 ss.).

[57] Cf. a interessante síntese (com a vantagem de ser elaborada por um positivista) de Norberto BOBBIO — *Il Positivismo Giuridico*, Turim, Giappichelli, 1979 (há trad. bras. de Márcio Pugliese, Edson Bini e Carlos E. Rodrigues, *O Positivismo Jurídico, Lições de Filosofia do Direito*, S. Paulo, Ícone, 1995.

[58] Desconstruindo esta definição-tipo, v. o nosso *O Ponto de Arquimedes*, Coimbra, Almedina, 2001, p. 147 ss..

[59] Cf., *v.g.*, Mário Júlio de Almeida COSTA — *História do Direito português*, 2.ª ed., Coimbra, Almedina, 1992, p. 473.

1.3.2. *Das perspectivas não monistas, sobretudo da realista clássica*

Faremos portanto apelo de seguida a uma concepção completamente contrária à primeiramente referida (1.3.1.), uma perspectiva que considera existir, além do Direito positivo, mas em conexão íntima com ele, um Direito Natural[60] — por isso se considerando uma visão poliédrica e não simplesmente monista do Direito. Inspirada no legado aristotélico, na experiência jurídica romana e no renascimento filosófico-jurídico aquinatense, esta perspectiva tem o nome de realismo clássico[61], o que não obsta, obviamente, na sua perenidade, a que seja adoptada por muitos e renomados autores em todas as épocas, desde o nascimento do Direito. Além de que o clássico é aquilo que consegue continuar a ser sempre "moderno".

---

[60] Cf., de entre inumeráveis, D. MAYER-MALY/P. M. SIMONS (ed.) — *Das Naturrechtsdenken Heute und Morgen*, Berlim, Duncker & Humblot, 1983; o clássico Erik WOLF — *Das Problem der Naturrechtslehre*, tr. cast., *El problema del derecho natural*, Ariel, Barcelona, 1960; John FINNIS — *Natural Law and Natural Rights*, 3.ª reimp., Oxford, Clarendom Press, 1986; Joaquín GARCIA HUIDOBRO — *Razón Prática y Derecho Natural*, Valparaíso, EDEVAL, 1993. Mais recentemente, Idem — *Retórica de las Teorías Iusnaturalistas. Reseña de algunos argumentos*, in "Revista de Derecho" (Coquimbo) 8 (2001), p. 75ss.; Pierre KAYSER – *Essai de Contribution au droit naturel à l'approche du troisième millénaire*, in RRJ, Marselha, 1998-2, p. 385 ss.. Numa perspectiva histórica, Richard TUCK — *Natural Rights Theories. Their origin and deevelopment*, Cambridge, Cambridge Univ. Press, 1979. Sobre a ciência do Direito Natural e a sua história, Francisco PUY — *Lecciones de Derecho Natural*, I. *Introducción a la Ciencia del Derecho Natural*, 2.ª ed. corrig. e aum., Santiago de Compostela, Porto, 1970; Javier HERVADA — *Historia de la Ciencia del Derecho Natural*, Pamplona, EUNSA, 1987. E, em curso de publicação, a revista "Vera Lex", de Nova Iorque, fundada por Virginia Black e dirigida por Robert Chapman.

[61] Cf. Michel VILLEY — *Abrégé de droit naturel classique*, in "Archives de Philosophie du Droit", VI, 1961, pp. 25-72; Javier HERVADA — *Le droit dans le réalisme juridique classique*, in "Droits. Revue Française de Théorie Juridique", Paris, P.U.F., n.º 10, 1989, p. 31 ss.; J. P. SCHOUPPE — *Le réalisme juridique*, Bruxelles, Story-Scientia, 1987; Idem — *La concepcion realista del Derecho*, in "Persona y Derecho" , n.º 11, 1984. Entre nós, cf., especialmente, Mário Bigotte CHORÃO — *Introdução ao Direito*, *I. O Conceito de Direito*, Coimbra, Almedina, 1989, máx. p. 17 ss., 158 ss., *et passim*. O realismo clássico renovado da contemporaneidade tem também com o paradigma "natureza das coisas" significativas afinidades. Cf., por todos, Idem, *Temas Fundamentais de Direito*, Coimbra, Almedina, 1986, p. 111 ss.; Ricardo Henry Marques DIP — *Natureza das Coisas e Direito: Notas para recuperação de um Conceito*, Separata da "Revista dos Tribunais", vol. 712, 1995, p. 334 ss..

Prescindindo, de momento, dos prolegómenos filosóficos helénicos, e da sua reassunção medieval, concentremo-nos na versão mais "prática" do pensamento desta corrente, a experiência do Direito Romano clássico.

Temos para nós que a melhor abordagem do fenómeno do Direito (na sua "pureza" inicial) se pode ver através dos textos clássicos do Direito Romano. Começando com Ulpiano, mas não ficando por aí, como é óbvio.

Cada uma das aparentemente desconexas citações clássicas recolhidas no Digesto revela uma faceta importante do Direito[62]. E só pela coordenação entre todas se revelará este em toda a sua dimensão.

Assim, a tríade das personagens principais da demanda da Justiça é-nos dada por Ulpiano: *constans et perpetua voluntas suum cuique tribuendi.* Como vimos pormenorizadamente noutros estudos, daqui resulta a possibilidade de detecção ou construção de uma tópica da Pessoa, do objecto do direito, o *Seu* de cada um (*suum*), e da Justiça (*Iustitia*), como demanda (desejo — ou *vontade* e sua prática) constante e perpétua (*constans et perpetua voluntas*)[63].

Considerando o Direito em relação aos saberes e à experiências do agir humano, vários passos do Digesto nos esclarecem com clareza. Trata-se de uma maneira de ser multidimensional: técnica, ciência, etc.. Assim, vejamos algumas facetas fundamentais:

Ars bona et æqui (D. 1, 1, 1, pr.) — O Direito é a arte (técnica) do bom e do equitativo.

Divinarum atque humanarum rerum notitia (D. 1, 1, 10, 2) — O Direito tem como pressuposto certas coisas divinas e certas coisas humanas[64].

---

[62] Cf. Paulo FERREIRA DA CUNHA/Joana AGUIAR E SILVA/António LEMOS SOARES — *História do Direito. Do Direito Romano à Constituição Europeia*, Coimbra, Almedina, 2005, p. 123 ss..

[63] Cf. os nossos *Princípios de Direito, Introdução à Filosofia e Metodologia Jurídicas*, cit., p. 45 ss.; *Amor Iuris. Filosofia Contemporânea do Direito e da Política*, cit., p. 147 ss..

[64] Cf. Sebastião CRUZ — *Direito Romano*, I, 3ª ed., Coimbra, s/e, 1980, p. 281 ss., e nota 346.

Iusti et iniusti scientia (D. 1, 1, 10, 2) — O Direito é a ciência do justo e do injusto.

Utilíssimos na determinação do jurídico são ainda os *tria præcepta iuris*, tanto mais que constituem critério de aferição das características internas (e não somente externas, ou fácticas, fenoménicas: logo, mais superficiais) das normas jurídicas[65]:

honeste vivere — viver honestamente, isto é, não abusar dos seus direitos e muito menos usurpar os dos outros;

alterum non lædere — não prejudicar ninguém (ou *o outro*), ou seja, coordenar os seus direitos com os alheios, harmonicamente;

suum cuique tribuere — atribuir a cada um o que é seu, ou, noutros termos: respeitar *activamente* os direitos dos outros.

Estes preceitos jurídicos fazem também lembrar, de algum modo, virtudes, que seriam virtudes jurídicas. Assim, *grosso modo*, o *honeste vivere* poderá ligar-se à temperança, o *alterum non lædere* à prudência, e o *suum cuique tribuere* à justiça; O lugar da fortaleza é mais complexo. Liga-se a todas (mas não se encontram também todas relacionadas entre si?). A verdade é que, sem ela, as demais não resistem (mas também vice-versa)[66].

---

[65] D. 1, 1, 10, 1. Sebastião CRUZ — *Direito Romano*, I, cit., máx. p. 12 ss.; Félix SENN — *Les origines de la notion de Jurisprudence*, Paris, Sirey, 1926; Idem — *De la Justice et du Droit*, Paris, Sirey, 1927. Cf. ainda o nosso *Para uma História Constitucional do Direito Português*, cit., p. 71 ss.. Além das características internas das normas jurídicas, são de considerar as características ônticas do Direito, que podem ser relacionadas com as do *Organon* de Aristóteles. Assim, teremos as categorias seguintes: temporalidade e historicidade (tempo), bilateralidade (relação), positividade (acção), heteronomia (paixão) territorialidade (lugar) dimensão axiológica (qualidade). Cf. António Braz TEIXEIRA — *Sentido Valor do Direito*, cit., p. 138 ss..

[66] Sobre a existência actual da fortaleza, cf. Salvatore NATOLI — *Dizionario dei vizi e delle virtù*, Milão, Feltrinelli, 1996, p. 43 ss. Realmente ela não surge sequer (mas sim a "coragem", coisa diversa) em André COMTE-SPONVILLE — *Pequeno tratado das grandes virtudes*, trad. port. de Maria Bragança, Lisboa, Presença, 1995. O mesmo se diga do que ocorre em William I. BENNETT — *The Book of Virtudes*, New York *et al.*, Simon & Saluster, 1993. Um tratamento tradicional do tema pode colher-se em Josef PIEPER — *Les virtudes fundamentos*, 4.ª ed. cast., Madrid, Rialph, 1990. Sobre recentes desenvolvimentos, cf. *Les nouvelles morales. Éthique et Philosophie*, n.º 361 de "Magazine Littéraire", Paris, janvier, 1998. Cf. ainda Sab. 8:7, cuja tradução é, porém, controversa.

1.3.3. *Superação e perenidade das antinomias*

Fala-se correntemente na superação do positivismo jurídico, e também se vai falando na do jusnaturalismo.

Os diversos autores não querem dizer todos o mesmo com esta palavra. Porque haverá superação? Vejamos apenas algumas perguntas, reveladoras de algumas hipóteses — só algumas.

Porque se descobriu que os problemas a que tais respostas respondiam eram falsos problemas? Não, decerto. Porque tais respostas se revelaram irremediavelmente aderentes a um tempo irremediavelmente pretérito? Descontando os modismos, também não. Ou porque a resposta em si já não satisfaz o sujeito que afirma a superação? Só pensamos que possa ser este o verdadeiro sentido da expressão. Quando muito — e nesse sentido também temos falado em superação do positivismo jurídico — o vocábulo designará um movimento bastante difundido de recusa consciente da doutrina em causa. Donde falar em superação passará a ter o sentido não já de análise doutrinal mas de reflexão (e constatação) histórica e sociológica: a verificação de que muitos consideram que o positivismo já não serve.

Não será com a categoria da superação, nem com a da convergência ou compatiblização que se explicarão fenómenos tão complexos e significativos como as conversões jusnaturalistas dos pós-guerra, ou a recusa do carimbo "jusnaturalista" pelo defensor do Direito natural que foi Michel Villey[67], etc.. Aliás, quando se fala em superação do jusnaturalismo (normalmente associada à do positivismo e não isolada — porque os positivistas plenamente assumidos não falam muito em superações) importa saber de que jusnaturalismo se fala[68]. Também a interessante proposta de substituir a expressão "direito natural" por "direito vital" falharia.

E importa sobretudo recordar que, embora jusnaturalistas moderados e positivistas moderados (quer assim se considerem a si próprios, quer não) tenham boas hipóteses de dialogar, há um abismo entre uma concepção para a qual o direito é só o que é determinado ou posto

[67] Sobre esta questão, cf. o nosso *Pensar o Direito*, I, p. 215 ss..

[68] Sobre os dois principais jusnaturalismos, v. Leo STRAUSS — *Natural Right and History*, trad. fr., *Droit naturel et histoire*, Paris, Flammarion, Champs, 1986; entre nós, cf. Mário Bigotte CHORÃO — *Introdução ao Direito, I. O Conceito de Direito*, cit., máx. p. 157 ss.. Contudo, há dúvidas quanto a esta dicotomia.

pelo homem, e uma perspectiva para a qual há ainda um outro direito, superior a este, e que não tem origem voluntária. Evidentemente que, ao estilizarmos as duas posições, decerto as deformamos. Mas o importante era exprimir um ponto de vista.

A tentativa de conciliação entre os dois grupos, levada a cabo pelo impulso de Virginia e Percy Black, paralelamente ao congresso anual da IVR (a Associação Internacional de Filosofia jurídica e social) de 1991, em Göttingen, esclareceu sem dúvida muito sobre as posições relativas de uns e outros, mas não os pôde aproximar, nem converteu ninguém[69].

2. "DIREITO": DAS ABORDAGENS FILOSÓFICAS RIGOROSAS A UMA TÓPICA SOCIOLÓGICA

O problema que desta noção de Direito de pronto se desprende é este: onde vamos encontrar, no mundo real, sublunar e histórico, Direito tão justo assim? Temos que reconhecer que, embora o não digamos a maioria das vezes, não o ousemos, frequentemente estes princípios não têm norteado as concretas "ordens jurídicas" e as concretas relações jurídicas interpessoais. Assim sendo, recusaríamos a marca da juridicidade a todos os casos que se não conformassem com a apertada malha conceitual e os requisitos fácticos rigorosos aqui estabelecidos? Curaríamos apenas deste direito volvido "direito ideal"?

De modo nenhum. Se, em rigor, no plano ontológico e axiológico, o Direito, numa palavra, não pode senão ser direito justo (*lex iniusta non est lex*, diz, claramente, S. Tomás[70]), todavia é útil, muito útil para a sua inteligência, que lhe conheçamos as deficiências, corrupções e imperfeições no real histórico. E assim, não no plano filosófico, mas no plano, por exemplo histórico, sociológico, ou comparatístico, bem como no do estudo do direito positivo e vigente de uma dada ordem jurídica, não se pronuncia o anátema nem lança o interdito sobre o mais injusto dos comandos — estuda-se. *Estudar a injustiça para melhor a combater*, dir-se-ia, parafraseando um célebre revolucionário, que aliás fora professor.

---

[69] V. AA. VV. — *The Göttingen Papers*, in "Vera Lex. Historical and Philosophical Study of Natural Law and Right", vol. XI, n.º 2, p. 19 ss..

[70] Tomás de AQUINO — *Summa Theologiæ*, IIa IIae, q. 60, art. 5.

Tal poderá ser, bem vistas as coisas, o lema dos estudos de Direito nos nossos tempos, em que se acaba por muitas vezes mais tratar da patologia que da fisiologia, mesmo quando se julga o contrário.

Acresce ainda que as exigências éticas, técnicas e até estéticas do jusnaturalismo clássico a que nos referimos anteriormente não se compadecem com a normalidade dos juristas. Michel Villey, insuspeito quanto à sua adesão a esta perspectiva realista, afirmou com muita coragem a preferência por uma filosofia positivista se houvesse de escolher — e a isso seria levado normalmente — entre ela e um pseudo--direito natural arbitrário ou fantasista. É que nem todos são capazes de compreender o Direito natural, enquanto, infelizmente, todos, mais ou menos, são capazes de cumprir ordens (claro que aqui intervém o problema da sua interpretação — que também não é sempre líquida — na verdade, nunca o será). Não podemos resistir a citá-lo:

"Le droit naturel *n'est pas* la philosophie des juristes — seulement des meilleurs d'entre eux. — (le *droit naturel* inclut du reste le positivisme — et il explique le succès du positivisme — car de notre point de vu mieux vaut élever le juge médiocre dans cet excès plus que dans l'autre qui serait contraire; l'arbitraire, la fantaisie, le rationalisme —.). Je ne recommande pas à tous le droit naturel, mais à ceux-là seulement qui peuvent comprendre.[...]"[71]

Uma questão se coloca, mais premente ainda depois desta reflexão (algo desiludida, algo resignada) de um dos mais intrépidos paladinos contemporâneos do Direito Natural: como, então, identificar o Direito, se ele se apresenta, as mais das vezes, em estado bastardo, corrupto, ou imperfeito?

Não vemos outra forma que não seja recorrer ao senso comum — utilíssimo nestas coisas jurídicas, mas já não tanto nas filosóficas. E o senso comum associa ao Direito um conjunto de tópicos. Procurando-os, aí teremos o Direito, ou o que lhe faça as vezes. Não há normalmente fumo sem fogo.

Quais os fumos do Direito? Quem o não sabe já? Polícias, ladrões, tribunais, assassinos, carrascos, documentos, papeladas, carimbos, selos, notários, amanuenses, burocratas, *guichets*, despachos, autorizações,

[71] Michel VILLEY — *Réflexions sur la Philosophie et le Droit*, Paris, P.U.F., 1995, p. 45.

alvarás, argúcias, subtilezas, contradições, interpretações, poderes, pompas, assembleias, leis, magistrados, togas negras, martelos de juiz, discursos de causídicos, lâminas de verdugo, clavas de salteador, forcas, tambores que as anunciam, *tricoteuses*, sangue, algemas, grilhetas, degredos, choro, miséria, ranger de dentes, ódios, invejas, raivas, inocências, desesperos, e tardes de sol (às vezes aos quadradinhos; outras, no horizonte lavado das necrópoles) em que o tempo se suspendeu e parece chegar, finalmente, o perdão e a paz.

Normalmente, onde estiverem estas coisas, aí estará aquilo a que, em rigor, se chamará normatividades. De cariz mais religioso, e/ou mais moral, numa fase histórica sincrética prévia à autonomização epistemológica do Direito, ou de timbre mais estadual (e laico), quando, depois dessa autonomização, uma longa decadência colocou o Direito nas mãos do soberano e este, que dele deveria cuidar delicadamente, o resolveu tomar para si e pô-lo ao seu serviço.

Vemos, em conclusão, que duas tópicas indiciadoras nos alertarão para a presença de Direito e de normatividades que como tal normalmente se apresentam, e fazem as suas vezes. No caso de Direito, verdadeiro Direito, direito justo, estamos perante a tópica presente já nos textos romanos — e para além dessa tópica triádica, ainda outra coisa: *a constante e perpétua vontade*, que é o dínamo de insatisfação com o direito dado, e a alma e a garra para o procurar fazer mais justo; no segundo caso, vale sobretudo a presença daquelas imagens, metáforas, rituais, etc. que, sobretudo ligadas ao poder, exercitam as chamadas funções do Estado — desde logo as jurisdicionais, mas também as executivas e as legislativas. Excluem-se do Direito, evidentemente, as que relevam de simples e puros actos políticos. Mas mesmo assim estes requerem atenção, porque é impossível justiça justa com política injusta.

Lição n.º 5

DA FILOSOFIA E DO DIREITO, DA FILOSOFIA DO DIREITO

"Les vendeurs de fausse marchandise ne peuvent aimer ceux qui démontrent qu'elle est composée à partir d'éléments vicieux. Les philosophes n'ont par conséquent aucune chance d'être bien reçus à la Faculté de droit."

Michel Villey, *Les Carnets*, p. 12.

DA FILOSOFIA E DO DIREITO, DA FILOSOFIA DO DIREITO

1. JUSTIFICAÇÃO (OU LEGITIMIDADE) DA FILOSOFIA E JUSTIFICAÇÃO DO DIREITO

Terão sido certamente bem pesadas as palavras que Aristóteles escolheu para iniciar a sua Metafísica:

"παντες ανθρωποι του ειδεϖαι οπεγονται φυσει"

Ou seja: "Todos os homens têm, por natureza, desejo de conhecer"[72].

Esta apetência natural para o conhecimento seria a grande justificação da Filosofia.

Entretanto, pode dizer-se que igualmente tem o Direito uma base natural que o legitima, apreensível do mesmo modo pela observação corrente e diuturna do universal comportamento dos homens.

Qual é essa base — e até determinação — natural?

É o sentido de justiça, ou, se preferirmos — e talvez mais rigorosamente —, a aversão pela injustiça que parece ser comum a todos os homens. De facto, a melhor maneira de aferir valores é aplicar a cada um o resultado das suas acções[73]. Gostaria o agente inquirido de sofrer as consequências de um seu acto? Trata-se, é claro, da aplicação do velho princípio "não faças aos outros..."

---

[72] ARISTÓTELES — *Metafísica*, I, 1 (n/ed., trad. port. por Vincenzo Cocco, 2.ª ed., Coimbra, Atlântida, 1964, p. 3).

[73] Cf. Rafael GÓMEZ PEREZ — *Deontología juridica*, Pamplona, EUNSA, 1982.

Esta aversão pela injustiça como um dos primeiros meios de acesso ao justo encontra-se já em Aristóteles também. Do mesmo modo, Platão põe na boca de Sócrates interrogando Alcibíades, no diálogo do mesmo nome, as seguintes palavras:

"Muitas vezes, na escola e noutros lugares, ouvia-te eu, quando, ainda criança, tu jogavas [...], de forma alguma embaraçado sobre as questões da justiça e da injustiça, mas declarando, ao invés, alto [e bom som], seguro de ti [...] que este ou aquele [de entre as crianças com quem jogavas] era mau e injusto, porque te tendo feito uma injustiça"[74]

Mas idêntico *discurso da injustiça* continuaria a ser glosado por muitos filósofos e filósofos do Direito[75], e revelar-se-ia extraordinariamente eficaz na *dispositio* de obras de ficção cuja temática é, precisamente, o justo. Partir do choque da injustiça para fazer descobrir o justo (ou, pelo menos, para combater aquela injustiça) cala fundo no coração dos homens, esse mesmo coração que alberga, segundo muitos (desde, pelo menos, S. Paulo[76]), a universal lei moral, base comum de todo o juízo ético e jurídico.

Mas pode tomar-se uma atitude mais radical ainda: pode reconhecer-se, sem hipocrisias, que o sistema jurídico é essencialmente injusto, e mais — e mais grave — que cada um é beneficiário e como que cúmplice também das injustiças:

"Je sais que notre droit est injuste, je sais que je vis quotidiennement en prenant ma part du butin d'un bande de voleurs [...]"[77]

---

[74] PLATÃO — *Alcibíades*, 110 b), trad. nossa, a partir da trad. francesa, de Léon Robin.

[75] Cf., *v.g.*, Jean-Marc TRIGEAUD — *Métaphysique et Éthique au Fondement du Droit*, Bordeaux, Biere, 1995, máx. p. 201. Orlando VITORINO — *O Discurso da Injustiça*, in "Revista da Ordem dos Advogados", n.º 37, 1977, p. 355 ss.; Paulo Dourado de GUSMÃO — *Filosofia do Direito*, 2.ª ed., Rio de Janeiro, Forense, 1994, máx. p. 92.

[76] Rom. II, 15. O tópico é usado também por Rousseau e, nos tempos modernos — iluministas, até por Robespierre.

[77] Michel VILLEY — *Réflexions sur la Philosophie et le Droit*, cit., p. 43.

Embora possa talvez haver alguma esperança, pois mais adiante o mesmo autor afirma:

"[...] poser que le droit est juste, cela signifie nécessairement que le système des lois est injuste, par cela même que je le conçois comme tendant à la justice."[78]

Retomemos, porém, o nosso fôlego e o nosso fio. Confluindo as duas perspectivas justificadoras, da Filosofia e do Direito, nas tendências simultâneas do Homem para conhecer, isto é, procurar a verdade (o que poderá ser também uma forma ou uma metáfora da busca do bem) e para recusar o mal (o engano e a ignorância) bem se vê como tudo se resume à inata apetência humana pelos "primeiros princípios", e o primeiro de todos, que é, precisamente, o fazer o bem e evitar o mal[79].

S. Agostinho e S. Tomás podem vir em nosso apoio.

O primeiro, como que corroborando a nossa aproximação entre a verdade cognoscitiva e o engano como dolosa perfídia, ou seja, entre uma questão do plano do saber (filosófica) e outra do plano do valer (ética e jurídica):

"*Omnes homines gaudent de veritate; multus expertus sum qui vellent fallere: qui autem falli, neminem*"

Isto é: "Todos os homens se regozijam com a verdade; conheci muitos que quisessem enganar; nenhum que quisesse ser enganado"[80]

Mas o essencial do problema está todo em Aristóteles, pois no iníco da *Metafísica*[81] sustenta a tese da apetência natural para o conhecimento, e no início das *Éticas a Nicómaco*[82] defende parecer que toda a arte, investigação, acção e escolha tendem para um qualquer bem. Tudo tenderia para o Bem, embora existindo diversos fins concretos.

---

[78] *Ibidem.*

[79] Cf ainda, *v.g.*, Michel VILLEY — *Philosophie du Droit*, II. *Les moyens du droit*, 2.ª ed., Paris, Dalloz, 1984, p. 186; Jacques MARITAIN — *Man and the State*, trad., Chicago, Chicago Univ. Press, 1951, máx. p. 81 (ed. orig. *L'Homme et L'État*, Paris, P.U.F., 1953, 2.ª ed. 1965).

[80] Utilizamos, com a devida vénia, a tradução de C. LAHR — *Manual de Filosofia*, cit., p. 1.

[81] ARISTÓTELES — *Metafísica*, I, 1 (ed. cit., p. 3).

[82] ARISTÓTELES — *Éticas a Nicómaco*, I, 1 (1094 a).

Uma outra explicação de índole idêntica tem sido dada. Para alguns autores, como Alexandre Kojève, o fundamento do Direito acabará por encontrar-se na inclinação natural de cada homem para intervir nas questões entre outros, como terceitro independente, isto é, como juiz:

"Il y a un 'interêt' *sui generis* qui pousse l'homme à agir juridiquement, tout au moins en tant que juge. Et cet 'intérêt' n'a rien a voir avec l'intérêt biologique, ou économique, ou social ou politique. Ni même avec l'intérêt spécifiquement réligieux, qui est celui du salut de l'âme. Car si le jugement inique est un 'pèché', rien ne dit qu'être juge est un 'devoir' religieux"[83].

Na verdade, em alguns credos, desde logo os cristãos, o dever não é julgar, mas não ser avaro — como diz Jesus quando dois irmãos lhe pedem que faça entre eles uma partilha (Lc. XII, 13 ss.).

Mas voltaremos à teorização de Kojève. Com efeito, se atentarmos no número de pessoas prontas a opiniar sobre tudo, e muito especialmente, quantos transeuntes se apressam a lançar veredictos sobre todos os acidentes de viação que terão presenciado (ou talvez não...) decerto consideraremos que esta teoria não deverá andar muito longe da verdade.

Porém, sempre a propósito se dirá que uma coisa é a apetência e outra é a competência.

E de novo se une o destino da Filosofia e o destino do Direito: do mesmo modo que a obtenção desse conhecimento por que todo o Homem anseia é penosa, e quiçá impossível, também o encontrar do justo ou da justiça, ideal igualmente de todos, será um caminho atapetado de espinhos. Mas ambos caminhos que a própria humanidade do Homem (a sua liberdade e a sua dignidade de ser pensante e de ser moral) lhe impõe como a um Sísifo.

A própria designação "Filosofia" deriva, como se sabe, do reconhecimento do gigantismo (e quase impossibilidade) da tarefa do saber, do saber mais profundo. É o próprio Aristóteles quem, seguidamente, na sua *Metafísica*[84], parece inclinar-se para considerar que a sabedoria (a sabedoria autêntica) é privilégio de Deus.

---

[83] Alexandre KOJÈVE — *Esquisse d'une phènoménologie du Droit*, Paris, Gallimard, 1981, p. 195.

[84] ARISTÓTELES — *Metafísica*, I, 2 (ed. cit., p. 12 ss.).

E é Santo Agostinho quem, na *Cidade de Deus*[85], recorda que a Pitágoras, questionado sobre o mester que exercia, pareceu tão arrogante atitude declarar-se *sophos*, ou sábio, que cunhou a expressão *philosophos*, amigo ou amador da sabedoria (*philos*, de *philia* — uma das três formas de "amor" em grego, diferente de *eros* e *agapé*), ou, simplesmente, seu aprendiz e estudioso.

Pitágoras foi mais longe. E na sua posição de modéstia, explicitou a tarefa dos filósofos, contrapondo-a a outras vocações:

"A maior parte dos homens são escravos: uns da glória, outros da fortuna. Há, todavia, um pequeno número que, desprezando tudo o mais, têm por ocupação apenas o estudo da natureza; são esses os que se designam a si próprios por amigos do saber — *φιλοσοφοι*, — ou seja, filósofos."[86]

No que respeita ao Direito, apartado que esteja o obstáculo mental de considerá-lo, à maneira positivista legalista estadualista esse tal "conjunto de regras ou normas impostas coactivamente pelo Estado", para "pacificação social" ou "arbitragem dos interesses conflituantes", acabar-se-á, certamente, por reconhecer que a melhor maneira de o conhecer, mesmo de forma nocional para-definitória, será regressar à Roma clássica que operou o seu corte epistemológico da síncrise normativa anterior. E aí, esplenderá a lapidar expressão de Ulpiano:

"*Iustitia est constans et perpetua voluntas ius suum cuique tribuendi*"[87]

Nesta sintética noção encontram-se, com efeito, como sabemos já, os três tópicos essenciais do Direito e da Justiça, e que os caracterizam: o elemento objectivo, o *suum*, o elemento subjectivo, a *persona*, e o elemento dinâmico e essencial-principial, a *iustitia*.

É de assinalar que a única expressão presente no texto da noção é o *suum* (a *iustitia* é, aí, o termo a explicitar — e não se poderia definir com o definido), correspondendo como que à *differentia specifica* da arte jurídica (que é o *suum cuique tribuere*, isto é a atribuição do que é seu a cada um — donde, o *seu* é que aí prevalece). A pre-

[85] Aurélio AGOSTINHO — *Cidade de Deus*, VIII.

[86] PITÁGORAS, *apud* Magalhães VILHENA, *Pequeno Manual de Filosofia*, p. 4.

[87] ULPIANUS — *lib. 1 Regularum* = D. 1, 1, 1, pr..

sença da *persona* está indiciada pelo *suum cuique* (é *o seu de cada um* que se trata). Finalmente, e isso é, neste momento, o mais relevante para nós, a *iustitia*, que é o resultado de tudo isto — até como virtude das virtudes, virtude por antonomásia quase, como claramente resulta das *Éticas a Nicómaco*, de Aristóteles[88] —, aparece também sob uma outra forma. Não é só como soma algébrica de todos os elementos em presença, ou como *telos* (e esta finalidade é a justa atribuição do *seu* a cada um) que a *iustitia* está presente. Ela é anunciada por uma expressão poderosa e muito reveladora do que está em causa quando se fala a sério de Direito e de Justiça. Essa expressão é *constans et perpetua voluntas*. A Justiça é uma constante e perpétua vontade.

Aí está: a Justiça não é um dado *quid* que se vá colher ali (seja no real terreno, seja no céu dos arquétipos), como a justiça do Museu de Nápoles colhe flores no prado primaveril. A justiça nunca está atingida e nunca o será, reclamando por isso do jurista uma perpétua e constante vontade de a concretizar.

Como isto aproxima o trabalho do verdadeiro jurista (modesto e sempre em demanda da Justiça, sempre certo de a não alcançar, mas sem desfalecer numa vontade constante e perpétua), do labor do autêntico amigo da sabedoria, o filósofo, que não se crendo senhor do saber, precisamente vai sempre em demanda da verdade, buscando. Embora saiba que a pedra de Sísifo rolará novamente para o sopé da montanha, e haverá que escalar sempre, novamente.

E como é, assim, vã e estulta a pretensão de pedir aos filósofos, puros ou de filosofias especializadas, que dêm soluções ao mundo ou aos profissionais das áreas com que os seus estudos têm conexão, tal como, do mesmo modo, quão deformadora e mesquinha é essa ideia do jurista profissional contente consigo e com as suas pequeninas verdades e pequeninas justiças (ou injustiças) contextuais que o inexorável vento do amanhã, ou uma simples penada do legislador, volverão em pó ou em lixo.

Um filósofo não serve para dar soluções — pelo menos as soluções que os sedentos delas pretendem. E um jurista, apesar de mover-se no seu contexto e de não poder libertar-se da sua temporalidade, não pode cristalizar em nenhum sistema pretensamente definitivo, mas procurar sempre a Justiça. E a Justiça é sempre mais justiça, melhor justiça, e está sempre mais longe.

---

[88] ARISTÓTELES — *Éticas a Nicómaco*, máx. V, 3 (1129 b).

Determinada a noção de Justiça pelo citado trecho de Ulpiano, importa ainda recordar o que é o Direito, e como se relaciona com ela.

É ainda o mesmo autor que o explicita:

"*Iuri operam daturum prius nosse oportet, unde nomen iuris descendat, est autem a iustitia appellatum: nam, ut eleganter Celsus definit, ius est ars boni et aequi.*"[89]

Está assim visto que Direito deriva da Justiça, e para corroborar tal facto, Ulpiano invoca Celso, explicando que aquele é técnica boa e équa (logo, justa).

A mesma tese é afirmada por uma glosa ulterior — a Justiça é mãe do Direito:

"*Est autem ius a iustitia, sicut a matre sua, ergo prius fuit iustitia quam ius.*"

O Direito deriva da Justiça, e como um filho separado de sua mãe almeja sempre por reencontrá-la. Só quando ambos novamente se encontram o Direito é Direito e a Justiça é Justiça — diríamos, para glosarmos a glosa.

Tudo ponderado, não é senão na origem do Direito (decorrendo da Justiça) e na sua finalidade (para ela sempre se dirigindo) que se justifica e legitima o Direito. E isso só pode ser descoberto filosoficamente: é a clássica resposta às radicais perguntas (aqui situadas no *quid* Direito) — *de onde vens* e *para onde vais*? Cuja resposta (veja-se o procedimento de Ulpiano, citando Celso) envolve sempre também notícia sobre uma outa, essencial também: *quem és?* (ou, no caso, *o que és?*).

Se não fosse ensombrar um tanto a memória de Ulpiano, que pagou com a vida a sua fidelidade ao Direito, e à Justiça, quase poderíamos, na senda do que vimos já sobre a Justiça, defini-la pelas palavras de Proudhon:

"A justiça é o respeito, espontaneamente experimentado e reciprocamente garantido, da dignidade humana em qualquer pessoa e em

---

[89] ULPIANUS — *lib. 1 Institutionum* = D. 1, 1, 1, pr.

qualquer circunstância em que ela se encontre comprometida, e quaisquer que sejam os riscos a que nos expõe a sua defesa".

É uma das melhores definições de justiça, e das mais modernas. Talvez só mesmo o brocardo de Ulpiano a supere.

E em seu abono dir-se-ia ainda que, ao lê-la, ao meditá-la, mais claro e consciente se torna o verdadeiro sentido do *suum cuique*: já não é a ingénua ideia de devolução de coisas a um proprietário, mas de permitir a cada um, a cada pessoa, que totalmente tome posse de si, sendo plenamente ela própria. É o resgate da dignidade confiscada e perdida. François Vallançon, ao afirmar que o primeiro dos direitos do Homem é "o dever de suprimir todos os vínculos a que se não deu causa, e defender todos aqueles de que se queira usufruir"[90]), vigorosamente traduz, mais próximo de nós, a mesma ideia de justiça.

2. OS JURISTAS E OS FILÓSOFOS FRENTE A ALGUNS VIZINHOS QUE SABEM TUDO

Podemos ainda aproximar novamente filósofos e juristas pela comparação com alguns dos seus vizinhos (e negadores). Ao contrário dos pretensos juristas sabichões e "bem sucedidos", que se auto-proclamam "práticos" "conquistadores" (e sabemos lá que mais adjectivos guerreiros) e pretendem por aí ficar, e ao contrário dos sábios (claro que alguns, hoje, se mascaram de cientistas e até de "filósofos" — porque dizer-se filósofo, hoje, já é aspirar a muito alto: ninguém deveria ter coragem de assim proclamar-se, e para assim se poder qualificar outrem deveria haver os maiores cuidados), os verdadeiros juristas e os verdadeiros filósofos, tal como Sócrates, sabem sobretudo "que nada sabem". Mas não se quedam nessa situação, procurando incessantemente o saber. E os juristas, mesmo reconhecendo as suas limitações, têm ainda que *agir*. Não é uma tarefa para vãos fanfarrões sem consciência da delicadeza da sua tarefa. Infelizmente, por vezes, são os inconscientes que vendem a sua imagem os mais famosos. Mas não é à *Fama* que prestam culto os veros juristas, é à *Justiça*.

---

90 Francisco VALLANÇON — *Alceste, Égalité, Fraternité*, in "Revue Internacionale de Philosophie Pénale et de Criminologie de l'Acte, n.º 3-4, Paris, 1992-1993, p. 64.

O filósofo opõe-se ao dito *sophos*, realmente ao sofista, que vendia (a quem mais desse) argumentos retóricos, sobretudo para os discursos forenses. Recordemos que na Grécia antiga, de início, normalmente era o próprio demandado que, sem intervenção daqueles a quem hoje chamamos advogados, deveria defender-se. O que fazia prosperar o negócio dos logógrafos, esses que vendiam palavras.

Os juristas distinguem-se quer dos burocratas da coacção, dos legalistas, dos normativistas, quer dos que visam distorcê-la em seu proveito (ou dos seus clientes, *lato sensu*) porque não procuram proventos, fama e glória pelo cumprimento ou pela fraude à lei, mas compreendem que ela é uma descrição ou estilização do Direito[91], não o próprio Direito, e este uma concretização sempre perfectível (e sempre imperfeita) da Justiça.

A perfectibilidade (e, portanto, a imperfeição) do Direito assemelha-se à da Filosofia. Poderíamos indistintamente dizer de um e de outra o que para esta última escreveu Innerarity:

> "Se na Filosofia não houvesse lugar para a paixão e para o desânimo, para o engenho e para o ridículo, deveria ceder o seu feliz lugar a qualquer uma dessas ocupações que nunca se enganam, graças ao facto de também não correrem o risco de dizer alguma coisa interessante."[92]

3. ATITUDE E MÉTODO

Do mesmo modo que os filósofos não se jactam de ser sábios, porque o seu labor é apenas o de procurar incessantemente a sabedoria, sem a alcançar, também os juristas não podem presumir de haver alcançado a justiça, devendo prosseguir na infindável demanda — *constans et perpetua*.

O que significa que a atitude de ambos não pode ser senão a da humildade e não a da jactância, e o seu método o tentâmen e não a tese subjectiva e irredutível. Isto é, sendo o saber filosófico a investigação do mais radical e do mais profundo com instrumentos humanos,

---

[91] PAULUS — *lib. 6 ad Plautium* = D. 50, 17, 1: *Non est regula ius sumatur, sed ex iure quod est regula fiat.*

[92] Daniel INNERARITY — *A Filosofia como uma das Belas Artes*, cit., p. 10.

deve ser prosseguido por todos os meios ao alcance da mente humana. E sendo o saber jurídico da mais relevante importância prática para a honra, a liberdade, a vida, e a fazenda dos Homens, também não pode fazer-se depender da pretensão a sabedoria deste ou daquele (nem tampouco do seu poder). Donde o método por excelência desta matéria seja o adequado a todas as questões de que apenas se pode encontrar o provável, isto é, o método donde, da discussão (rigorosa e bem balizada) se procurará nasça alguma luz. Tal é o método dialéctico. Vizinho dele, o método tópico é também da maior importância para o trabalho dos juristas. Mas estas são já questões de metodologia, que trataremos noutro lugar.[93]

Outro aspecto em que se une a sorte de filósofos e juristas é no plano profissional.

Não, não queremos dizer que estejam ambos votados ao desemprego. Nada disso. As licenciaturas respectivas já foram outrora passaporte seguro para a colocação profissional, antes da explosão da universidade de massas.

O que se passa é que, ao contrário do que as massas ávidas de ascensão social pretendem da universidade, esta não esteve nunca (e não está ainda, apesar de tudo, nem deveria jamais estar) vocacionada para ministrar ensino profissionalizante. Donde, obter uma licenciatura e hoje um mestrado em Direito ou em Filosofia não significa fazer a ninguém filósofo, mas (com sorte) um amigo da amizade pela Sabedoria, e (com muita sorte) um esclarecido e documentado amigo da Justiça.

E se, depois de obtidos os graus — ou melhor, algo independentemente deles: porque a maturidade vem quando quer, desde que haja contacto com as matérias respectivas — um amigo da amizade pela sabedoria acordar filósofo e um amigo da justiça se vir ao espelho jurista, ainda então não encontrarão de imediato correspondência profissional para o seu especial saber.

É importante sublinhar que ser jurista não é verdadeiramente uma profissão: é uma formação, uma *forma mentis*, e um estado de espírito; tal como, aliás, ser filósofo. Independentemente da profissão

---

[93] Cf. Maria Luísa Malato / Paulo Ferreira da Cunha — *Manual de Retórica & Direito*, Lisboa, Quid Juris, 2007; e o nosso *Filosofia do Direito*, Coimbra, Almedina, 2006, p. 485 ss., máx. p. 553 ss. E ainda *Iniciação à Metodologia Jurídica*, 2.ª ed., Coimbra, Almedina, em preparação.

que concretamente exerçam, filósofos e juristas não imergirão nas suas rotinas e nas suas deformações mais desumanizadoras, porque dotados de instâncias críticas, de um sensibilidade superior capaz de transcender toda a limitação. E, precisamente por isso, filósofos e juristas têm uma mais-valia profissional muito mais significativa do que se fossem simplesmente técnicos preparados na universidade feita escola de artes e ofícios para o exercício desta ou daquela profissão. Depois de instruídos por estágios (embora, por vezes, sem disso sequer necessitarem), esses sim profissionalizantes, os licenciados em Direito e em Filosofia, se pelo menos estiverem a caminho de ser verdadeiros juristas ou verdadeiros amigos da Filosofia, não só se revelam rigorosamente competentes na sua vida profissional, como profundamente criativos, chegando muitas vezes a surpreender os velhos e experimentados oficiais do ofício, que vêm a facilidade com que apreendem as técnicas e procedimentos normais do mester, e como são capazes ainda de inovar, com grande proveito geral.

Por isso é que o emprego dos juristas e dos filósofos, ao contrário do que uma visão especializada e sobretudo acanhada das formações e das profissões pretende, está longe de ser apenas para os primeiros o foro e a burocracia, e para os segundos o ensino e a investigação (que, entre nós, nestas áreas quase não existe fora dele — malfadadamente). Tradicionalmente se vêm juristas tanto na economia e na gestão como nas artes e nas letras, além, evidentemente, da política. E os filósofos estão a chegar — com grande benefício das respectivas áreas — à comunicação social, às empresas e até aos laboratórios.

Ser jurista e ser filósofo é uma vocação, um chamamento, e não um emprego. Que ninguém pense que será bem uma coisa ou outra se disso não tiver a vontade, o gosto, e as aptidões. E, evidentemente, muitas angústias e muito trabalho. Nem um nem outro escolheram a estrada larga das facilidades, e se por um momento para as vias rápidas e para as avenidas aplanadas se tentarem, renegaram a sua vocação. Não, evidentemente, por masoquismo, nem por elitismo tal se afirma. Mas porque é da natureza das coisas jurídicas e filosóficas não serem... "a piece of cake". Querer transformar os estudos de Direito e de Filosofia (e de outras matérias) em *bodo aos pobres* é realmente matá-los. E depois ninguém poderá reclamar da Justiça (que é feita pelos juristas que tivermos, e terá a qualidade que eles tiverem).

Já as reclamações que derivam de termos maus aprendizes de Filosofia não serão tão imediatas, mas nem por isso menos angustiantes.

Em geral, os novos diplomados em Filosofia, se encontrarem emprego com a sua formação compatível ainda será no ensino. O resultado da sua má formação será terem os seus alunos perdido uma das raras oportunidades de pensar na escola.

4. JURISTAS, FILÓSOFOS E OUTROS

As demandas e as tarefas filosófica e jurídica aproximam-se, pela solidariedade entre a busca do conhecimento ou a concretização da amizade do saber, formas humanas de aproximação à Verdade, e a busca da Justiça, que é a imperfeita mas possível e cívica materialização do Bem. Falta apenas um elemento para a tríade (a que já anteriormente nos referimos) ficar completa: a arte, que igualmente é incessante procura terrena do Belo.

A unidade do Ser e do Valor apresenta-se aqui refractada nestes três rostos que representam três vias fundamentais de humano acesso à essência das coisas.

O filósofo, procurando explicar, através da reflexão racional, o problema da existência humana pelas causas primeiras (ou últimas — depende donde se parta...)[94]

O jurista, exercitando aquilo a que os Romanos consideravam já uma "filosofia prática" (bem distante das habilidades dialécticas de sofistas que se contentariam com simulacros verbais)[95], estudando coisas humanas e divinas, para discernir assim a ciência do justo e do injusto[96], arte boa e équa[97].

O artista, trabalhando no mundo físico para o dotar de beleza humanizada, tal como o jurista trabalhando no mundo mental e moral com o fim de o prover de justiça de criação humana.

---

[94] Cf., *v.g.*, Umberto PADOVANI/Luís CASTAGNOLA — *História da Filosofia*, cit., pp. 55-56.

[95] ULPIANUS — *lib. 1 Institutionum* = D. 1, 1, 1, 1: "[...] veram nisi fallor philosophiam, non simulatam affectantes."

[96] ULPIANUS — *lib. 1 Regularum* = D. 1, 1, 10, 2: "Iuris prudentia est divinarum atque humanarum rerum notitia [,] iusti atque iniusti scientia". Cf. Sebastião CRUZ — *Direito Romano*, I, cit., p. 281.

[97] ULPIANUS — *lib. 1 Institutionum* = D. 1, 1, 1, pr.: "*Ius est ars boni et aequi*". Cf. Sebastião CRUZ — *Direito Romano*, I, cit., p. 281.

5. DIREITO, FILOSOFIA, RELIGIÃO E IDEOLOGIA

Aos referidos três obreiros de humanidade poder-se-iam juntar alguns outros, cuja função, porém, releva de universos mentais e emocionais diferentes.

O Homem religioso e o Homem de fé têm com o mundo uma relação diferente, porquanto animados por uma crença transcendente. A sua acção pode ser multidimensional e a sua justificação não é, como a do jurista e do filósofo, natural-racional, mas sobrenatural e supra-racional ou extra-racional. Ao contrário do artista, a sua acção não se pauta por padrões estéticos, mas sobretudo por uma ética ou por uma mística (ou por ambas). Na verdade, em rigor, o *homo religiosus* é sobretudo quem se liga ao transcendente. Embora muitas religiões, sobretudo no Ocidente, privilegiem aparentemente uma acção ética, e em alguns casos até humanitária. Mas essa não parece ser a sua *differentia specifica*. Embora a questão seja complexa e controversa.

Semelhante ao homem religioso, por singular que possa à primeira vista parecer, é o homem ideológico. A diferença essencial reside apenas em que a fé deste é imanente, enquanto a daquele é trancendente. Marx considerava a ideologia uma secularização da religião.

Ao jurista é perfeitamente legítimo professar uma fé e ter um credo ideológico-político. Como é igualmente defensável que se contente com apenas um destes, ou que de ambos prescinda, bastando-se com o Direito — e com a *Vida*, que está para além dele e acima dele! Em todo o caso, ao jurista não poderá faltar nem a dimensão especulativa própria do filósofo, nem a dimensão criadora, característica do artista. Lembremos novamente os Romanos. Para eles, o Direito, além de ciência, é arte (técnica) e é uma filosofia (prática).

Será o Direito uma ideologia e/ou uma religião?

A nossa primeira atitude, e a que julgamos mais correcta e mais rigorosa (depurada de sentidos metafóricos e olhando a realidade do mundo de hoje) iria no sentido de rejeitar ambas as identificações, assimilações, ou analogias. Mas, vistas as coisas em termos hábeis, na verdade tudo depende do sentido em que tomarmos as expressões.

Os Romanos consideravam os juristas sacerdotes que prestam culto à justiça[98]. Mas trata-se de uma religião cívica. Para os romanos,

---

[98] ULPIANUS — *lib. 1 Institutionum* = D. 1, 1, 1, 1: "*Cuius merito quis nos sacerdotes appelet* [...]".

cuja religião *proprio sensu* tinha, afinal, o mesmo cariz, nada custava a assimilação. Porém, o fenómeno religioso em muito ultrapassa esses limites, e seria um apoucamento do religioso e uma excessiva dilatação do jurídico proceder seriamente a essa analogia. Apenas se poderá metaforicamente defender o culto da Justiça. Mas o Direito não pode ser uma religião, porque em si mesmo é já fruto de uma secularização do vasto universo do todo da normatividade. O Direito separa-se da religião (e até da moral — mas não é este o lugar para aprofundar a questão) para instituir uma ordem justa não dependente de qualquer *além*. O Direito é laico e secular, sempre. Deve sê-lo.

Isto constituirá mais um argumento no sentido de que será uma ideologia? É que, como sabemos, as ideologias (sobretudo as de mais impacto no mundo contemporâneo) tendem a substituir-se às crenças religiosas e a instituirem uma mitologia e uma mística em tudo semelhantes às religiosas, secularizadas. Ora aqui o Direito também tem de recusar a assimilação. Enquanto a ideologia é parcial por natureza — mesmo os totalitarismos (e quiçá sobretudo eles) são parciais — enquanto fenómenos de facção e de partido, o Direito, apesar de localizado no tempo e no espaço, aspira a uma certa universalização, que, mesmo se apenas consenso, não é, não pode ser, nem "direito de classe", nem direito de raça, de casta, de partido, etc..

O Direito só poderia ser ideológico se constituísse a sua própria ideologia. Uma ideologia simultanemante pluralista e totalizante. Porque com uma cosmovisão articulada e sistemática, mas sendo sempre uma "técnica de liberdade".

Mas, realmente, de que vale fazer este conúbio estranho?

Será melhor deixar cada categoria no lugar em que se encontra. O Direito nunca seria uma *ideologia* completa, perfeita, eficaz. Além de várias outras razões, porque a ideologia é, por natureza, *de uma perspectiva*, de uma "parte" (daí o "partido"). Enquanto o Direito, sem negarmos que tenha conteúdo ideológico e, afinal, possa defender ora gregos ora troianos, tem que almejar, para ser *justo*, a possuir algum irenismo, e elevar-se a algum posicionamento *supra partes*. Um Direito autêntico não pode ser apenas de favor para uns tantos.

Nem pode inquinar os seus juízos com espírito de facção. Digamos que há ideologia no Direito, mas ele não pode subsumir-se nela nem com ela se identificar.

Idêntica questão pode pôr-se para o filósofo. Não será a filosofia religião ou ideologia? Mas já sabemos que a disciplina da sua "scientia" lhe impõe que não creia, enquanto tal, em forças diver-sas da razão. Mesmo as filosofias de fundo, base ou inspiração religiosa — como a cristã, desde logo —, e as filosofias de filiação ideológica — como, antes de mais, o materialismo histórico e dialéctico — não podem confundir-se com as mundividências religiosa e ideológica (cristianismo e marxismo) que as determinaram no serem como são. Embora o problema seja complexo.

Ao passar para o terreno filosófico, o crente ou o militante têm de sacrificar à deusa Razão — não à razão hiper-racionalista, necessariamente, mas à racionalidade humana em geral. Embora algumas questões e argumentos das filosofias de conotação religiosa e ideológica (há que reconhecê-lo) transportem ainda a carga da sua marca de origem. No fundo, há a tentação de afirmar que algumas filosofias mais empenhadas (*engagées*) só são "filosofias" por extensão ou analogia, em sentido muito lato. Mas se virmos algumas outras "filosofias", que decorrem de pensadores solipsistas, não concordaremos então que *todas* ou quase todas as filosofias são, afinal, apenas aproximações à Filosofia? Não é assim tão diferente a carga ideológica ou religiosa da carga subjectivista de uma perspectiva muito centrada nas convicções pessoais de um filósofo.

6. APROXIMAÇÃO DE OBJECTO ENTRE FILOSOFIA E DIREITO

Independentemente de existiram algumas aproximações metodológicas entre o labor de filósofos e juristas — ambos fadados a demandas sem fim e sem descanso, ambos votados à descoberta do que se não pode descobrir e todavia há que perseguir e tentar cercar, ambos determinados a recusar facilidades e aparências, ambos necessitados de recorrer à dialéctica, à tópica (embora não só), etc. — antes de passarmos para o estudo mais específico da Filosofia do Direito convém recordarmos que aquilo sobre que se debruçam filósofos e juristas é primariamente diverso (sendo o objecto do Direito de algum modo mais restrito), mas, num sentido lato, acabam por dever ter uma formação pelo menos em boa parte comum.

Pois o nosso conhecido objecto latíssimo do trabalho dos juristas, *divinarum atque humanarum rerum notitia*[99], não se aproxima

[99] IANUS — *lib. 1 Regularum* = D. 1, 1, 10, 2.

enormemente da definição de filosofia (apresentada embora sob a veste de sapiência) dada precisamente pelo jurista-filósofo Cícero?

Recordêmo-la:

"*Sapientia est, ut a veteribus philosophis definitum est, rerum divinarum humanarumque scientia*"[100]

Para além dos seus objectos e métodos específicos, os juristas, tal como os filósofos, têm uma missão demasiado pesada, demasiado grave, para não terem de pelo menos tentar abarcar a ciência do humano e do divino. Impossível? Utópico? Sem dúvida. Mas sem andar é que se não caminha. É preciso tentar, tentar sabendo que não se chega, mas que se será colhido nesse exaltante caminho. Esse o desafio.

7. FILOSOFIA NO DIREITO, FILOSOFIA DO DIREITO

A ligação entre filosofia e direito é profunda e vem das raízes. Pois não é até a *República*, de Platão, essa obra fundadora da filosofia, uma investigação sobre a Justiça? Não se encontra, aliás, toda a obra de Platão marcada pelo trauma do processo de Sócrates[101], de que o discípulo escreverá, aliás, a ficcionada *Apologia*?

Nesta associação Direito/Filosofia há até quem vá mais longe, como recorda Legaz y Lacambra:

"Desde Platón a Hegel, todos los grandes filósofos han visto en el Derecho el campo principal de su actividad hasta el punto que, como dice H. CAIRNS, la moderna Jurisprudencia no es otra cosa, en lo esencial, que una prolongación de los grandes sistemas filosóficos"[102].

De qualquer modo, independentemente de se considerar ou não que tenha havido uma fase em que a Filosofia haja sido Jurisprudência e outra em que tenha começado a suceder o inverso[103], torna-se

[100] CÍCERO — *De Officiis*.

[101] No mesmo sentido, Bruno HUISMAN/François RIBES — *Les Philosophes et le Droit*, Paris, Bordas, 1988, p. 10.

[102] Luis LEGAZ Y LACAMBRA — *Filosofia del Derecho*, cit., p. 12.

[103] Cf. Luis LEGAZ Y LACAMBRA — *Filosofia del Derecho*, cit., p. 13, e bibliografia aí citada.

inegável que, quiçá num momento de ócio, e sobretudo se tocados pelo encantamento (ou a indignação) do espanto, o jurista e o filósofo não deixarão de se interessar pelos problemas da Filosofia do Direito:

"A moins qu'il ne soit saisi, comme disait Georges Renard, de la frénésie de la procédure et du papier timbré, le juriste est amené à se poser quelques questions sur l'origine et la nature, la raison d'être et le but du Droit. Ces questions, seul un savoir qui a pour objet les causes suprêmes des choses et les raisons dernières des actions humaines peut leur donner une réponse satisfaisante."[104]

A realidade, o mundo, está mais juridificado do que possa parecer. Assim, muito da reflexão sobre o mundo é reflexão sobre a justiça, as instituições, a liberdade, as sanções, enfim... muito do que constitui o Direito. Não é de estranhar, pois, a fórmula sintética e omnicompreensiva de Alliot:

"*penser le monde c'est penser le Droit*"[105].

Mesmo pondo de parte estas teorizações mais totalizantes e juridificadoras, ou pan-juridistas até, é inegável que a Filosofia se encontra no Direito, naturalmente, de múltiplas formas.

Antes de mais, o Direito positivo é inspirado sempre por perspectivas filosóficas. Ao falarmos de fontes do direito em sentido filosófico, é a essa inspiração, que na gestação da lei tanta importância assume, que estamos a aludir.

Por outro lado, a questão da existência ou não de uma instância de validação e crítica do direito positivo, ou de um conjunto de princípios supra legais que o enformem, ou seja, o problema do dualismo jurídico, do direito natural, da natureza das coisas, do direito vital, etc., essa questão, sendo um problema de teoria e até de prática do Direito quando é vivida a dualidade do jurídico, constitui uma questão central da filosofia do direito quando discutida.

---

[104] Jean DARBELLAY — *La réflexion des philosophes et des juristes sur le droit et le politique*, Ed. Univ. Fribourg, 1987, p. 95.

[105] M. ALLIOT — *L'Anthropologie juridique et le droit des manuels*, in "Archiv für Rechts-und Sozialphilosophie", 24 (1983), p. 81.

[106] António Braz TEIXEIRA — *Sentido e valor do Direito*, cit., p. 39.

Em certa medida, também a *ratio legis* e especialmente a *ratio iuris* podem configurar elementos de uma filosofia no Direito, embora em alguns casos, se possa estar próximo também de uma ideologia do Direito, ou melhor, do papel das ideologias na configuração concreta do Direito.

Mas distinguir-se-á esta questão da das fontes filosóficas do Direito?

A esta investigação das raízes ou determinantes filosóficas (no sentido sobretudo da presença e positivação dos grandes sistemas, também políticos — Iluminismo, Liberalismo, etc.) se pode chamar Filosofia no Direito.

De forma idêntica explicita o conceito António Braz Teixeira:

"A primeira [distinção] refere-se à necessidade de distinguir entre Filosofia *do* Direito e Filosofia *no* Direito, ou seja, entre [1.°] a reflexão filosófica sobre o Direito e [2.º] os pressupostos filosóficos que presidem a todo e qualquer sistema jurídico e constituem o seu fundamento, o conceito de Direito e a ideia de Justiça de que partem os criadores das normas jurídicas e aqueles que lhes dão vida na sua aplicação aos diferentes casos concretos."[106]

E o mesmo autor ilustra detidamente a categoria Filosofia *no* Direito com as diferenças de inspiração filosófica (e, consequentemente, de positivação filosófica no jurídico) entre os nossos dois códigos civis: o jusnaturalista moderno, individualista e liberal do Visconde de Seabra (de 1867) e o vigente (de 1966), de um jusnaturalismo teórico efectivamente traído por uma cosmovisão prática positivista e uma maior permeabilidade às ideias envolventes de uma concepção social do Direito[107]. Embora de uma *socialidade* muito moderada.

De modo idêntico aponta Michel Villey não já a evolução da Filosofia no Direito de um código para outro, mas as diversas influências filosóficas (e, consequentemente, o duplo registo positivo) no mesmo código:

"Notre Code Civil a pour le moins un double fondement philosophique; il asseoit son autorité sur le mythe rousseauiste du *Contrat*

[107] Cfr. António Braz TEIXEIRA — *Sentido e valor do Direito*, cit., pp. 39-40.

social, mais tient aussi de la doctrine de *l'Ecole du Droit Naturel*, associé au positivisme (il suffisait supposer le prince éclairé gagné aux Lumières)."[108]

Na medida em que sejam consideradas as fontes do Direito em sentido filosófico sobretudo grandes correntes, movimentos, vectores determinantes de institutos e instituições jurídicas de dimensão suficiente (como os códidos ou as constituições) a única diferença que entre elas e a Filosofia no Direito correspondente vislumbramos é de sede de tratamento: metodológico, se se cura de fontes apenas tecnicamente; filosófico, se se procura fundamentar ou analisar criticamente o problema. Mas, substancialmente, não haverá diferença que não seja a de estilo ou modo, que, como se sabe, não raro é engendrado simplesmente pelo lugar teórico da questão.

8. O NASCIMENTO EPISTEMOLÓGICO DA FILOSOFIA DO DIREITO

8.1. Tardia autonomização de um velho problema

A Filosofia do Direito, existindo desde sempre enquanto reflexão e especulação sobre o justo, apenas viu a luz do dia autonomamente no concílio das ciências em momento algo tardio.

Antes, além de presente nas obras consideradas (também não tão cedo assim) como literárias, podia encontrar-se ainda nos estudos teológicos (como na *Summa Theologiæ* de S. Tomás), em tratados éticos ou moralistas (como nos Espelhos de Príncipes), em obras ensaísticas (como nos *Ensaios* de Montaigne, ou de Bacon), em livros de pensamentos (como os de Marco Aurélio, ou de Pascal), e — é muito importante dizê-lo — nas próprias obras jurídicas, a começar pelos livros do *Corpus Iuris Civilis*, máxime no *Digesto* e nas *Institutas*.

[108] Michel VILLEY — *Philosophie du Droit*, II. *Les moyens du droit*, 2.ª ed., Paris, Dalloz, p. 163.

Será apenas no séc. XIX que, precisamente com a criação das respectivas cátedras universitárias, na Alemanha — a seu tempo nos referiremos à enorme importância do substracto pessoal para a constituição epistemológica autónoma de qualquer disciplina, e para a sua subsistência —, a par do que sucedia com a História do Direito, aliás, a Filosofia irá ter certidão de nascimento, melhor, carta de alforria.

Mas porque se esperou até tão tarde?

8.2. A autonomização epistemológica da História do Direito: uma história paralela

A situação da História jurídica é talvez mais conhecida e mais simples. Trata-se de uma curiosa história de percepção e focalização das realidades. Foi apenas depois da codificação e com o paralelo movimento para-codificador do constitucionalismo que os juristas se foram mais latamente dando conta de que havia direito positivo não vigente, direito histórico. Apenas depois de encerrado o período do direito comum (*ius commune*), em que até direito muito, muito antigo (como o romano) era, na verdade, direito vigente (de algum modo) pôde haver a clara percepção de que, em matéria de Direito, havia envelhecimento e sobretudo historicidade. Porque, insistimos, dizendo de outro modo, a sempiternidade desse direito tido como perfeito, o romano, fazendo viver os juristas numa quase perfeita sincronicidade, lhes fizera perder a noção da importância de um estudo histórico do Direito enquanto tal, dotado de autonomia face ao normal conhecimento do direito positivo.

O que é redobradamente interessante assinalar é que um dos grandes impulsos para o estudo histórico-jurídico partiria precisamente dos adversários da codificação, os próceres da escola histórica alemã. Mas não há nisto contradição: se a codificação, ao volver o direito até então presente em direito passado, foi um geral catalizador da mudança de ponto de vista, na verdade, a sua recusa, com Savigny e os seus seguidores, ao argumentar com a falta de maturidade histórica do direito alemão da época para se submeter ao processo codificatório, como houvera sucedido em França, remeteram imediatamente para a ideia de evolução e maturação do Direito, e, logo, de história jurídica.

8.3. Filosofia do Direito, Direito Natural, Teoria do Direito e outros, na história universitária da reflexão sobre o Direito

Não foi, como sucedeu com a História do Direito, uma mudança de paradigma, um renovado olhar sobre a realidade que criou as cátedras de Filosofia do Direito. Foi, por assim dizer, um fenómeno até inverso[109]. Enquanto o entusiasmo pela História do Direito foi de par com a criação da disciplina, pode dizer-se sem exagero que a disciplina de Filosofia do Direito acabaria por ser criada para servir de coveira da Filosofia do Direito.

Encurtando razões: a Filosofia do Direito surge nas universidades alemãs e depois nas restantes, como corolário de uma degeneração do entendimento do Direito enquanto filosofia prática, e da necessidade consubstancial ao próprio direito de *se filosofar*. Essa degeneração acentuou-se com a escola moderna de Direito Natural. Ao ponto de se poder também dizer já que a disciplina de Direito Natural, que precedeu a de Filosofia do Direito na universidade, acabar por ter sido, ela também, em muito boa parte a assassina do único direito natural realmente não tendencialmente positivista, o direito natural clássico.

Curiosa evolução: a cadeira de Direito Natural, na época crescentemente racionalista e iluminista, prepara o fim do Direito Natural. E quando o direito natural já está agonizante, e se prepara o triunfo do positivismo jurídico, institui-se a cadeira de Filosofia do Direito, muitas vezes servida já por manuais e tratados de Filosofia do Direito, mas Filosofia do Direito *positivo*.

A tendência seguinte, que acompanha o paralelo trânsito da teologia à metodologia[110], é a substituição da própria Filosofia do Direito (entretanto reencontrada na sua essência pelo renovo jusnaturalista, sobretudo no despertar do pós-guerra — e portanto muito mais perigosa para a tecnocracia e o positivismo, imperantes na prática) pela Teoria do Direito, a qual, quando não é apenas outro nome da primeira — coisa que felizmente também sucede —, imposto pelas mais complexas

---

[109] Cf., para mais desenvolvimentos, *v.g.* Javier HERVADA — *Lecciones Propedeuticas de Filosofía del Derecho*, cit., p. 28 ss.; v. ainda Francesco GENTILE — *Il posto della Filosofia del Diritto nel corso degli studi di Giurisprudenza*, Separata de "Giurisprudenza italiana", 1992, Disp. 10.ª, Parte IV, Torino, Unione Tipografico-Editrice Torinese, 1992, máx. p. 8 ss..

[110] Nelson SALDANHA — *Da Teologia à Metodologia. Secularização e crise no pensamento jurídico*, Belo Horizonte, Del Rey, 1993.

razões académicas, constitui o último degrau na descida do metafísico para o positivo. Por vezes, à boa maneira positivista, este lugar é também ocupado pela Sociologia do Direito.

É importante, todavia, deixar claro que, apesar de (contextual e historicamente) o aparecimento e a luta entre disciplinas corresponder a planos ideológica e ideologico-juridicamente empenhados (como foi o da ainda relativamente recente abolição da cadeira de Direito Natural em Espanha[111]), por uma recuperação notável devida certamente à autonomia relativa de cada ciência, favorecida e de facto só possível pela *libertas docendi*[112], todas as disciplinas acabaram por conquistar muito cedo um lugar insofismavelmente nobre, honroso e útil no contexto das ciências jurídicas humanísticas. Embora entre Teoria do Direito e Metodologia jurídica possa ainda haver conflitos territoriais, o certo é que ambas, Sociologia Jurídica, Ciência do Direito Natural e Filosofia do Direito *tout court*, todas elas poderiam aparecer cumulativamente num currículo universitário, sem riscos de tautologia. E, com algum cuidado, podendo concorrer harmonicamente para uma formação integral do jurista.

Não será também despiciendo sublinhar desde já que a concepção do que seja cada uma destas disciplinas é muito fluida. Ou melhor: está muito sujeita (ainda?) às idiossincrasias dos seus cultores. Apenas alguns exemplos.

A revista *Persona y Derecho*, no seu número monográfico sobre Teoria e Filosofia do Direito, é um exemplo concreto do diverso entendimento de ambos os tópicos. Nela se integra, aliás, um bem documentado estudo sobre tal diversidade, sobre *El tópico teoría del derecho*, de Francisco Puy[113].

Já muito anteriormente tinham os *Archives de Philosophie du Droit* publicado os resultados de um inquérito sobre o que fosse Filo-

---

[111] Cf. RD 1424/1990, de 26. X., BOE n.º 278, 20. XI. 1990, o nosso *Amor Iuris*, cit., máx. p. 80, n. 16; e ainda a revista "Persona y Derecho", n.º 31, 1994.

[112] É essencial esta *libertas*, que se integra no *ius docendi*. Neste caso, não fora ela, e as ciências continuariam a servir programas "políticos" e a digladiar-se entre si. Foram a arte e a prudência dos mestres (frutificando num clima de independência e liberdade) que permitiram que cada uma encontrasse realmente o seu lugar ao sol, sem acotovelar as restantes, e sem constituir, face a elas, uma "alternativa ontológica" ou ideológica.

[113] Francisco PUY — *El Tópico Teoría del Derecho*, in "Persona y Derecho", n.º 31, 1994, p. 239 ss..

sofia do Direito[114]. A caracterização de tal tópico também obteve, como era de esperar, as mais diferentes respostas.

Luigi Lombardi Vallauri, ciente da equivalência ou quase sinonímia entre diversas estratégias teóricas, e, portanto, avisado de que o conteúdo das suas lições[115] poderia ser catalogado de diverso modo, bem como da pertença de uma matéria a diversas áreas de estudo, que sobre tal se debrucem, dá-nos ele próprio uma espécie de tabela de correspondências. Num índice temático assinala as disciplinas "clássicas" de uma Filosofia jurídica (*lato sensu*), às quais faz corresponder as respectivas matérias de um índice funcional. Assim, apenas como exemplo, a matéria dos limites ontológicos da política do direito, do índice funcional, encontra, na respectiva divisão do índice temático, uma pluralidade de possíveis disciplinas: Filosofia do Direito, no sentido de Ontologia do Direito, mas eventualmente considerada susceptível de divisão em Fenomenologia do Direito e Sociologia Fundamental do Direito. E ainda, Teologia do Direito, enquanto Ontologia do Direito própria do pensamento cristão[116]. Os exemplos poderiam multiplicar-se, mas cremos estar suficientemente esclarecida a questão da sinonímia e da partilha temática por várias áreas epistemológicas. Na verdade, a par da burocratização universitária crescente (solidária e serviçal do controlo), outra das grandes perdas de tempo dos investigadores e professores é a mania taxonómica e a discussão disciplinar (por vezes redundando em epistemomaquias, verdadeiras lutas de titãs). Quando o que mais importa são as coisas e os problemas em si, não as suas efémeras e tantas vezes fungíveis etiquetas.

Finalmente, é de assinalar que os títulos das obras pouco dizem do seu conteúdo. E que a fidelidade a nomes pouco vale, assim. Se compararmos o conteúdo do II volume da *Philosophie du Droit* de Michel Villey e o da *Metodología Juridica* de Vallet de Goytisolo, poderemos quiçá concluir que quase poderiam, à parte a questão linguística, trocar de designação. De facto, ao tratar do que Villey designa por *Les moyens du droit*, o seu *précis* poderia passar por uma metodologia, e ao referir-se sempre à fundamentação sobretudo filosófica das metodologias do Direito através dos tempos, o livro do jurista catalão não

---

[114] *Archives de Philosophie du Droit*, vol. VII, Paris, Sirey, 1962.

[115] As razões do autor são mais complexas, porém. Cf. Luigi Lombardi VALLAURI — *Corso di Filosofia del Diritto*, Padova, Cedam, ed. 1981, máx. p. 4-5 ss..

[116] Luigi Lombardi VALLAURI — *Corso di Filosofia del Diritto*, cit., p. 5.

ficaria mal se fosse apresentado como de Filosofia do Direito, ou, pelo menos, de História do Pensamento Jurídico.

8.4. Presença da Filosofia jurídica no estudo do Direito integral

Mas se a própria cadeira de Direito Natural é de criação moderna (mesmo a designação em livro não recuará a antes do séc. XVI e sobretudo XVII), como se ensinava então a Filosofia jurídica anteriormente, e porque não se autonomizou antes?

Por uma razão de muito peso: é que antes da cisão jusnaturalista da modernidade, com Thomasius, entre o que seria a moral e o que seria o Direito (o que só complicou mais; tal como, mais tarde, tudo entre lei e direito se iria confundir a partir de algumas interpretações do *De Legibus* de Suárez), e entre direito natural e direito positivo, fazendo aquele o papel de direito ideal, o Direito, o Direito *tout court*, não prescindia, para ser, de nenhum dos seus componentes — nem do positivo, nem do natural; nem do prático, nem do especulativo. Assim, estudar Direito era, sempre, estudar direito positivo e natural, estudar a metodologia e a filosofia. De alguma sorte se filosofava em Direito como M. Jourdain fazia prosa: sem o saber. O que não significará, porém, que então se era *Philosophe sans le savoir* à maneira da celebrada comédia de Sedaine.

Por isso o estudo jurídico integral, antes da perversão do direito natural e da confinação da filosofia (como já daquele) a uma única cadeira do curso, era algo de natural como a respiração, e tinha acolhimento em todos os momentos do estudo do jurídico.

Parece assim curioso que quando parece mais importância se está a conferir a uma matéria, pela instituição da cadeira correspondente, é quando, pelo contrário, se está a esvaziar todo o demais currículo dessas preocupações, funcionando tal cadeira como um *ghetto*. Isso sucedeu com o Direito Natural e com a Filosofia do Direito.

Pior do que isso só a abolição, que é o passo seguinte — até porque, assim desgarrados, assim funcionando ao arrepio de todo o curso jurídico, tais estudos deixam de ter qualquer significado, e são incompreendidos pelos alunos, donde, concluem depois os reformistas, devem ser eliminados. A luta dos "práticos" anti-teoria pela abolição da Filosofia do Direito tem estratégias, tácticas e subtilezas variadas. Nem sempre as coisas lhes têm corrido bem da parte dos estudantes que, por toda a parte, sempre que há inquéritos sobre a importância dos estudos jurídico-humanísticos, e especificamente da Filosofia do Direito, não só dão parecer positivo como, por vezes, entusiasmado. Reconhece-se, porém, que o terrorismo do espectro do desemprego pode levar água ao moinho abolicionista, impelindo a que se cursem cursos mais "profissionalizantes".

8.5. Abolição e Restauração da Filosofia do Direito em Portugal — um percurso ilustrativo

Entre nós, a Filosofia do Direito (enquanto disciplina universitária) foi lentamente asfixiada até desaparecer sob o domínio intelectual (falamos, obviamente, da disciplina universitária) e político do positivismo, que primeiro a procurou esbater e apoucar pela fusão com a sociologia jurídica, e depois lhe decretou a morte, simultânea com a do seu último catedrático (Avelino César Maria Calisto). Logo no momento dos primeiros ataques, se ergueram vozes contra a lei celerada da abolição, sendo de salientar, mais tarde, a célebre conferência *Idealismo e Direito*, proferida pelo então terceiranista de Direito de Coimbra, Paulo Merêa. Seriam porém necessários vinte e cinco anos para que a disciplina fosse restaurada, e ainda assim passando por fases experimentais e períodos de optatividade. Que são sempre formas de menoridade. Cabral de Moncada, companheiro de Merêa, e que com ele viria a ocupar cátedra coimbrã, será o primeiro docente da área, depois da restauração da mesma — sendo as suas lições, já novamente editadas, ainda hoje utilizadas (com muito proveito) em algumas universidades[117]. Claro que as problemáticas e mesmo a forma de abordagem da parte histórica não conseguem resistir sempre a todos os tempos (e modas). Mas é sempre muito instrutivo (e até pacificador – lembra tempos de uma plácida academia) voltar a esses textos.

A redução do curso de Direito para quatro anos apenas pôs por momentos em perigo a continuação da disciplina — mas o bom senso e a oposição corajosa de alguns juristas às marés uniformizadoras e às *pretensas* harmonizações (pelo baixo) com a União Europeia (de que,

[117] Sobre a história destes estudos, entre nós, cf. L. Cabral de MONCADA — *Subsídios para uma História da Filosofia do Direito em Portugal (1772-1911)*, Coimbra Editora, 1938. Cf. ainda António Braz TEIXEIRA — *O Pensamento Filosófico-jurídico Português*, Lisboa, ICALP, 1983, e o nosso *Amor Iuris*, cit., máx. p. 151 ss..

ao que parece, todos os países membros se queixam) acabou por fazer recuar essa verdadeira espada de Dâmocles sobre a cabeça desta disciplina. Até quando? Para já, a Filosofia do Direito não conseguiu resistir em algumas universidades. E em outros casos viu-se, na prática, reduzida para metade. Há um abolicionismo filosófico (anti-filosófico, claro) insaciável.

Outro perigo é o da mania da especialização: com o crescente número de matérias, poderá haver a tentação de reformar os estudos jurídicos à custa do que não é evidentemente lucrativo. Mas tal esquece duas coisas: primeiro, que os cursos de banda estreita não preparam bem para um mundo em mutação, nem compensam na prática; e que a saudável e adequada especialização deve ser feita em blocos ou cadeiras de opção, tendo preciamente como tronco comum e obrigatório as discipinas formativas gerais, ou seja, sobretudo (embora não somente) as das ciências jurídicas humanísticas.

Uma coisa ensina a história da Filosofia do Direito, como, de resto a história do paralelo direito natural e da sua ciência. Como o cisne do poeta, ambas vêm de novo à tona da água, mesmo se submergidas durante muito tempo[118]. É a sina da natureza: *chassez le naturel, et il revient au galop*. O grande problema são os tempos de trevas que medeiam até que "a verdade venha à tona da água".

9. FILOSOFIA, DIREITO E FORMA. DOS GÉNEROS LITERÁRIOS NA FILOSOFIA E NO DIREITO

9.1. Filosofia e Comunicação

Muitos leigos pensam que a Filosofia é uma disciplina abstracta, entediante, desgarrada da realidade, e — pior ainda — há um consi-

[118] Realmente, Goethe falava não do Direito Natural mas do Direito Romano. A sorte de ambos corre, em boa medida, todavia, paralela, justificando a analogia. Cf. GOETHE, *apud* J. P. ECKERMANN — *Gespräsche mit Goethe in den letzten Jahren seines Lebens*, Wiesbaden, 1955, p. 321: "Auch des römische Recht, als ein fortlebendes, das gleiche einer untertauchenden Ente sich zwar von Zeit verbirgt, aber nie ganz verloren geht und immer wieder einmal lebendig hervortritt.". E, como se vê, o cisne de que se fala é mítico — pois parece tratar-se de um pato (*Ente* e não *Schwan*). O resultado prático, porém, continua a ser o mesmo.

derável número de pretensos filósofos que tudo fazem para lhes dar razão[119]. Há ainda, para nosso mal, um conjunto significativo de professores e intelectuais que de algum modo fazem crer que efectiva mente assim será.

A ilegibilidade, a confusão, o *crypticismo* seriam qualidades essenciais dessa matéria verdadeiramente esotérica, cabalística.

Tal não é verdade. Se, de facto, a filosofia, pela exigência muito apurada de fazer passar as suas proposições pelo gume afiadíssimo do espírito crítico, pela necessidade de rigor, muitas vezestem de assumir uma forma que poderá parecer estranha e não muito clara aos menos iniciados, não o faz por gosto de obscuridade. Muito pelo contrário: o que visa é a clareza. Não a clareza fanérica da ambiguidade superficial, que permite a fácil leitura, com ela trazendo frequentemente a grande possibilidade da ambiguidade e do erro, mas a clareza do rigor — que nem sempre é conciso, porque por vezes é complexo.

Vivemos hoje num mundo de pretensa comunicação a todos os níveis (na verdade, o que mais há é o frenesim, o bulício do exercício da função fáctica da linguagem) e nunca a verdadeira comunicação significativa terá sido tão ameaçada, e efectivamente tão escassa. Muitas mensagens são trocadas e a velocidades inimagináveis, pelo mundo fora. Mas verdadeiramente dizemos o que mais importa uns aos outros? Não é o abismo e o deserto de um sentimento angustiante de solidão, tão generalizado, a prova cabal de que não comunicamos?

Por estranho que possa parecer, a Filosofia ajuda a comunicar. Porque obriga a pensar, e a exprimir o pensamento por forma adequada. E fundamentalmente porque os homens só comunicam deveras quando tocam uns aos outros nos órgãos humanos do Ser, ou suas propriedades: quando o que exprimem toca o universal do vero, do belo e do bom. Afora esses momentos em que as almas realmente se abrem, nada mais há que informações técnicas, avisos à navegação de cabotagem da vida. Ou garrafas de náufrago esbracejando por socorro. Com razão afirmava, neste mesmo sentido, Raïssa Maritain:

"Les hommes ne communiquent réellement entre eux qu'en passant par l'*être* ou par une de ses propriétés. Touche-t-on au vrai comme

[119] "Que os filósofos tenham tido sempre dificuldades para se explicarem é um facto que depende metade da dificuldade do assunto e metade da sua imodéstia". Daniel Innerarity — *A Filosofia como uma das Belas Artes*, cit., p. 63.

saint Thomas d'Aquin, — le contact est mis. Touche-t-on au beau comme Beethoven, ou Bloy, ou Dostoïevsky, le contact est mis. Touche-t-on au bien et à l'Amour, comme les Saints, — le contact est mis, et les âmes communiquent entre elles. On s'expose à n'être pas compris lorsqu'on s'exprime sans avoir d'abord touché à ces profondeurs, — le contact alors n'est pas mis, parce que l'être n'est pas atteint."[120]

9.2. **Jusfilosofia e Formas Literárias**

Nem tudo o que ocorre na Filosofia em geral ocorre de maneira idêntica na Filosofia do Direito, que tem as suas especificidades. Porém, há casos em que muito se passa de modo semelhante. A forma literária que podem assumir ambas as manifestações do pensamento mais elaborado, é um desses casos. Do mesmo modo que sucede para a própria Filosofia, também para a Filosofia jurídica não há *numerus clausus* de forma literária.

Autores mais sisudos poderão considerar menos digno que se filosofe em geral através do teatro ou do soneto, por exemplo. Mas, porque não? Há importante poesia e dramaturgia filosóficas.

Também alguns juristas se escandalizarão, certamente, se dissermos que se pode reflectir filosoficamente sobre o Direito e a Justiça utilizando a quadra popular, ou a fábula, ou a novela, ou o aforismo, e até a anedota, ou, em geral, o humor. Neste último ponto — tão delicado, tão heterodoxo — que Villey nos sirva de autoridade[121]:

"Je n'aime pas la philosophie sans humour — sans regard ironique sur elle-même. Je n'aime pas les philosophes qui tels Kant Fichte

---

[120] Raïssa MARITAIN — *Journal de Raïssa*, publié par Jacques Maritain, 6.ª ed., Paris, 1963, p. 47.

[121] Poderá também servir de exemplo. Eis como começaria o seu artigo sobre Jusnaturalismo — recusado, e depois publicado em revista — para uma enciclopédia especializada: "Jusnaturalisme: Affection mentale, caractérisée par l'hyppertrophie et l'altération des organes du Droit Naturel. Identifiée vers le milieu du XIX° siècle, avec toutes les autres maladies en *isme*. Mais les origines en remontent au commencement des temps modernes, depuis l'éclosion de l'École 'moderne' dite du Droit Naturel [...] S'agissant d'un terme confus, la *description* s'en avère assez difficile (I); les moyens de *traitement*, au stade encore de l'expérimentation". Michel VILLEY — *Jusnaturalisme — Essai de définition*, in "Revue Interdisciplinaire d'Etudes Juridiques", 1986, p. 17.

Hegel se prennent au sérieux. Ils n'ont pas le sens du mystère. Burke est plein d'humour — et je crois découvrir de l'humour chez Aristote et saint Thomas"[122]

O pensamento sopra onde quer. E como quer. Citámos sempre — e vamos fazê-lo mais uma vez, com a devida vénia — um trecho de António Braz Teixeira, que a este propósito nos parece exemplar. Poderíamos aplicá-lo, *mutatis mutandis*, para a jusfilosofia. Tanto mais que ele se encontra num livro de filosofia do Direito.

"Na verdade, basta atentar com mediana atenção na história da Filosofia ocidental, para concluir, de imediato, que esta tanto se tem exprimido através do *poema* ou da forma poética (Parménides, Lucrécio, Nietzsche, Teixeira de Pascoaes) como do *diálogo*, de estrutura teatral ou não (Platão, Cícero, Leão Hebreu, Berkeley, Leibniz, Leonardo Coimbra), do *aforismo* (Heraclito, Pascal, José Marinho) como da *máxima* ou *reflexão* (Epicteto, Marco Aurélio, La Rochefoucauld, Matias Aires), da *autobiografia* (St. Agostinho, D. Duarte, Descartes) como do *ensaio* (Bacon, Locke, Maine de Biran, António Sérgio), do *tratado* (Aristóteles, Hume, Espinosa, Wittgenstein) como do *comentário* (Averróis, São Tomás de Aquino, Pedro da Fonseca), da *suma* (São Tomás, Pedro Hispano, Ockam) como do *sistema* (Hegel, Comte, Cunha Seixas, Leonardo Coimbra)"[123]

Acrescentemos, desta feita, um trecho mais recente e deste a nosso ver complementar:

"A república filosófica é, felizmente, habitada por teorias, ensaios, diálogos, aforismos, discursos, cartas, diatribes, comentários, disputas, meditações, lições, tratados... Em contraste com a estreitez escolar que a palavra 'Escolástica' evoca, aquele momento da história da razão ocidental foi povoado por uma impressionante variedade de formas literárias: sumas, *reportationes*, *ordinationes*, florilégios, distinções, artigos, glosas, *collationes*, *quæestiones*, *tentativæ*, *resumptiones*... Para todos os estilos há um lugar quando a pluralidade não é considerada o resultado de uma cosmética enganosa, mas sim um reflexo adequado da variedade de acessos ao real".[124]

---

[122] Michel VILLEY — *Réflexions sur la Philosophie et le Droit*, cit., p. 283.

[123] António Braz TEIXEIRA — *Sentido e valor do Direito*, cit., p. 32-33.

[124] Daniel INNERARITY — *A Filosofia como uma das Belas Artes*, cit., p. 82.

10. FILOSOFIA DO DIREITO IMPLÍCITA E FILOSOFIA DO DIREITO EXPLÍCITA

O símile que imediatamente ocorre, neste problema das filosofias implícitas, é o de M. Jourdan, fazendo prosa sem o saber. Porém, se fazer prosa espontaneamente é o normal, é o corrente, já o mesmo se não passaria se fora a poesia a estar em causa.

Do mesmo modo que os juristas não informados e apressados professam a prosaica filosofia e metodologia positivista legalista, normativista e sistemático-dogmática sem o saberem, assim há longos anos M. Jourdan se dedicava à prosa.

Há, todavia, quem seja "poeta", no Direito como nas "Letras", não dizemos "sem o saber", mas como quem respira.

Em *Sinais de Fogo*, Jorge de Sena retrata, a dado passo, a irreprimível tendência para a poesia em quem se não julgava poeta, e os sucessivos passos da criação. Nem sempre será assim, nem com a poesia, nem com o Direito. Mas a verdade é que não é possível quedar-se alguém indiferente à erupção daquela, ou ao apelo filosofante, em geral; e sobre as coisas da justiça naturalmente também não.

O chamamento ou vocação para falar da justiça e pensar sobre ela pode não ser um aparatoso milagre numa estrada de Damasco. Mas é sempre um momento crucial para um escritor ou para um qualquer artista ou pensador, que exponha o seu pensamento como quer que seja — e hoje os suportes materiais tendem a ser cada vez mais variados, e até imprevisíveis.

A situação mais normal é a do literato de qualquer género que, na efabulação da sua ficção (*latissimo sensu*) não resiste à discussão do magno problema do justo. A julgar pelo número de filmes que sobre problemas relacionados com o crime passam na televisão e pelas nossas salas de cinema, também os cineastas são muito motivados pelo tema.

Estamos em crer que, tal como na maioria das ocasiões para o homem comum, também o artista ou o pensador, o filósofo, etc., mas sobretudo o primeiro, são convocados para o problema pelo choque e a indignação ante a injustiça. Ela é que leva a retratar e denunciar situações, e a efabular o que seria justo.

Nesta senda, será curioso notar que, na literatura como no cinema (que é literatura filmada, em certo sentido), ou na ópera (que é literatura cantada), etc., as produções que procuram especificamente afirmar a Justiça pela positiva, ou seja, as que se revestem do género utópico, são muito menos interessantes e artisticamente conseguidas que aquelas que se insurgem apenas contra a injustiça, ou se embrenham na discussão prática e dramática da discussão e da oposição — por vezes levada às últimas consequências — sobre visões diversas do justo, diferentes caminhos para o atingir...

Peças de teatro como *Antígona* ou *Rei Édipo*, de Sófocles (e até o *Prometeu Agrilhoado*, de Ésquilo), *Calígula*, de Albert Camus, *As mãos sujas*, de Jean-Paul Sartre, ou o *Mercador de Veneza* de Shakespeare, romances como *Bleak House*, de Charles Dickens, ou *Crime e Castigo*, de Dostoiewski, ou "novelas" como *A Queda*, de Camus, textos sapienciais como o Livro bíblico de Job (meio poema, meio prosa), óperas como *La gazza ladra*, *Os Palhaços*, *Rigoletto* e tantas outras, e, embora neste género seja mais difícil e talvez algo mais raro, poemas como o "Panfleto" de Jorge de Sena, a "Trova do vento que passa" de Manuel Alegre, ou "Pranto pelo dia de hoje", do *Livro Sexto* de Sophia de Mello Breyner, são composições impressionantes pela agudeza do seu sentido de justiça, densas em evocações jurídicas, constituindo preciosíssimos auxiliares para a compreensão profunda não apenas da sociologia da Justiça (a compreensão da percepção da justiça pelo público), ou a consciência axiológico-jurídica geral vigente, mas verdadeiramente e sobretudo para o entendimento do próprio Justo e as suas faces e facetas. Evidentemente que, neste tipo de escritos, o drama político e social e o drama psicológico se encontram, não raro, mesclados com a questão jurídica.

A jusfilosofia implícita seria, assim, aquela que transpareceria de escritos como estes, que, não se devotando expressamente à Filosofia do Direito, todavia para ela contribuem poderosa e generosamente.

Dizer isto somente parece-nos, contudo, algo imperfeito e até algo contraditório com o que antes afirmámos sobre Filosofia e géneros literários.

Pois se a filosofia pode surgir em todos os géneros literários, a que propósito não é considerada verdadeira filosofia, explícita até, a que nos é veiculada, por exemplo, pela *Antígona* sofocleana, decerto a peça de teatro mais citada pelos juristas em todos os tempos?

É que considerar como sendo de simples filosofia implícita o que não assume a forma do tratado, do artigo ensaístico, da suma, do sistema, etc., parando quiçá no diálogo, é demasiado formal e falseador da natureza íntima das coisas. Não sabemos o que é mais belo e de admirar: se a *Antígona* de Sófocles, se a *República* de Platão, se a(s) *Ética(s) a Nicómaco*, de Aristóteles. Dizer que a primeira é literatura e, consequentemente, apenas podendo conter jusfilosofia implícita, e afirmar que as duas últimas são filosofia, logo, jusfilosofia explícita, afigura-se-nos uma afirmação com muito pouco sentido, e decerto vítima de preconceito.

Será que a peça se condenou pelos amores (que mentes mais frias diriam algo supérfluos ou extemporâneos ao tema da justiça — mas não à complexidade e totalidade da vida, logo, às variáveis dos problemas de justiça em jogo) entre Antígona e Hémon? Será que tudo é fruto de algum preconceito ou tabu resultante da própria representação teatral? O que eleva os trabalhos de Platão e Aristóteles à categoria filosófica? Uma perseguição mais cerrada da verdade? Um método mais depurado? Não o negaremos. Mas na sua forma aparentemente menos rigorosa, a verdade é que é Antígona a heroína da Justiça, mais ainda que o próprio Sócrates da *Apologia* platónica. E já agora note-se, sem, evidentemente, qualquer desdoiro para a fama imortal do filósofo ateniense: não deixa de ser curioso que Antígona é levada à morte porque se não submete às leis de Creonte, enquanto Sócrates o é obedecendo a uma sentença corrupta de maus juízes. De algum modo, a atitude nobre de Sócrates nem sempre conta com a compreensão contemporânea. Pois não parece apesar de tudo mais proveitosa a discreta "ausência" (para não falar em "fuga") de Platão, evitando assim "mais um crime contra a Filosofia"?

Julgamos, depois de uma segunda consideração do problema, que o critério para distinguir o jusfilosófico explícito do implícito não poderá ser, como à primeira vista pareceria, a simples distinção entre géneros literários. Por definição tal seria inaceitável, à luz da globalidade da teoria que propomos.

O que realmente está em causa é uma resultante, a avaliar pelo intérprete (e, obviamente, com as suas zonas de penumbra) de dois critérios concorrentes: a intencionalidade e o resultado.

Isto é, deverá perguntar-se a cada obra ou fragmento em consideração, se o seu autor o redigiu com a intenção reflectir, ou ao menos de testemunhar explicita e primacialmente sobre o tema da Justiça e do Direito, e se tal é claro, é patente, se tal resultou enquanto mensagem conseguida.

Há referências ou alusões que são tão laterais que não podem senão considerar-se jusfilosofia implícita. Por outro lado, há obras em que tão claramente se descobre, por entre a agitação do romanesco ou até do pícaro da acção, um travejamento sólido de um pensamento jusfilosófico a presidir a toda a trama, e uma intencionalidade tão patente e tão veemente de intervenção social em prol da Justiça (evidentemente: uma visão dela, ou a sua discussão) que, seja qual for a roupagem sob que nos surgem, terão de considerar-se como obras de jusfilosofia explícita.

Daqui decorre também que as posições se podem inverter face ao normalmente aceite. Ou seja, pode bem haver textos aparentemente filosóficos, como tais considerados sem mácula e sem dúvida, que contudo não satisfaçam os requisitos de intencionalidade e resultado no atinente aos propriamente jusfilosóficos. Continuarão a não ver reagateado o seu lugar no panteão filosófico geral (ou de alguma ou algumas especialidades), como é evidente, mas não poderão ser considerados jusfilosóficos senão implicitamente.

O caso relatado na tese de Pedro Rivas, sobre o pensamento de Sócrates face à lei, no respeitante ao contributo jusfilosófico dos filósofos pré-sofísticos, parece-nos ser um exemplo dessa filosofia, inegavelmente filosófica, mas que é apenas implicitamente jusfilosófica (ou, ao menos, como tal tem sido considerada e estudada — e para isso terá contribuído certamente o seu relativo laconismo a propósito do Direito):

> "Ordinariamente se han considerado sus fragmentos [de los filósofos anteriores a la sofística] en el contexto de la Filosofía de la Naturaleza o de la Ontología. A lo sumo, se puede encontrar alguna breve referencia a ciertos apuntes de pensamiento político en alguno de dichos autores. Sin embargo, no resulta apenas planteable buscar estudios sobre el sentido de la justicia en tales autores, no como mera expresión de sus ideas acerca de la realidad en general, sino en sentido moral, político o jurídico. Dicho de otra forma, resulta un complejo exercicio especulativo aventurar lo que aportan al pensamiento jurídico los textos de quienes tienen intereses muy distintos. No obstante, se puede entrever la huella que dejan a través de la profundidad de lo que tratan de expresar quando hablan de justicia."[125]

A dicotomia entre jusfilosofia implícita e explícita passa assim a atravessar transversalmente a própria distinção entre géneros literários, não se reservando para os géneros tidos por não filosóficos.

---

[125] Pedro Rivas Palá — *Justicia, Comunidad, Obediencia. El pensamiento de Sócrates ante la Ley*, Pamplona, EUNSA, 1996, p. 23.

Ora o considerável alargamento da qualificação como filosofia, resultante de quanto temos estado a analisar, pode também ser nocivo, se se perder a noção das distinções, que efectivamente, existem dentro dessa nova abrangência. E por isso importa não esquecer que, além de não deixar de haver, realmente, jusfilosofia implícita e explícita (posto que o seu alcance seja relativamente limitado), dentro da jusfilosofia explícita há muitas divisões a fazer — umas por comodidade pedagógica ou de sistematização em geral, outras por razões substanciais. Acresce ainda que, em toda esta ponderação, não poderá deixar de intervir o próprio problema da determinação do que seja Filosofia, *tout court*. Ora, segundo se seja mais avaro ou mais generoso na consideração do que nela possa caber, assim haverá resultados (e diálogos com o jusfilosofico, ou o jurídico apenas) diversos.

Por exemplo, será diferente o resultado se se considerar, ou não, uma "filosofia antes dos gregos"[126].

11. A FILOSOFIA DO DIREITO ENTRE FILOSOFIA E DIREITO

11.1. Filosofia prática, Filosofia segunda, Filosofia aplicada?

A Jusfilosofia, em relação com a Filosofia em geral, ou filosofia primeira, é, efectivamente, uma filosofia *segunda*. Embora não seja — ou não deva ser — verdadeiramente uma filosofia derivada, ou aplicada, isto é, uma simples dedução ou concretização, para os problemas do Direito, de um sistema filosófico geral, omnicompreensivo, totalizante e a esta área mecanicamente aplicável[127]. Mas o problema ficará mais claro daqui a pouco, quando falarmos dos protagonistas desta filosofia.

Também não parece muito adequado falar-se em filosofia prática para a Jusfilosofia no seu todo. Embora o carácter eminentemente prático dos principais dramas e angústias jurídicas chame a reflexão filosófica para o terreno da prática (e isso é particularmente visível, como

---

[126] José Nunes Carreira — *Filosofia antes dos grupos*, Mem Martins, Europa-América, 1994.

[127] Concorde nuns pontos, discordante noutros, pelo menos ao nível terminológico, Leonardo Polo — *Introducción a la filosofía*, Pamplona, EUNSA, 1995, p. 21.

é óbvio, no domínio das filosofias jurídicas especiais — designadamente a penal ou a constitucional, que tanto seguem na esteira das preocupações momentosas e imediatas com o crime e o poder, em cada sociedade concreta), dizer que a filosofia jurídica é prática não só poderá fazer esquecer o seu altíssimo apuro especulativo (teórico), como sobretudo retirar sentido a uma divisa que é própria não dos jusfilósofos, mas dos juristas em geral (e da qual devem orgulhar-se todos, se o merecerem): segundo tal divisa, é já o puro e simples Direito uma filosofia prática, como ensina o pensamento romano. Ora se a própria ciência-arte-técnica-*forma mentis*... que é o Direito constitui, na sua vivência e essência multímodas, uma filosofia prática, não pode a sua filosofia *stricto sensu* sê-lo; pelo menos não o poderá ser ao mesmo título.

É conveniente não começar a confundir as tarefas:

> "Chacun son métier, celui des philosophes n'est pas de trancher des procès. Il faut bien laisser aux juristes quelque chose à faire; et leur métier à eux aussi est intellectual, *recherche* vivante, contradictoire, dialectique — non point le *repos* dans les solutions toutes faites d'une science achevée"[128].

Aliás, o que seja uma filosofia prática ao nível filosófico *stricto sensu* afigura-se-nos complexo de determinar. Embora não esqueçamos, como seguimos *supra*, uma divisão da Filosofia, ou um "corte" ou "perspectiva" na sua abordagem, que precisamente se chama *Filosofia Prática*. E que é sobretudo ética, estética, política (e educativa, eventualmente). Está assim bom de ver que uma *Filosofia Jurídica Prática* outra coisa não é que a parte da Filosofia do Direito com dimensão mais ética (por exemplo, na Teoria da Constituição, a ética republicana, ou, no Direito Penal, as doutrinas da culpa), mais estética (*v.g.* os estudos de Direito & Literatura), mais política (e em cruzamento com a Ética — os valores superiores políticos, por exemplo), ou mais ligadas à Paideia Jurídica (desde logo a chamada "Pedagogia Jurídica"). E, valha a verdade, se o lema de inspiração romana é bonito e fica bem aos juristas, por vezes somos assaltado pela dúvida seguinte: não será antes o Direito uma prática de uma filosofia, em

[128] Michel VILLEY — *Questions de Saint Thomas sur le Droit et la Politique*, p. 71.

vez de uma filosofia prática? Mas é muito complexo, porque uma filosofia é, afinal, essencialmente um filosofar, logo, uma prática; uma prática teórica, mas uma prática.

Todavia, se se entender que toda a filosofia se divide em especulativa e prática, cumprindo à primeira a inquirição das últimas causas, o íntimo conhecimento do ser, e os princípios de todo o conhecimento, e à segunda os princípios fundamentais da acção humana, intentando esclarecer o que possa ser a condução sábia da vida e da sociedade (que é vida social)[129], parece evidente que a Filosofia do Direito se integra nesta última.

Esta questão de teoria e prática anda muito enredada, e para tal não ajudou sequer a moda do problema no âmbito das filosofias de inspiração marxista. O certo, nesta época de barbarismo civilizado (ainda)[130] é que devemos veementemente recusar o ódio anti-teórico do facilitismo (tão imperante e tão tentador para juristas e candidatos a juristas), porque não pode haver uma boa prática sem uma boa teoria, ou, como diria Bergson, o homem completo, integral, é apenas aquele que *pensa como homem de acção, e age como homem de pensamento*. Tal sucede também como o jurista completo.

11.2. **Da caracterização e delimitação das disciplinas**

Quando se fala hoje da autonomização de uma disciplina, do seu "(re-)corte epistemológico" próprio a partir da grande árvore filosófica generalista, já não se pode, como inicialmente, falar em um *objecto* próprio apenas. Isso descobriu-se cedo: é preciso sobretudo ter um método particular, que a caracterize, ainda que partilhe o *quid* a estudar com outras disciplinas. Mas *objecto* e *método* também já não bastam. Sobretudo a partir do momento em que começaram a multiplicar-se as ciências sociais ou humanas, ou do espírito (*Geistwissenschaften*), em boa parte dotadas de metodologias comuns[131], o método deixou claramente de ser uma diferença específica.

---

[129] Cf., *v.g*, Javier HERVADA — *Lecciones propedeuticas de filosofía del derecho*, cit., p. 15 ss..

[130] Pier Paolo OTTONELLO — *La Barbarie Civilizzata*, Génova, Arcipelago, 1993.

[131] Cf., por todos, Madeleine GRAWITZ — *Méthodes des Sciences Sociales*, 7.ª ed., Paris, Dalloz, 1986.

Cuidamos que além de elementos indiciadores de objecto e método é necessário actualmente acrescentar como essencial uma *teleologia* própria, isto é, uma intencionalidade que caracteriza cada área, ou, o que é praticamente o mesmo, a identificação bem recortada daquilo a que poderemos chamar o seu "problema". O *problema* da História não é o da Sociologia, da Psicologia social ou da Antropologia, o destas não é o da Geografia, todos são diversos do da Demografia, etc. E todavia há terrenos em que estas e outras ciências se cruzam.

Mas ainda não se pode ficar por aqui. Uma disciplina vive também, em grande medida, da *congregação* profissional e/ou académica que a professa. Neste caso, parece que não há religião sem sacerdotes (o que não é, como se sabe, o caso de várias religiões *próprio sensu*. Desde logo, ao que parece, a própria religião dos Lusitanos). Assim, se o Direito não poderia existir (isso terá sido visto por Aristóteles já) sem a correpondente *casta dos juristas*, e se não poderá sobreviver enquanto tal com juristas impreparados e sem consciência das suas obrigações e das suas tarefas, bem como das suas prerrogativas e da sua diferença, autonomia e excelência, também a Filosofia do Direito necessita de Filósofos do Direito: deles depende.

11.3. **Crise do Direito e Filosofia do Direito**

Se a crise da formação dos juristas é gravíssima, porquanto a quantidade necessariamente corrompeu a qualidade (mesmo a mais comezinha competência técnica), e os cantos de sereia de outras propostas, desafios, racionalidades e experiências cativou e colonizou muitos práticos e até alguns teóricos do Direito, pode dizer-se que a crise é o estado normal (e até saudável) da Filosofia do Direito.

Não é caso para especial alarme, esta segunda crise. A Filosofia não serve para fornecer receitas aos práticos, nem para cantar afinadinha num coro, nem para bater a pala numa parada, nem para se gritar "presente" ao toque de uma sineta escolar. A Filosofia do Direito não foge aqui à regra geral: a crise quadra-se bem consigo.

Em que consiste a crise, neste caso? Responderemos com clareza: a crise tem uma lado interno e um lado externo.

No plano externo, a crise da Filosofia do Direito acompanha a crise do Direito e dos juristas. Reflecte, naturalmente, sobre a crise do Direito (isso, em si e por si só, não seria estado crítico, mas análise da crise), mas vive-lhe a situação crítica sobretudo porque os juristas se afastaram muito da filosofia e da jusfilosofia, e, pela sua formação de base cada vez mais impreparada e quanto muito (mas, em muitos casos, já nem isso) tecnicista, prescindem de usufruir dos seus benefícios ao prescindirem de exercer a vigilância crítica, o uso autónomo da razão, o consultar da consciência, etc..

O problema é complexo também no plano interno. E diz precisamente respeito a quem concretamente faz Filosofia do Direito.

Se pensarmos nos géneros literários não tradicionalmente integrados na filosofia, preocupa-nos um tanto (embora não seja grave ainda) um certo alheamento da ficção e da poesia em geral ante os temas da Justiça e do Direito enquanto problemas filosóficos. Pode ser que se trate de um momento passageiro. Alguns filmes — *Justice for all*, *The star chamber*, *The Verdict*, seguem-se aos clássicos *Judgment at Nuremberg, Twelve angry men, Beckett, A man for all seasons*, série de TV *L.A. Law*, etc. — e todos continuam a pôr alguns dos grandes problemas. Pelo que o imaginário não se terá esgotado. Evidentemente, vivemos numa civilização que anda em torno destes problemas preciamente desde que se conhece, isto é, desde que há filosofia, e, é compreensível que quem conheça os grandes monumentos expressivos das angústias com a justiça se sinta menos atraído pelo simplismo dos novos enlatados televisivos, mesmo quando põem um problema maior que o *preto e branco* da luta dos bons e dos maus.

Este aspecto não será, pois, o mais dramático.

O que põe especiais problemas é o das vocações e das formações dos filósofos do Direito. O que significa falar, em grande medida, dos produtores de sentidos ao nível universitário, sobretudo.

Digamos que a questão se põem realmente no plano da jusfilosofia explícita, e, nesta, particularmente nos géneros tradicional-mente considerados nobres pelos claustros académicos. Aí, deparamos com uma situação interessante.

Não se pode dizer que haja crise de vocações. Apesar de muitos não terem tido durante a licenciatura sequer disciplinas jurídicas humanísticas — e desde logo uma Introdução ao Direito com componente filosófica, nem a disciplina de Filosofia do Direito —, ou de terem cursado disciplinas deste tipo perspectivadas numa óptica positivista ou esotérica, ou muito localizada, muitas vezes até sob inspiração da prática forense, por exemplo, não raros são os que, já formados, se abeiram dos livros e dos professores na mira de acederem a um saber a que não tiveram antes acesso. Também os docentes destas áreas continuam a ser recrutados, pelo mundo fora, de entre juristas particularmente cultos e interessados pela *essência das coisas*. E ousaríamos dizer, obviamente sem qualquer desprimor para os restantes colegas, que muitas vezes denotando, posto que ainda muito jovens, uma vocação muito mais clara e determinada do que a dos demais. O que não será de estranhar, bem vistas as coisas. Quem trocaria as promessas de poder e/ou de dinheiro pelo simples estudo se não tivesse uma vincada e precoce vocação?

Em que é que, então, se manifesta o aspecto negativo da crise?

11.4. **Filosofia do Direito dos Filósofos e Filosofia do Direito dos Juristas.**

O problema que, no plano pessoal, se tem de enfrentar — agravado hoje em dia, mas que não é sequer de agora — é o da multiplicidade de saberes e sensibilidades que devem convergir na pessoa do estudioso das disciplinas jurídicas humanísiticas, e, muito especialmente, no Filósofo do Direito, ou, dito de forma mais modesta, no estudioso de Filosofia do Direito.

É evidente que ele tem de saber Filosofia e tem de saber Direito. Mas também sabemos que ele é, nas Faculdades de Direito, um jurista, de formação jurídica de base, e nas poucas faculdades de Letras em que se estuda, infelizmente, a matéria, ele é, normalmente, um estudioso de formação filosófica.

Pode haver excepções e cruzamentos, mas a regra geral é esta, e devemos aplaudi-la, até porque correspondendo à aplicação de um princípio geral, de sã pedagogia: o de que cada congregação disciplinar é que conhece e deve decidir que saberes das demais lhe interessam, devendo portanto confiar a especialistas *seus*, mas com competência acrescentada no domínio alheio concreto, a "tradução" e a "aplicação" para os seus futuros confrades, do que de útil pode haver nas searas dos vizinhos.

Mesmo que assim não fosse, como quem se dedica academicamente a estas questões são sobretudo juristas com dimensão e interesses filosóficos, e filósofos vocacionados para a questão da Justiça, acabaríamos sempre por ter, nesta nossa área, dois estilos, decorrentes da particular *forma mentis* de ambas as formações de base, ou, melhor dito, de uma e outra das vocações primaciais dos concretos jusfilósofos.

Se é evidente que a Filosofia do Direito não é assunto para quem não conheça bastante de Direito e de Filosofia, o certo é que se detectam diferenças de tomo entre a *jusfilosofia dos filósofos* e a dos juristas.

Os riscos são alguns, num e noutro dos casos, embora não haja uma solução cabal, porquanto será difícil, se não mesmo impossível, encontrar alguém que partilhe em exacta e igual medida os seus amores e os seus labores por um e outro dos saberes. É-se sempre mais filósofo ou mais jurista. O que não quererá exactamente dizer que, pela sua formação de base, alguém esteja irremediavelmente fadado a *ser mais* o que derivaria, sem mais, do seu curso. Se é certo que um jusfilósofo só filósofo de formação precisa de muito amor à normatividade para ser mais jurista que filósofo na sua *forma mentis*, já um jurista de formação talvez mais facilmente possa como que esquecer ou fazer uma *épochê* dos seus estudos jurídicos técnicos iniciais para dedicar uma vida à Filosofia (ou a outra coisa qualquer: sabemos da plasticidade da formação jurídica). Temos mais visto este caso que o precedente.

Ora, os juristas deparam neste estudo da jusfilosofia, com dificuldades de formação filosófica, e quiçá de um excessivo apego a tantas e tantas cadeiras positivistas que tiveram no seu curso — a menos que isso tenha funcionado como antídoto, e já só queiram viver longe da regulamentação, num céu dos conceitos ainda mais abstracto que o dos filósofos.

Esta dificuldade de reorientação, após toda uma carreira afastada da filosofia, é posta em evidência por Michel Villey:

> "Il y a bien sûr cet embarras qu'éprouvera toujours un juriste s'apercevant qu'il a besoin, pour aller plus avant dans ses études de de philosophie; c'est un premier pas de reconnaître qu'on a besoin de philosophie, seulement nous ne sommes pas philosophes, nous nous y prenons un peu tard après tant d'années épuissées à bachoter l'agrégation; rien d'étrange à ce que nous ressentions beaucoup de mal à nous orienter..."[132]

E é presumível que a situação piore, a menos que se fale em jusfilósofos com fortuna pessoal (e bem aplicada e livre das crises). Porque das palavras de Villey, nas entrelinhas, se lia apesar de tudo a

[132] Michel VILLEY — *Seize essais de Philosophie du Droit dont un sur la crise universitaire*, Paris, Dalloz, 1969, pp. 130-131.

esperança de que os escravos docentes, um dia, certamente depois da agregação, ainda podiam, passados mil obstáculos, aspirar à tranquilidade (no fundo, à segurança no emprego — pois já haviam mostrado o que valiam) que lhes permitiria, enfim, filosofar. Essa luz no fundo do túnel da carreira está hoje tão ténue que se diria ter-se apagado. Talvez seja mesmo uma dessas estrelas distantes que já morreram e de que ainda vemos luz. Mas não por muito tempo. Sempre a espada de Dâmocles das preocupações do dia-a-dia, da alimentação e da sobrevivência a impedir o estudo e o filosofar. Antes, era tarde que se podia passar do Direito à Filosofia. Com a incerteza de hoje, quando poderá ser? Talvez nunca, para muitos. Para a maioria. E é a sociedade que perde.

Mas, em contrapartida, a dificuldade dos filósofos parece ser maior ainda, porquanto relacionada com o objecto deste especial labor filosófico. É que, realmente, o universitário de Filosofia não terá tido jamais ao longo do seu curso, na maioria esmagadora dos casos, qualquer disciplina jurídica. E o seu conhecimento do Direito (a menos que o haja cursado também, o que por vezes sucede) limitar-se-á à visão do intelectual sobre o fenómeno da juridicidade, visto do exterior. De facto, além da experiência quotidiana e consequentemente profana do Direito, os filósofos e os estudiosos da filosofia, em geral, só conhecem do Direito o que dele leram em Kant, Fichte, Hegel, ou os seus sucessores — outrora, com sorte, Kelsen[133], hoje Rawls, Luhmann, ou Habermas... E veremos adiante que Kant não tem autoridade incontestada nesta matéria: muito pelo contrário.

Mas mais: se a Filosofia, apesar de tudo, se pode razoavelmente compreender com a frequência universitária, isso de modo nenhum ocorre com o Direito. Que implica sempre prática.

Jurista ou filósofo de vocação, quem pelo menos não tiver feito estágio de advocacia ou magistratura, quem não tiver estado na barra do tribunal, não saberá nunca — por falta da dimensão insubstituível da experiência — o que realmente *é* o Direito. Não cedemos aqui um milímetro que seja aos preconceitos dos bárbaros adeptos da deificação da prática. O que se passa é que quedar-se pelos códigos e pela

[133] Expressamente neste sentido, Michel VILLEY — *La Doctrine du Droit dans l'Histoire de la Science Juridique*, préface a *Métaphysique des Mœurs*, première partie, *Doctrine du Droit*, de Emmanuel Kant, trad. de A. Philonenko, Paris, Vrin, 1986, p. 24.

doutrina (*law in books*), sem ver o Direito em acção (*law in action*), será sempre ter uma ideia truncada da juridicidade.

De novo Michel Villey nos fornece um exemplo, e um exemplo com o seu peso e gravidade. Villey descobre que Kant, precisamente um dos fundadores da Filosofia do Direito enquanto disciplina universitária, sabia muito pouco de Direito — mesmo do Direito Romano, tão ensinado ainda no seu tempo[134] —, não dominava a linguagem jurídica, dizendo, nessa matéria, absurdos rotundos sobretudo com o uso de termos latinos[135], e não possuía nenhuma prática nem relevante conhecimento da vida forense. Limitou-se a especular sobre a matéria, tendo sobre a secretária os manuais modernos do seu tempo, em uso na sua faculdade, a de Filosofia. O que resultou em inúmeras deformações e consequências gravíssimas, pelos erros espalhados.

Temos dificuldade em escolher uma citação, porque todo o texto em que estas "heresias" se revelam mereceria ser transcrito. Fiquemonos com um par de passagens, reveladoras:

"La pensée de Kant est aveugle, ne comporte aucune ouverture sur cette espèce d'activité qui est le propre de l'œuvre judiciarie, aucun accès tant aux méthodes qu'aux finalités de cet art de la distribution [...]"[136]

"La *Rechtslehre* n'apporte *rien* qui éclaire la démarche du juge en cette recherche du quid juris, dont une 'philosophie du droit' devait apparemment s'occuper "[137]

Se alguém da envergadura intelectual de Kant — e importa muito sublinhar aqui a sua importância jurídica, mas do lado do juspolítico[138] foi capaz de cometer tantos erros, que dizer dos seus sucessores, talvez não tão excelsos? O mesmo distanciamento face ao direito dos juristas se pode observar, como aflorámos já, na obra de Fichte e até de Hegel[139].

---

[134] Michel VILLEY — *La Doctrine du Droit dans l'Histoire de la Science Juridique*, cit., p. 15.

[135] *Ibidem.*

[136] *Ibidem.*

[137] *Ibidem*, p. 23.

[138] Cf. desde logo o nosso *O Essencial sobre Filosofia Política Romântica*, Lisboa, Imprensa Nacional-Casa da Moeda, 2007, p. 9 ss.

[139] Cf. ainda *Ibidem*, p. 51 ss. E Michel VILLEY — *La Doctrine...*, cit., p. 16.

O aprendiz de jusfilósofo, de formação jurídica ou filosófica, tem de lutar contra as grandes lacunas que, em qualquer dos casos, o seu saber apresenta. Tem de recorrer a algum autodidactismo, consultar os especialistas, recuperar o "tempo perdido".

A tarefa de quem não tenha tido contacto com o Direito, nos livros e em acção, é ainda mais difícil, porque corre o risco de filosofar sobre o que, realmente, não conhece. E de isso lhe poder ser assacado pelos contraditores — risco inevitável a correr pelo filósofo, mesmo que possa nem ser concretamente verdade.

O melhor parece ainda ser que, tendo optado pela jusfilosofia e a ela principalmente sacrificando (e nem pela Filosofia nem pelo Direito apenas), o jusfilósofo possua formação académica ou autodidáctica de ambas as áreas, e haja convivido com o foro.

Caso contrário, a filosofia do Direito do jurista parecerá sempre amadorística, frouxa e inconsistente do ponto de vista filosófico — uma espécie de simples divagação, desconhecedora do rigor da linguagem e do espólio da tradição filosófica em que o novo filosofar não pode deixar de inscrever-se, e a filosofia do Direito do filósofo passará por utopia toda mental, desgarrada da realidade (desde logo, da realidade do foro), das polémicas, da linguagem e da tradição jurídicas[140].

Por isso, pouco se aprenderá numa Faculdade de Direito com um filósofo puro, assim como escassamente valerá aos aprendizes de filósofos terem aulas de jusfilosofia com um jurista que não haja abandonado radicalmente a filosofia empírica dos juristas e se haja convertido à Filosofia. Num e noutro caso, o mais provável até é aprenderem-se coisas distorcidas, ou, pelo menos fúteis para os interesses (profundos) dos seus destinatários[141]. Obviamente, falamos dos seus "interesses

---

[140] Cf., em geral, Norberto BOBBIO — *Contribuición a la Teoria del Derecho*, trad. cast. de Alfonso Ruiz Miguel, Valencia, 1980, p. 91 ss.; Michel VILLEY — *Critique de la Pensée juridique moderne*, Paris, Dalloz, 1976 p. 219 ss.; António Braz TEIXEIRA — *Sentido e Valor do Direito*, cit., p. 30.

[141] Não é este fenómeno específico do Direito ou da Filosofia. Em rigor, a Matemática, a Contabilidade, e até a Economia, a Sociologia, ou a História, para um candidato jurista, quando dadas na perspectiva dos respectivos especialistas, sem cedências, não de nível ou dificuldade, mas de interesse e de compreensão da *forma mentis* dos destinatários, podem revelar-se árduas, e pouco proveitosas. O mesmo sucede quando se ensina Direito a outros estudantes. Se o jurista não procurar entender para que precisam do Direito, e como dele precisam, tornar-se-á (e frequentemente se torna) no mais incompreendido dos docentes desses cursos, e certamente será o que parecerá mais exigente, enquanto debalde protestará estar continuamente a "descer a bitola"... O exemplo

bem entendidos", não do que julgam superficialmente ser o seu interesse, nomeadamente imediatista.

Há, todavia (sempre as há) brilhantes excepções. Mas são isso mesmo: excepções.

11.5. **Filosofia do Direito: Filosofia ou Direito?**

Depois do que fica dito, será ocioso ou descabido perguntar se a Filosofia do Direito é Filosofia ou Direito?

Aparentemente, a resposta seria muito simples — e daí a estranheza da própria pergunta: a Filosofia do Direito seria, obviamente, Filosofia. E não poderia ser Direito porque o Direito seria uma Ciência, a ciência jurídica, votada à prática realização do Justo, enquanto a jusfilosofia discutiria este mesmo justo, e não seria, de modo nenhum, uma ciência.

Esta concepção estanque do Direito e da Filosofia volta a ter em Kant um inspirador, nem sempre feliz. É o filósofo de Königsberg quem radicalmente separa o *quid ius*, objecto da filosofia do Direito, e que deveria ser tratado pelos filósofos nas respectivas faculdades, do *quid iuris*, objecto do Direito, assunto reservado aos juristas. Ora vimos já quantas incompreensões e erros decorrem desta visão dualista tão estrita, e estanque.

---

vem de outras Faculdades, e com êxito. Em Medicina, a História da Medicina é ensinada por médicos. Mas médicos com pendor cultural, humanístico, e historiográfico. Em História, a teoria ou filosofia da História é preleccionada por Historiadores, não por filósofos. E a História da Filosofia, em Filosofia, é do foro dos professores de Filosofia. A Teoria ou Filosofia da Literatura é mais do foro dos filólogos, que dos filósofos *tout court*. Em Economia é corrente serem economistas a leccionar ciências sociais em geral e história e filosofia da Economia. Claro que há excepções. Mas, em geral, a regra da empatia de formações entre docentes e discentes deve prevalecer desde que complementada com a da vocação pela disciplina em causa. É verdade que pôr não-juristas a ensinar Direito aos seus respectivos futuros colegas pode ser catastrófico. Mas, ainda assim, seria muitas vezes preferível (se houvesse radicalmente que optar-se) a fazer os juristas sofrerem as "especificidades" de não juristas que nada saibam das suas necessidades e desconheçam completamente a sua *forma mentis*. Mas, é claro, a regra principal é a do mais adequado professor para cada lugar — essa deve prevalecer sobre todas as demais. Daí que seja sempre da melhor prudência confiar cada matéria a especialista na mesma, com título e currículo, até dada a excepcionalidade actual das vocações interdisciplinares.

Sem o conhecimento da realidade do Direito concreto (o que seria o *quid iuris*) não pode haver útil e operativo estudo do Direito justo — porque o Direito autêntico é serviço de vida e ente histórico e social, não produto de uma abstracção e de uma vontade utopista de teóricos. De igual modo, sem distanciamento crítico e reflexão sobre o sentido e o valor do Direito vivido (isto é, sem nos referir--mos de algum modo ao que seria o *quid ius*) também não há, não pode haver, direito justo — e esse é o único Direito. Também não pode haver, na verdade, autêntico *quid iuris* sem *quid ius*.

Importa pois associar ambas as questões, ambas as visões.

Porém, dir-se-á que essa interdisciplinaridade não obsta, pelo contrário parecerá até confirmar, que a Filosofia seja Filosofia e o Direito, Direito, e que a Filosofia do Direito sejam evidentemente, Filosofia.

Sem contrariarmos o que é uma evidência, permitimo-nos argumentar que, sobretudo para os filósofos, há que desconfiar das aparências, e matizar o que parece claro.

O problema respeita à qualificação do Direito, evidentemente. Fora o Direito uma mera técnica, ou uma simples ciência, tudo estaria resolvido. Mas tal não ocorre assim simplesmente. O Direito é técnica, mas não é só técnica; é ciência, mas não é só ciência. É arte, é intuição, é poder, é forma de acção política, moral, e estética, é *modus vivendi*, é filosofia de vida, e é filosofia prática, como vimos.

Se o próprio Direito é já, de certa maneira, e ao menos em parte, filosofia, perguntar se a Filosofia do Direito é Direito ou Filosofia não será complicação excessiva, e falar mesmo de Filosofia do Direito uma certa tautologia?

Não, se explicarmos bem do que falamos. E isso pode ser enriquecedor. A Filosofia do Direito será, assim, como que duplamente filosófica, na medida em que já o seu objecto se encontra porejado de Filosofia. Atente-se agora numa anterior categoria: a Filosofia *no* Direito. Se há Filosofia *no* Direito, a Filosofia *do* Direito exerce o seu labor também sobre esse Direito que já contém (ou já deriva, e assim continua a encerrar) Filosofia.

E daqui resultará mais claro que ao afirmarmos que a Filosofia do Direito *é Filosofia* e *é Direito*, não negamos, ao dizer que também seja Direito, o carácter filosófico da disciplina: pelo contrário, e pelas razões aduzidas, essa ideia sai reforçada. Com a vantagem de se não poder, nesta lógica, pensar, como seria o caso se o Direito fosse simples tecnologia servil, que a Filosofia do Direito, sendo somente filosofia, apenas aos filósofos interessaria, não dizendo verdadeiramente respeito ao Direito. Ao afirmar o carácter jurídico, propriamente jurídico, da jusfilosofia, simultaneamente se reivindica o intrínseco carácter filosófico do Direito.

Donde a Filosofia do Direito, hoje renovada e desprendida das razões da sua génese algo interessada e muito contextual, parece ser, como os estudos jurídicos de outrora, antes da corrupção e da decadência, não tanto uma disciplina à parte, quiçá um suplemento ou um complemento decorativo e cultural, mas uma dimensão irrecusável, constitucional e intrínseca do próprio Direito.

Há, aliás, autores que defendem uma posição ainda mais extrema: a Filosofia do Direito incluir-se-ia mesmo, não só no Direito em geral, mas no Direito positivo. Além de uma passagem de Villey já citada, será ainda por exemplo, o caso de Albert Brimo, ao afirmar:

"La philosophie du droit appartient au domaine du droit positif; elle est droit positif réflèchi par la pensée speculative, comme l'image par le miroir qui l'éclaire. [...]"[142]

Todavia, parece-nos que da afirmação da juridicidade positiva da jusfilosofia à sua explicitação vai uma certa contradição: precisamente a que dista da coisa à sua imagem virtual no espelho. Vale, todavia, a nosso ver, esta tese sobretudo pela intuição de que há algo de Direito propriamente dito na Filosofia jurídica.

12. A FILOSOFIA DO DIREITO NO QUADRO DAS CIÊNCIAS JURÍDICAS 'LATO SENSU'.

Esclarecidas, sumariamente embora, as relações da Filosofia do Direito com a Filosofia e com o Direito, importa precisar agora o lugar teórico em que deva situar-se a disciplina no contexto geral dos estudos jurídicos, ou, dito de outra forma, das disciplinas (ou ciências, *lato sensu* — aqui serão sinónimos) jurídicas.

Tanto ao nível jurídico académico, como ao nível científico mais estrito, parece claro que a Filosofia do Direito está, de parte inteira,

---

[142] Albert Brimo — *Les grands courants de la philosophie du droit et de l'État*, 2.ª ed., Paris, Pedone, 1968, p. 9.

no mundo das preocupações dos juristas, no universo da juridicidade. Não é uma ciência afim ou auxiliar, ou uma apêndice, mas verdadeiramente faz parte do Direito, sobretudo enquanto instância de sua crítica e valoração, e meio de discutir e ensaiar teoricamente o seu aperfeiçoamento.

Laboratório hipotético de Justiça, à Filosofia jurídica nada do que é Direito lhe será alheio, com tudo se preocupando, e em tudo encontrando motivo para reflexão.

O seu lugar é, pois, o cimeiro de entre todas as disciplinas jurídicas humanísticas[143], essas ciências jurídicas particularmente abertas ao mundo da cultura não jurídica, e que olham o Direito por um prisma descentrado da simples obrigatoriedade actual do positivo vigente. Comunga, pois, desta qualidade com, entre outras, e falando apenas das disciplinas gerais (não de subramos):

12.1. **Das ciências jurídicas humanísticas: catálogo sucinto**

12.1.1. — A *História do Direito* (a dimensão diacrónica local, comparativa, ou internacional), incluindo a *História do Direito Romano* (já que um Direito Romano só técnico-jurídico, embora muito formativo, é uma disciplina *positiva*, embora de direito positivo em geral, salvo "bolsas" raríssimas no mundo, não vigente)).

12.1.2. — A *Geografia Jurídica*, ou Comparação de Direitos, vulgarmente chamada Direito Comparado (a dimensão sincrónica comparativa, normalmente institucional oficial).

12.1.3. — A *Sociologia do Direito* (a dimensão sincrónica normalmente não institucional oficial, mas social, ou aquela enquanto fenómeno social), incluindo eventualmente boa parte do que é hoje a *Criminologia*, ou seja, a *Sociologia Criminal*, ou *Sociologia Penal*.

12.1.4. — A *Psicologia do Direito*, ou *Psicologia da Justiça*, ou *Psicologia Judiciária* (a dimensão subjectiva, ou subjectivo-social, das representações do Direito e dos comportamentos dos actores jurídicos — que são, afinal, todos os confrontados com o drama da juridicidade em acção).

---

[143] Cf., para mais desenvolvimentos, o nosso *Amor Iuris. Filosofia contemporânea do Direito e da Política*, cit., máx. p. 73 ss..

12.1.5. — A *Antropologia jurídica* (de algum modo constituindo a dimensão sincrónica como testemunho do diacrónico; "sociologia" jurídica dos povos proto-históricos, sociedades arcaicas e tradicionais, etc.)).

12.1.6. — A *Metodologia do Direito* (a dimensão teórico-prática, a teoria da prática jurídica). Aqui incluível, ainda que eventualmente identificável, total ou parcialmente, com uma forma de *Filosofia jurídica* em geral, ou com uma *Teoria do Direito.*

12.1.7. *O jurídico na mira das ciências jurídicas humanísticas*

Se a *História jurídica* submete o Direito à prova do tempo, a *Comparação de Direitos* ao cotejo no espaço, a *Sociologia do Direito* ao exame da realidade social e das representações sociais, a *Psicologia da Justiça* à investigação da *psique* dos actores jurídicos, a *Antropologia jurídica* ao desvendar dos ritos e dos costumes de ontem (ou de sempre) nos povos de hoje, e a *Metodologia jurídica* ao desconstruir e reconstruir das técnicas da actividade jurídica e à investigação dos respectivos pressupostos, a *Filosofia do Direito*, estando atenta e utilizando os dados de todas estas ciências jurídicas humanísitcas, dos conhecimentos das ciências jurídicas materiais ou positivas (ou ramos do Direito, na terminologia tradicional)[144], e da sua própria originalidade reflexiva é a foz para a qual confluem todos estes conhecimentos e indagações. Conhecedora da realidade jurídica a todos os níveis e em todas as facetas, pode, assim, compreender o Direito, porque apta a pensá-lo.

12.1.8. *Jurística, Metodologia e Filosofia do Direito*

A Filosofia do Direito integra-se, pois, no conjunto das ciências jurídicas humanísticas. Mas, de entre estas, cumpre distinguir (*bonus philosophos semper distinguit*): umas, acabam principalmente por nos fazer conhecer a variedade do Direito, abordando-o, por assim dizer, externamente. A Antropologia jurídica, a Sociologia do Direito, a

[144] As quais, aliás, também comportam, cada uma, parte humanística e parte positiva.

Psicologia Jurídica, a Comparação de Direitos e a própria História do Direito encontram-se todas nessa tarefa ou nesse método. A estas, e com este recorte de similitude, designou Lévy-Bruhl por *jurística*[145].

A Metodologia encontra-se, por seu turno, muito mais próxima da própria dogmática jurídica, de um lado, e da Filosofia Jurídica, por outro: é, de algum modo, a ponte entre uma e outra.

A Filosofia do Direito é pois a visão simultaneamente centrada e descentrada sobre o Direito — vinda tanto de dentro como atenta ao que vem de fora.

12.1.9. *Ciências humanísticas não jurídicas afins da Filosofia do Direito*

Para além das disciplinas jurídicas positivas (ciências jurídicas materiais, ou ramos de Direito) e das ciências jurídicas humanísticas, a Filosofia do Direito tem de estar atenta a áreas não jurídicas do conhecimento, tais como a Ética[146], a Filosofia Política[147], a Ciência Política ou Politologia[148], a Ciência das Relações Internacionais (que contudo pode ser encarada como uma grande área da Ciência Política)[149], etc.. Todos estes estudos conhecem hoje um considerável incremento.

A interdisciplinaridade vai-se estabelecendo por diversas formas, com benefícios para todos os intervenientes. De igual modo, cada vez

---

145 Henri LÉVY-BRUHL — *Aspects Sociologiques du Droit*, 1955, p. 33 ss.

146 Cf., sobre as relações entre Filosofia do Direito e Ética, António Braz TEIXEIRA — *Sentido e Valor do Direito*, cit., p. 14 ss..

47 Cf., sobre as relações entre Filosofia do Direito e Filosofia Política, *v.g.*, Sergio COTTA — *Itinerari esistenziali del Diritto*, trad. cast. de Jesus Ballesteros, *Itinerarios humanos del Derecho*, 2.ª ed., Pamplona, EUNSA, 1978, p. 77 ss..

148 Cf., entre nós, estudos como os de Diogo Freitas do AMARAL — *Ciência Política*, I, nova ed., Lisboa, 1994; II, 2.ª ed., Lisboa, 1991 (policóp.), ...; José Adelino MALTÊS — *Princípios de Ciência Política. Introdução à Teoria Política,* com prefácio de Adriano Moreira, Lx.ª, 1996; H. MEIRELES/Maria José A. RIBEIRO/ M. Reis MARQUES/Vital MOREIRA — *Notas de Estudo para Ciência Política*, Coimbra, 1976/77 (policóp.); Jorge MIRANDA — *Ciência Política — Formas de Governo*, 3.ª ed., Lisboa, 1992 (policóp.); Adriano MOREIRA — *Ciência Política*, Lisboa, Livraria Bertrand, 1979 (nova ed., Coimbra, Almedina, 1993); Marcelo Rebelo de SOUSA — *Ciência Política. Conteúdos e Métodos*, Coimbra, 1989. Para mais desenvolvimentos, o nosso *Repensar a Política*, 2.ª ed., Coimbra, Almedina, 2007.

149 Cf. Adriano MOREIRA — *Teoria das Relações Internacionais*, Coimbra, Almedina, 1996.

mais vai sendo vital que o jurista, e sobretudo o jusfilósofo, esteja atento às Ciências da Linguagem e da Literatura, à Pragmática, à Retórica, à Semiótica, à Simbologia e à Iconologia, à Informática (que não é uma ciência humanística) além de, obviamente, às ciências puras mães de onde derivam as ciências especiais das áreas Jurídicas Humanísticas: a História, a Geografia, a Sociologia, a Psicologia, a Antropologia, etc..[150]

12.2. **Os grandes temas e problemas da Filosofia do Direito**

12.2.1. *Temas e problemas e grandes divisões disciplinares*

Como compreende o jurídico a Filosofia do Direito? O mesmo é perguntar, quais são os seus eternos temas e problemas, as suas recorrentes aporias?

Um catálogo exaustivo não seria de muita utilidade porque necessariamente atomístico e pouco estruturado.

Resumidamente, dir-se-ia que os temas e problemas da Filosofia do Direito, como aflorámos já, seguem muitos dos principais problemas da Filosofia *tout court*. Mas têm muitos tópicos e problemáticas próprias.

Nestas matérias já fomos aprendendo a ver que, muito frequentemente, se fala da mesma coisa com significante diverso, ou se usa o mesmo significante para designar um significado distinto. Por outro lado, as classificações e catalogações são normalmente fluidas, oscilantes, e sobretudo nada unânimes.

---

[150] Cf., em geral, de entre já infindável bibliografia (e sem qualquer preocupação de exaustividade, evidentemente): José CALVO — *Derecho y Narración*, Barcelona, Ariel, 1996; Bernard S. JACKSON — *Making the Sense in Law. Linguistic, Psychological and Semiotic Perspectives*, Liverpool, Deborah Charles, 1995; P. NERHOT — *Law, Writing, Meaning*, Edinburg, Edinburg Univ. Press, 1992; D.R. PAPKE — *Narrative and the Legal Discourse*, Liverpool, Deborah Charles, 1991; E. Villiers GEMMETTE — *Law in Literature. Legal Themes in Short Stories*, New York *et al.*, Praeger, 1992; Francisco GONZÁLEZ NAVARRO — *Lo Fáctico y lo Sígnico. Una introducción a la semiótica jurídica*, Pamplona, EUNSA, 1995; J.L. MAY — *Pragmatics. An Introduction*, Blachwell, Oxford/Cambridge, 1993; A. SILVERMAN — *Mind, Machins and Metaphor: an essay on artificial intelligence and legal reasoning*, Boulder, Westview Press, 1993; W.M. O'BARR — *Linguistic Evidence: Language, Power and Stratagy in the Courtroom*, New York, Academic Press, 1982; D. NELKEN (ed.) — *Comparing legal cultures*, Aldershot, Dartmonth, 1997. Cf. ainda *infra*, notas 168 e 169.

Na selecção de quais os grandes temas ou problemas da Filosofia do Direito os diferentes autores parecem discordar entre si, mas estão mais próximos do que à primeira vista se julgaria.

Assim, para só citar autores portugueses que expressamente se põem essa questão, comparemos o que nos ensinam Cabral de Moncada e António Braz Teixeira:

Para o primeiro destes autores, os essenciais problemas seriam:

1 — O do conhecimento do direito, ou *gnoseológico*

2 — O do ser ou da realidade do Direito (e também do Estado — porque o autor os une: mas nós dissociamo-los), ou o problema ontológico do ser Direito. Embora, atentos os contornos da sua delimitação, o autor talvez devesse dizer: o problema *ôntico* do Direito.

3 — O problema "da suprema unificação de todas estas coisas num plano metafísico, não só de concepção do mundo, como de visão total e suprema da realidade". Mas, quanto a este problema, o autor assinala ainda não o considerar já, ou entendê-lo muito me-nos que os demais, verdadeiramente filosófico, mas antes do que, numa linguagem leibniziana, chamaria "*Teodiceia* do direito"[151]. Lembremo-nos, porém, que a teodiceia é, tradicionalmente, matéria metafísica, e que esta, também tradicionalmente, se costuma incluir na filosofia.

Já para o segundo autor, tal problemática seria constituída por:

1 — O problema *ontológico*, arrancando da interrogação sobre o ser do Direito, sobre *o que ele é*.

2 — Pressupondo o conhecimento dos seus modos de manifestação — a sua *fenomenologia*,

3 — E também o seu *fundamento antropológico*.

4 — Implicando sempre a questão do ser e ainda a do valor (*porque o Direito o é*), qual o seu *fundamento axiológico* (o que se concretiza nas questões do Direito Natural e da Justiça).

5 — Às questões do *ser* e do *valer* do Direito se associa igualmente a questão do como poderá ser conhecido — o *problema gnoseológico*.

Podendo sintetizar-se os problemas referidos em:

— problema do ser do Direito

— problema do fundamento do Direito

— problema do conhecimento do Direito[152]

---

[151] Luís Cabral de MONCADA — *Filosofia do Direito e do Estado*, I, cit., pp. 5-6.

[152] António Braz TEIXEIRA — *Sentido e valor do Direito*, cit., p. 47.

Sem pretendermos ser exaustivo, até porque mais estimulante e salutar será cada um, com o que já conhece, comparar (indo aos textos originais) o que aqui simplesmente tentámos explicar, será talvez de referir apenas algumas notas de comentário.

O fundo da problemática, o *quid* em apreço, num e noutro dos autores, não nos parece divergir. Falam mesmo de Filosofia do Direito, e não de outra coisa. O que varia é a forma como designam os problemas, e a maneira como os dividem — isso parece evidente.

Enquanto Cabral de Moncada se encontra mais ligado à catalogação das disciplinas filosóficas em geral, e da forma clássica como no seu tempo eram enunciadas, Braz Teixeira desprende-se um pouco mais desse quadro, numa visão mais problemática.

É exactamente o que separa, no fundo, os dois autores: o primeiro acentua a questão temática, o segundo a problemática.

12.2.2. *Interconexão temática e problemática*

Se simplesmente procurássemos as regularidades ou pontos comuns entre aquelas duas sistematizações, diríamos que parece haver acordo sobre a existência de:

1 — Um problema *ontológic*o ou ôntico

2 — Um problema *gnoseológico* (ou noético)

Pergunta-se: as questões dos *fundamentos* e da *fenomenologia* podem ser separados destes ou a um ou outro agregadas?

É, quanto a nós, uma questão quase de arrumação, derivada de uma construção própria, ou então de uma escolha estética ou pedagógica. Eles existem, sem dúvida. A forma como se arrumam está na disposição de cada teórico.

Assim, por vezes, a *fenomenologia* agrega-se à *ontologia*, ou seja, o modo de ser ao ser. É o caso, designadamente, do pensamento de Sergio Cotta, onto-fenomenológico[153].

Outras vezes, os *fundamentos* (máxime os axiológicos) do Direito são considerados de algum modo elementos do próprio ser do Direito, porque constitutivos da sua natureza ou essência. Donde *axiologia* e *ontologia* se associam. Assim, por exemplo, afigura-se-nos ser uma manifestação de sensibilidade a uma tal ideia o tratamento das correntes

---

[153] Sergio COTTA — *Il Diritto nell'esistenza. Linee di ontofenomenologia giuridica*, Milão, Giuffrè, 1985.

que disputam sobre o fundamento do Direito (como os jusnaturalismos e os positivismos jurídicos) no âmbito da questão do conceito (que remete naturalmente para o ser) de Direito. Tal é feito, entre nós, por Mário Bigotte Chorão[154]. E aí há mesmo a tríade fundamento-ser--conhecer... Pelo Menos.

Inclinamo-nos para uma sistematização indicativa e susceptível de novas arrumações. Pode num estudo ser útil um tipo de associação, noutro um outro tipo, noutro ainda a dissociação, ou um novo agrupamento. Não é que se sacrifique ao nominalismo, agora. É que a variedade das problemáticas e a diversidade dos estilos que diferentes investigação requerem, e a efectiva existência de zonas cinzentas, fronteiriças ou de intersecção, não se compadecem com tabelas muito rígidas.

A Filosofia do Direito ocupar-se-á provavelmente sempre com temas muito concretos (apesar da sua elaboração conceitual) como o Direito Natural. Que é ele — sistematicamente falando? Uma questão filosófico-jurídica de fundamento, sem dúvida. De axiologia, também — decerto. Mas ainda implica uma pressuposição ontológica sobre o Direito. E, para se chegar a ele, para o conhecer, é certo que se não pode prescindir de alguma fenomenologia e alguma gnoseologia. Etc.

Se retomarmos a questão noutro lado, na mira de um ponto mais concreto, repetir-se-ão as conexões. O que sucede se falarmos agora, por exemplo, de Justiça? Não será idêntico?

Também a consideração do plano da fundamentação antropológica pode facilmente levar a uma ontologização da temática, sobretudo se centrarmos tal antropologia na Pessoa, e se a esta atribuirmos relevante papel no ser do Direito É o que sucede (sempre matizadamente, é claro) com o pensamento prosopológico, ou com o posicionamento, por exemplo, de um Antonio Rosmini, ou de um Arthur Kaufmann no seu *Rechtsphilosophie in der Nach-Neuzeit*[155].

---

[154] Mário Bigotte CHORÃO — *Introdução ao Direito*, I. *O Conceito de Direito*, cit., máx. pp. 137-179.

[155] Cf., por todos, Jean-Marc TRIGEAUD — *Persona ou la Justice au double visage*, Genova, Studio Editoriale di Cultura, 1990 e Stamatios TZITZIS — *La Philosophie Pénale*, Paris, P.U.F., 1996 (há ed. port.: editora Legis). Ver ainda Antonio ROSMINI — *The Philosophy of Right*, trad. ingl. de Denis Clearry e Terence Watson, Durham, Rosmini House, 1993, 2 vols.; Arthur KAUFMANN — *Rechtsphilosophie in der Nach-Neuzeit*, 2.ª ed., Heidelberg, Decker & Müller, 1992, máx. p. 40 ss..

E mesmo a perspectivação de tonalidade mais gnoseológica, como a que remete para o pensamento jurídico, ou até para a metodologia jurídica pode assumir uma perspectivação afinal não surpreendentemente genealógica (ou histórica) e novamente desaguar nos grandes problemas axiológicos, éticos, ou ontológicos. O caso extremo, e paradigmático, será talvez o da *Metodología Juridica* de Juan Vallet de Goytisolo[156].

Um exemplo esclarecedor de uma introdução à jusfilosofia através de uma gnoseologia entendida como metafísica jurídica (centrando-se sobre a formação da ideia do justo) é a do ensino de Jean-Marc Trigeaud de que se faz eco o seu *Introduction à la Philosophie du Droit*[157].

Claro que uma coisa são conexões e outra verdadeiras homologias ou identidades. Não o sofismamos nem negamos. Porém, o que ocorre em alguns casos é que pode haver interpretações destes compartimentos que os põem em grande comunicação entre si. A Filosofia do Direito parece ser um claustro que dá para muitas celas. Ou o inverso. E entre as células há comunicação directa, por portas, e ainda passagens subterrâneas.

Conhecer o Direito, por exemplo, não é uma atitude inócua, simplesmente lógica: a gnoseologia pressupõe uma ideia do ser que se visa conhecer, implica uma ideia ôntica, pelo menos. Se não for também requerida uma qualquer pré-compreensão ou tese metafísica prévia.

Do mesmo modo, pensar o ser do Direito, mesmo metafisicamente, não pode eximir-se a alguma fenomenologia e a bastante axiologia.

Independentemente de associações requeridas por estudos concretos e especializados, ou ditadas por particulares concepções filosóficas, individuais ou de corrente, julgamos que a questão poderá, nas suas linhas gerais, equacionar-se do seguinte modo:

O Direito filosoficamente pensado implica alguns temas clássicos.

---

[156] Juan VALLET DE GOYTISOLO — *Metodologia Juridica*, Madrid, Civitas, 1988. Cf. ainda os procedimentos e os resultados de Reinhold ZIPPELIUS — *Rechtsphilosophie*, 2.ª ed., Munique, Beck, 1989, *passim*; Theodor SCHRAMM — *Einführung in fie Rechtsphilosophie*, 2.ª ed., Colónia, Carl Heymanns, 1982, máx. p. 105 ss.; Helmut COING — *Grundzüge der Rechtsphilosophie*, 5.ª ed., Berlim, Walter de Gruyter, 1993, p. 243 ss..

[157] Jean-Marc TRIGEAUD — *Introduction à la Philosophie du Droit,* 2.ª ed., Bordeaux, Bière, 1993, máx. p. 11.

O primeiro parece-nos ser *o que é o Direito*.

Esta indagação implica várias perspectivas, e não apenas uma.

Pode pensar-se *o ser do Direito* através:

— do ser absoluto do Direito, ou de uma metafísica jurídica;

— do ser em si da realidade Direito, ônticamente considerada;

— do conhecimento do *quid* Direito, derivando, portanto, para uma Gnoseologia Jurídica. E tal poderá facilmente ocorrer por uma de duas formas:

> — ou pela investigação lógica da estrutura dos entes de Direito e da Lógica do conhecimento e do raciocinar jurídicos,
>
> — ou pela via da determinação, definitória, descritiva ou de indiciação tópico-fenoménica do que seja Direito, no quadro de uma Epistemologia jurídica.
>
> — E por aqui já vemos que se convoca assim a dimensão fenoménica.
>
> — Sendo certo também que será possível reconstruir todo o edifício pelo recurso à investigação dos valores do Direito.
>
> — Ou dos seus fins.
>
> Etc.

O intento filosófico que pergunta pelo que é o Direito é multidimensional. Para sabermos o que é o Direito temos necessidade de todos os instrumentos e todas as teorizações. Porque queremos conhecer, valorar, fundamentar, etc..

Podemos dizer que, na verdade, a pergunta pelo Ser do Direito é a grande pergunta — e, de algum modo a única pergunta — da Filosofia do Direito. Porque as demais dela são subsidiárias.

Poderíamos também dizer que, na investigação sobre o que seja o Direito é que deparamos com as questões subsequentes, já referidas: desde logo, porque é que ele é como é, o que o fundamenta. E esta fundamentação é valoração.

Na compreensão do Direito (isto é, com uma tese sobre a ontologia, e métodos, ao menos, no plano gnoseológico, com ela consonantes) concorrem diversas correntes. O estudo das ideias dessas correntes (ou dessas "filosofias do Direito") é tradicional matéria da Filosofia do Direito. Estudo que versa sobre as opiniões delas sobre o que seja o Direito, para que sirva, como funciona, etc..

Este estudo pode ser integrado em todos os ramos. Porque, na verdade, as diferentes correntes, movimentos, escolas e pensadores, no seu conjunto, debruçaram-se, *grosso modo*, sobre toda a problemática filosófico-jurídica.

Normalmente, caberá, porém, este estudo na própria ontologia do Direito, decerto porque o problema aí em causa é o primeiro e parece ser, neste domínio, o mais apelativo.

Já quanto ao Direito Natural, o seu estudo tanto pode enquadrar-se na ontologia enquanto parte constitutiva do ser de um Direito dualisticamente concebido (também aí cabendo nas concepções monistas, mas de forma crítica), como na axiologia do Direito (pela referência especial do Direito Natural aos valores), sendo menos óbvia qualquer outra catalogação. Claro que também se pode incluir esta temática na Metafísica.

Mas, por vezes, as associações resultantes de uma perspectiva jusfilosófica não serão mesmo as que mais evidentemente pareceriam impor-se, podendo haver casos quase paradoxais. Alain Seriaux considera que é o caso da posição de Michel Villey: a sua filosofia do direito natural estaria subordinada à sua epistemologia[158]. Mas tal nos parece a nós coerente. De algum modo, a epistemologia é, ou pode ser, hoje, o *rosto visível* de uma ontologia. Como que uma ontologia de diálogos e de exposição de uma posição entre os "saberes" e as "experiências". Mas a questão não é simples.

O mesmo que se disse do Direito Natural dir-se-ia da questão da Justiça. O problema da Justiça enquadra-se, para Braz Teixeira, como vimos, em sede axiológica, mas já, por exemplo, um Alessandro Groppali[159] o integra na matéria do fundamento do Direito. Simone Goyard-Fabre e René Sève catalogam os textos sobre a Justiça nas questões sobre a "finalidade" do Direito[160]. Outros, colocam-na noutra sede ainda...

Não é indiferente tratar do Direito Natural e da Justiça em sede metafísica, ôntica, ou axiológica. Poderemos talvez dizer que esta

[158] "Par un étrange paradoxe [...] pour le professeur Villey, c'est en définitive la perspective épistémologique qui domine toute sa philosophie du droit naturel". Alain SERIAUX — *Le Droit Naturel de Michel Villey*, in "Revue d'Histoire des Facultés de Droit et de la Essence Juridique", Paris, n.º 6, 1988, p. 142.

[159] GROPPALI, Alesandro — *Filosofia del Diritto*, Milano, Casa Editrice Ambrosiana, 1944, p. 409 ss..

[160] S. GOYARD-FABRE/R. SÈVE — *Les Grandes Questions de la Philosophie du Droit*, Paris, P.U.F., 1986.

ordem indicia um tratamento do tema progressivamente mais humanizado, ou imanente. E também se poderia tratar da questão em sede gnoseológica ou fenomenológica (e aí seria decerto para negar a possibilidade do seu conhecimento).

Isto apesar de existirem estudos que procuram advogar a sua existência a quem não repugnou sequer a investigação no plano não já filosófico sequer, nem histórico, mas sociológico[161]. Uma sociologia do Direito Natural é de uma grande valia para o problema — embora isso exceda o nosso tema presente. Recordemos, a tal propósito, as decerto pouco controvertíveis palavras de Truyol Serra:

> "Si el jurista positivista podia (aunque sin fundamento) negar hasta cierto punto lògicamente validez a todo orden distinto del jurídico-positivo, el sociólogo, en cambio, sin excluir al sociólogo positivista, comprueba que en ocasiones el derecho natural, o lo que por tal se considera en un grupo determinado, tiene más eficácia que un derecho positivo opuesto a sus postulados"[162].

E um Michel Villey, por exemplo, dar-se-ia também conta dessa necessidade de conciliar sociologia e jusnaturalismo[163].

12.2.3. *Tópicos polarizadores*

Destas incompletas observações se concluirá que dos problemas principais da Filosofia constam o que é o Direito; que razões ou instâncias o determinam e o determinam no plano do ser como é, e o valer o que vale; como pode conhecer-se, como se manifesta; quais os seus fins, etc.. Polarizando-se muitos destes problemas em tópicos recorrentes. Da sua observação simples se reconhecer-se-á que a pertença de cada um a uma só disciplina filosófica é quase impossível. E da análise da sua presença em vários estudos (mesmo nos simplesmente académicos) resultará ainda uma curiosa verificação: a de que, só por si, cada tópico se revela tão polarizador, tão magnetizante, tão

---

[161] Cf. o nosso *Pensar o Direito*, I, cit., p. 177 ss .

[162] António TRUYOL Y SERRA — *Esbozo de una sociedad del Derecho Natural*, p. 21, in "Revista de Estudios Politicos", vol. XXIV, 1949.

[163] "On ne sauvera le 'droit naturel' qu'en l'harmonisant aux données de l'histoire scientifique et de la sociologie du droit", Michel VILLEY — *Mobilité et richesse du Droit Naturel chez Aristote et St. Thomas* in "Archives de Philosophie du Droit", vol. XXIX, 1984, p. 191.

apto a fazer girar em seu torno todos os os outros que não raro obras completas de exposição da totalidade da matéria da Filosofia do Direito (ainda que introdutórias algumas — mas tal não é óbice significativo) se centram exclusivamente sobre este ou aquele dos aludidos tópicos.

Assim, temos, sem a mínima pretensão de exaustividade, os *topoi* que seguem:

— *Definição de Direito e assuntos conexos.*

Por exemplo: Legaz y Lacambra recorda que a Filosofia do Direito tem este problema como o seu cometimento próprio e específico, como o tema que teria determinado a sua própria existência[164] — e é verdade. No âmbito dos "assuntos conexos" incluir-se-iam os problemas conceituais sobre o significado e a compreensão ou o conhecimento jurídicos. O que poderia até englobar, *latissimo sensu*, a lógica e a semântica jurídicas[165].

— *O Direito face a outras experiências, realidades, saberes*, etc.. (ordens sociais normativas, ciências, etc.). O que pode ser encarado, como Epistemologia Jurídica Geral, ou como Ontologia...

— *Direito Natural.*

Muitas filosofias do Direito eram e ainda algumas são, na sua maior parte, uma discussão ou uma exposição filosóficas sobre este tema. Antonio Fernandez-Galiano, por exemplo, intitula o seu manual académico de Filosofia jurídica precisamente *Derecho Natural. Introducción Filosofica al Derecho*[166].

— *Justiça* (esta no seu cotejo com segurança, equidade, etc.).

É como "uma teoria da justiça" que se apresenta, por exemplo, o *best-seller* de John Rawls[167]. De alguma forma é ainda discussão sobre a Justiça, embora especializada, a atinente a problemas éticos e sociais (e até políticos) na tensão entre ser e dever-ser, justiça e legalidade[168].

---

[164] Luis LEGAZ Y LACAMBRA — *Filosofía del Derecho*, cit., p. 33 ss..

[165] Distinguindo claramente estes dois últimos aspectos, embora assinalando o seu não isolamento mútuo, Zdenek KRYSTUFEK — *Variations of "Legal Philosophy"*, in ΕΥΔΙΚΙΑ, Atenas, 1991, vol. I, p. 15 ss..

[166] Antonio FERNANDEZ-GALIANO — *Derecho Natural. Introducción Filosofica al Derecho*, 5.ª ed., Madrid, Ceura, 1987.

[167] John RAWLS — *A Theory of Justice*, Cambridge, Mass., Harvard Univ. Press, 1971 (há tradução brasileira, da Editora da Univ. de Brasília, e uma mais recente ed. portuguesa).

[168] Sobre esta última dimensão, cf. Zdenek KRYSTUFEK — *Variations of 'Legal Philosophy'*, cit., pp. 15-16.

— *Correntes jusfilosóficas*:

Esta temática (ou melhor, esta perspectiva de equacionação de todos os sempre recorrentes problemas jusfilosóficos) ocupa, por exemplo, o essencial da Filosofia do Direito de Henri Batiffol[169]. Por vezes, as correntes são tratadas essencialmente numa perspectiva histórica. Embora algo artificial, não deixa de ser cativante, e ter algum fundamento o empreendimento de Giuseppe Graneris: a divisão da história da Filosofia do Direito em três períodos (antigo, médio e moderno) a que corresponderiam três problemas — respectivamente, o da noção de Direito, o do seu fundamento, e o da sua metodologia[170]. De qualquer forma, embora as matérias metodológicas (assim como as teóricas-gerais, as epistemológicas e as peri-filosóficas) estejam muito mais em "alta" nos nossos dias, não se pode de forma alguma esquecer que continuam a ser colocados os grandes problemas de base e de fundo. Além de que todas as filosofias são de todos os tempos. A única questão que aqui se poderia colocar (e restaria saber se há meios para lhe responder) é de sociologia e história da Filosofia do Direito. Procurando indagar o que, hoje e noutros tempos foram as preocupações dominantes ou laterais dos jusfilósofos e seu público.

Estas serão, *grosso modo*, as principais matérias clássicas na Filosofia do Direito. Mas estes estudos, ao contrário da crise permanente que o positivismo sempre lhe assaca, e um certo pendor lamuriento de alguns dos seus oficiais pessimistas acaba por propagar, em eco melopeico, encontram-se em franco progresso, pelo menos no alargamento temático e na constituição autónoma ou semi-autónoma de disciplinas jurídicas humanísticas e afins que cresceram à sua sombra, ou até no seu seio.

12.2.4. *Novas temáticas e disciplinas Jusfilosóficas*

Ventos novos foram trazendo para a ribalta e para os horários das universidades outras disciplinas.

---

[169] Henri BATIFFOL — *La Philosophie du Droit*, 7.ª ed., Paris, P.U.F., 1987.

[170] Giuseppe GRANERIS — *La Filosofia del diritto nella sua storia e nei suoi problemi*, Desclle & C. Editori Pontifici, 1961, trad. cast. de Janime Williams Benavente, *La Filosofia del derecho a traves su Historia y sus Problemas*, Santiago, Editora Jurídica de Chile, 1979.

Não foi só nos domínios jurídico-positivos que tal sucedeu. Pelo contrário até. Se, em boa medida, muitas das disciplinas deste tipo têm apenas interesse e consistência de arrumação prática, sendo desprovidas de qualquer estatuto epistemológico autónomo, por carecerem de *quid* diferenciador face às ciências instituídas e sedimentadas que não o de um ramo de actividade económica, laboral ou afim, por exemplo, já com muitos dos ramos que saíram da convivência jusfilosófica o mesmo não sucede, pois o seu recorte se revela claríssimo.

Pode dizer-se, por exemplo, que o estudo do pensamento jurídico (e da sua história) se autonomizou em boa parte. O pensamento jurídico procura detectar os paradigmas da *forma mentis* jurídica, os seus modos de construir modelos científicos, os seus métodos e técnicas, a sua forma de raciocinar, interpretar, argumentar. Assim, podemos afirmar, com Castanheira Neves, que ele é, afinal,

> "aquele sector cultural em que se assume e cumpre o sentido com que o direito se compreende a determinar as relações sociais, a ordenar a convivência comunitária — sentido esse que não só se revela o regulativo constituinte do direito que normativamente perspectiva essas relações e essa convivência, como é ainda o fundamento último da solução dos problemas que aí se suscitam *sub specie iuris*."[171]

A História do Pensamento Jurídico pode revelar-se de grande importância e resistir ainda autonomamente. Posto que aqui e ali tenha que fazer reais incursões na História da Filosofia do Direito *tout court*[172], e servir-se dos restantes dois sectores ou ciências historiográficas em geral, a História das Fontes e a História das Instituições[173]. Já, porém, a disciplina de pensamento jurídico, em toda a sua fecundidade, acaba por ceder o lugar a muitas outras, mais específicas. Ela é como que uma grande incubadora de novos ramos.

---

[171] A. Castanheira NEVES — "Método Jurídico", in *Digesta, Escritos acerca do Direito, do Pensamento Jurídico, da sua Metodologia e Outros*, Coimbra, Coimbra Editora, II, 1995, p. 289.

[172] "Pensiero giuridico è senza dubbio una filosofia ma ben spesso una filosofia sottrata al filosofo professionale", afirma, de todo o modo, Paolo GROSSI — *Pensiero Giuridico (Appunti per una 'voce' enciclopedica)*, separata de "Quaderni Fiorentini per la Storia del Pensiero Giuridico Moderno", 17 (1988), p. 267 (cf. pp. 263-269).

[173] Sobre estas divisões historiográfico-jurídicas, Mário Júlio de Almeida COSTA — *História do Direito Português*, cit., p. 29 ss..

Próxima dela, parece encontrar-se a chamada Cultura Jurídica[174], cujo desenvolvimento poderá ter um decisivo interesse para se compreenderem a mentalidade, as representações jurídicas — de profissionais e de leigos —, o estudo e o conhecimento do Direito, as suas repercussões ao nível da informação, da arte, etc., afinal os níveis de abordagem e de expressão da realidade jurídica.

Não esqueçamos ainda a Política do Direito, por vezes associada à Cultura Jurídica[175], mas que normalmente só é apercebida enquanto política jurídica particular: política criminal, política fiscal, etc.. Um exemplo da tripla associação é a obra de Sabino Cassese, *Cultura e politica del diritto amministrativo*[176]. Uma Filosofia do Direito que consagra uma atenção especial àquele tema é a de Luigi Lombardi Vallauri. Partindo, aliás, do pressuposto da *politicidade* (carácter político) da Ciência Jurídica[177]. Problema diverso (mas com irrecusáveis atinências com este) é já o de uma redução política do pensamento metodológico-jurídico[178].

A Lógica jurídica autonomiza-se ou tende a autonomizar-se (o pensamento não anda todo ao mesmo ritmo) da Gnoseologia. Dentro da Lógica, assume particular relevo a lógica deôntica, que supera e contrasta com a simples lógica formal, sobretudo no estudo das normas e da sua estrutura. Uma tentação formalista é a que faz a *épochê* do *ser* em nome do método, da lógica, ou da ciência [179].

---

[174] Giovanni TARELLO — *Storia della Cultura giuridica moderna. Assolutismo e codificazione del diritto*, Bologna, Il Mulino, 1976; Paolo GROSSI (org.) — *La 'Cultura' delle Riviste Giuridiche Italiane*, Milano, Giuffrè, 1984; Pietro COSTA — *Lo Stato Immaginario. Metafore e Paradigmi nella Cultura Giuridica Italiana fra Ottocento e Novecento*, Milano, Giuffrè, 1986; André-Jean ARNAUD (ed.) — *Legal Culture and everyday life*, Oñati, Oñati Proceedings, 1989, e o nosso *Pensar o Direito*, II, pp. 333-364; D. NELKEN (ed.) — *Comparing Legal Cultures*, Aldershot, Dartmonth, 1977; H.N. EHRMANN — *Comparing legal cultures*, Englewood Cliffs, Prentice Hall, 1976.

[175] Sabino CASSESE — *Cultura giuridica e politica del diritto*, Bologna, Il Mulino, 1988.

[176] Sabino CASSESE — *Cultura e politica del diritto amministrativo*, Bologna, Il Mulino, 1971.

[177] Luigi Lombardi VALLAURI — *Corso di Filosofia del Diritto*, cit., máx. p. 23 ss..

[178] Cf. A. Castanheira NEVES — *Digesta Escritos acerca do Direito, do Pensamento Jurídico, da sua Metodologia e Outros*, cit., II, p. 379 ss..

[179] Sobre a lógica jurídica, cf., desde logo, Georges KALINOWSKI — *Introduction à la logique juridique*, Paris, L. G. D. J., 1965; Idem — *La querelle de la science normative*, Paris, L.G.D.J., 1969. Sobre a tentação "epistemologista", v. Virginia BLACK,

Associadas às questões lógicas, e também sob o impacto de novas filosofias e teorias da linguagem, do texto, da literatura, surge o renovado interesse pela Tópica, pela Retórica e pela Dialéctica[180]. Pelo menos as duas primeiras puderam instituir-se como disciplinas autónomas. Por vezes mais ousadas, correntes como a análise literária do Direito vieram associar-se a novas Hermenêuticas jurídicas[181], bem distantes dos métodos de Friedrich Karl von Savigny. Institui-se a semiótica jurídica[182], e os estudos simbólicos e linguísticos, assim como os estéticos, aproximam-se cada vez mais do Direito, melhor, da temática doravante usual da sua Filosofia.

São muito frequentes os trabalhos na intersecção ou no diálogo entre Direito e Ética[183], e Direito e Estética[184]. Poderá mesmo falar-se

---

The Illicit Reduction of Ontology to Epistemology in the Legal Enterprise, in *Conscience, Consensus & Crossoads in Law*, vol 8, ed. Roberta Kevelson, Nova Iorque, Peter Lang Publ. 1995, p. 45 ss.. Sobre esse e outros reducionismos da Filosofia do Direito, cf. António Braz Teixeira – *Sentido e Valor do Direito*, cit., p. 36 ss..

[180] Na retórica jurídica é essencial a escola de Bruxelas, da dita "nova retórica", que foi animada por Chaïm Perelman. Cf., desde logo, Chaïm Perelman (colab. L. Olbrechts-Tyteca) — *Traité de l'argumentation. La nouvelle rhétorique*, 4.ª ed., Bruxelles, Univ. Bruxelles, 1983; Idem — *Ethique et Droit*, Ed. Univ. Bruxelles, Bruxelles, 1990; Idem — *O Império Retórico. Retórica e Argumentação*, trad. port. de Fernando Trindade e Rui Alexandre Grácio, Porto, Asa, 1993; Idem — *Logique Juridique, Nouvelle Rhétorique*, Paris, Dalloz, 1976. Na tópica, o livro re-fundador foi a tese de *Habilitation* de Theodor Viehweg — *Topik und Jurisprudenz*, Munique, C. H. Beck'sche, 1963 (edição castelhana, *Tópica y Jurisprudencia,* 1.º reimp., Madrid, Tauros, 1986). Mas hoje há outros estudos interessantíssimos, e até de um *topicar* prático, como o monumental e sempre sugestivo trabalho de Francisco Puy — *Tópica Juridica*, Santiago de Compostela, Imprenta Paredes, 1984. Michel Villey parece preferir falar sobretudo em dialéctica. Cf., o ainda muito útil estudo de Peter Degadt — *Littératures contemporaines sur la 'Topique Juridique'*, Paris, P.U.F., 1981.

[181] Cf., entre nós, por todos, José de Sousa Brito – *Hermenêutica e Direito*, Separata do vol. LXII (1986) do Boletim da Faculdade de Direito da Universidade de Coimbra, 1990; José Lamego — *Hermenêutica e Jurisprudência*, Lisboa, Fragmentos, 1990; Joana Aguiar e Silva — *A Prática Judiciária entre Direito e Literatura*, Coimbra, Almedina, 2001. E a nossa conferência no IV Colóquio de Outono na Universidade do Minho, *Da Hermenêutica Jurídica: fundamentos, desafios e fascínios* (ainda inédita).

[182] Cf., por todos, além dos citados na nota 138, a obra de Bernard Jackson — *Law, Fact and Narrative Coherence*, Liverpool, Deborah Charles, 1988, e a revista *International Journal for the Semiotics of Law*, publicada em Liverpool, também pelas edições Deborah Charles.

[183] São múltiplas as formas de que este diálogo se reveste. Desde as mais clássicas a estudos mais aplicados, como os de Kent Greenawalt — *Conflicts of Law and Morality*, Oxford, Oxford University Press, 1987. E sobretudo no novo desenvolvimento do

em Estética do Direito[185]. Do mesmo modo se multiplicam os estudos de Direito e Literatura[186].

A informática jurídica forneceu também modelos e malhas de linguagem para a progressão das fascinantes investigações que descobrem, nos nossos dias, esse ovo de Colombo que é o facto de se reconhecer a realidade textual de normas e outras realidades e práticas jurídicas.

Mais discutíveis, pelos projectos ideológico-políticos que alguns neles vêem — no fenómeno global, ou em algumas das suas manifestações —, mas plenos de sugestividade e até provocação, são correntes como a jurisprudência ou filosofia do direito feminista, e a análise económica do direito, as tendências desconstrucionistas a todos os níveis, e alguns pós-modernismos em Direito, com a sobrevalorização do papel do pluralismo normogenético, dos direitos alternativos, e alguma recriação ainda, com reminiscências sociologistas ou historicistas. Mas mesmo no seio de projectos discutíveis e muito *engagés* há a assinalar ora excelentes diagnósticos críticos, ora aportações de muito interesse.

---

que é já praticamente um novo ramo híbrido: o Biodireito, com inúmeras atinências com a Bioética e o Biopoder. Cf., recentemente, Roberto ANDORNO — *La Bioéthique et la dignité de la personne*, Paris, P.U.F., 1997; Idem — *La distinction entre personnes et choses à l'épreuve des procréations artificielles*, Paris, L.G.D.J., 1996; e, entre nós, os estudos de Mário Bigotte Chorão e Luís Archer (cf. bibliografia pormenorizada no nosso *Pensar o Direito*, II, cit., e no capítulo de Mário Bigotte Chorão inserido em *Instituições de Direito*, cit.). E v. ainda a impressionante conferência-ensaio de Bernard EDELMAN — *Le droit, les 'vraies' sciences et les 'fausses' sciences,* in "Archives de Philosophie du Droit", XXXVI, Paris, Sirey, 1991, p. 55 ss..

[184] Cf. *Archives de Philosophie du Droit*, Paris, Sirey, vol. XL, 1996; *Scientia Iuridica*, n.os 244/246, Braga, Julho/Dezembro, 1993; *Sinalagma*, Porto, no prelo. Na mesma linha, v. François VALLANÇON — *Le Philosophe scythe ou Ars imitatur naturam*, in "Archives de Philosophie du Droit", vol. XL, Paris, Sirey, 1996; Stamatios TZITZIS — *Esthétique de la violence*, Paris, P.U.F., 1997.

[185] *V.g.*, Gustav RADBRUCH — *Vorschule der Rechtsphilosophie*, trad. cast. de Wenceslao Roces, *Introduccion a la filosofia del derecho*, 4.ª ed. cast., México, FCE, 1974, máx. p. 134 ss.; mais subtilmente, porém, Michel VILLEY — *Réflexions sur la Philosophie et le Droit*, cit., p. 292.

[186] Cf., por todos, além dos citados nas notas 169 e 170, Peter GOODRICH — *Reading the Law*, Oxford, Basil Blackwell, 1986; Ian WARD — *Law and Literature*, in "Law and Critique", IV, 1, 1993; R. WEISBERG — *The Law-Literature Entreprise*, in "Yale Journal of Law and Humanities", n.º 1, 1988; James Boyd WHYTE — *Law as Language: reading Law and reading Literature*, in "Texas Law Review", n.º 60, 1982; e a publicação *Cardozo Studies in Law And Literature*.

Em todo o caso, as disciplinas multiplicam-se, as publicações aumentam em flecha, os encontros internacionais são multidão. Uma reunião da Associação internacional de filosofia social e política ou um único número da sua revista (e ele há hoje tantos *fora*, e tantas revistas de grande qualidade nestes domínios) é um *forum* multicolorido de diferenças, unidas todavia no objectivo de conhecer melhor e mais profundamente a realidade imperante mas complexa, e por vezes até enganadora, que é o Direito.

Uma realidade verdadeiramente misteriosa, cujo mistério, sem ser jamais desvendado, só pode ser todavia sondado pelos esforços contínuos e renovados da Filosofia jurídica.

Lição n.º 6

TEORIA E PRÁTICA

"O filósofo é um[a] personagem que sabe esperar e, sobretudo, sabe esperar o cadáver do seu inimigo, o homem hábil, prático, satisfeito e seguro de si próprio."

Daniel Innerarity — *A Filosofia como uma das Belas Artes*, p. 25.

TEORIA E PRÁTICA

1. PRIMADO DA PRÁTICA DA FILOSOFIA DO DIREITO

Com todas estas circum-navegações em torno na Filosofia do Direito ficamos com a imprensão que nem sequer a definimos. Grave lacuna para o pensamento mais sistemático.

Cremos, porém, que não será sequer agora que iremos responder a esse desafio. Sobretudo agora, depois de termos visto tudo o que vimos já. Seria sacrificar a um ritual que padece, vistas as coisas como o foram, de uma certa ingenuidade.

Para que serve, realmente e afinal, uma definição de Filosofia do Direito?

Para determinar um objecto, os seus limites, enfim...

Mas não vamos nós — *tant bien que mal* — sabendo já o que isso é, o que significa, como se vai fazendo?

Uma definição — ou algo de semelhante — poderia ser um exercício quiçá divertido, quiçá fastidioso, e, sobretudo iria acrescentar mais uma definição ao rol infindável das existentes. Esse o maior pecado: aumentar o número das páginas a ler, sem todavia contribuir para qualquer progresso dos conhecimentos. Já no *Ius civile* romano as definições eram perigosas — porque sujeitas a subversão, ou alteração[187]: que fará na Filosofia Jurídica e nos nossos dias!

Se ao longo destas lições, por descuido, foi sendo elaborada, ou por qualquer modo se foi esboçando, ainda que inconscientemente, alguma definição de Filosofia do Direito disso pedimos desculpa, e solicitamos que a risquem do livro e apaguem da memória. Com efeito, tal como Francisco Puy, pensamos que

[187] IAVOLEUS — *lib. 11 Epistularum* = D. 50, 17, 202: *Omnis definitio in iure civili periculosa est: parum non est anim, ut subverti non posset.*

"A lo que ahora interesa, el cambio significa que me niego a seguir hablando, pensando, enseñando o discutiendo sobre lo que es la filosofia del derecho... porque lo que quiero es hacerla."[188]

O importante, em Filosofia do Direito é fazê-la. O importante é viver o Direito acompanhado por ela. As teorias sobre o que seja ou não seja podem ajudar-nos a treinar a capacidade abstractizante, especulativa ou retórica. Mas, mais que Filosofia do Direito propriamente dita, serão Filosofia da Filosofia do Direito. Logo, talvez sejam Gnoseologia, e mais especificamente porventura Epistemologia da Filosofia jurídica. Mas podem ser ainda especulação ontológica ou metafísica sobre o seu ser, evidentemente. Ou ainda...

Paramos o raciocínio. Realmente, esse concreto problema é muito importante?

Não o cremos. O formalismo, o racionalismo, o cartesianismo, o sistema, etc., podem ser cómodos, e poucos filósofos passam sem eles. Mas não serão, em boa medida, o contrário da atitude livre, arriscada e sempre problematizante do filosofar?[189]

Vamos contraditar agora um pouco (e só aparentemente, de facto) o que disséramos sobre a "descansada vida", contemplativa e quase se diria ataráxica, a qual seria apanágio e recompensa dos labores mentais e da atitude face à vida e ao mundo do filósofo do Direito, ou do aprendiz de filósofo...

Há descanso e não o há. Há-o, enquanto o jusfilósofo, tal como o filósofo em geral, não tem cuidados com a fama, a glória, o poder, o dinheiro, e, em geral, todos os bens materiais, palpáveis e normalmente alvo da cobiça desses que demandam o curso de direito por quererem vir a ser ricos... sem saberem matemática.

Mas também não o há: a sua vida pode não ser nada descansada. Nada mesmo. O aguilhão permanente da reflexão e da concomitante acção não deixam ao aprendiz da Filosofia do Direito as mínimas tréguas. Se é docente, nunca tem férias — como poderia tê-las?[190] Se é jurista de foro, também se não dá descanso: pois não há sempre um

---

[188] Francisco PUY — *Topica Juridica*, cit., p. 795.

[189] Michel VILLEY — *Réflexions sur la Philosophie et le Droit*, cit., p. 8, que começa significativamente assim: "La philosophie est ennemie des systèmes".

[190] Michel VILLEY — *Réflexions sur la Philosophie et le Droit*, cit., p. 369.

processo à espera de que, concretamente, se lute pela Justiça? Neste sentido, a principal concretização da filosofia, nos práticos, será uma prática imbuída da sua *sagesse*, da *sagesse* que só se adquire tendo filosofado[191].

Muito heterodoxamente o afirmamos — mas a verdade é que filosofar o Direito, sendo já de si um acto de independência, o que implica, aos olhos de alguns, sempre alguma rebeldia, não pode nunca quedar-se (e jamais se queda, verdadeiramente) pela especulação estéril: é acção. Filosofar é agir, pelo que a célebre tese de Marx sobre Feuerbach, criticando os filósofos pela não acção, só pode entender-se como um comprimento aos que, agindo, não filosofam. Sem a sua filosofia, que seria da acção de Marx! Isto, se fosse possível conceber uma sem a outra... Alguém disse que a biografia dos poetas é a sua poesia. Por maioria de razão a dos filósofos, *hélas*!

Pensar o Direito é o contrário de obedecer acriticamente ao direito instituído, constituído[192]. Porque é procurar o Direito justo.

2. EXPERIÊNCIA DA FILOSOFIA DO DIREITO

Importa parar de novo e voltar a reflectir: só nos podemos dar ao luxo de não definir Filosofia do Direito porque durante uma meia dúzia de horas estivemos a conversar em torno dos seus problemas — e, desde logo, dos problemas que se põem aos significantes da sua decomposição analítica mais elementar (Filosofia, Direito), os que relevam da sua relação geral com o Direito e com a Filosofia, etc.. Tivemos ainda ocasião de escutar o testemunho de vários especialistas da matéria, apreender-lhes o estilo, o tom. Conhecer não só a filosofia, mas também os filósofos.

Mostrado o laboratório e o processo de fabricação conceitual, o resultado é sempre mais acanhado que as forças entretanto conjuradas — que ser aprendiz de filósofo tem similitudes com ser aprendiz de feiticeiro: está pelo menos sujeito às mesmas desventuras.

---

191 Mais pessimista quanto à prática da filosofia do direito pelos juristas de carreira jurídica, Michel VILLEY — *Réflexions sur la Philosophie et le Droit*, cit., p. 30.

192 António HESPANHA — *História das Instituições*, Coimbra, Almedina, 1982, p. 454: "A atitude do voluntarismo não é, de modo algum, *pensar* o direito, mas, em vez disso, obedecer ao direito."

Compreendemos agora melhor o que significa, verdadeiramente, o primado da prática na Filosofia do Direito: é que a prática dela é já, naturalmente, uma prática teórica, filosófica. Uma teoria abstracta seria ainda, certamente, filosofia, mas bem menos interessante, porque decerto apriorística. Dessas filosofias a que certos senhores, só decerto chamados filósofos mais tarde, se entregaram nos ócios de longas e frias noites de insónia, dissertando em cómodo roupão e junto da lareira sobre a estrutura íntima do universo ou as leis mais profundas do ser moral.

O convite para o castelo da Filosofia Jurídica talvez requeresse uma diferente persuasão. No final desta exposição, confessamos haver duvidado — é pelo menos atitude sã em filosofia — se o didactismo utilizado, algo sistematizador, apesar de tudo, não seria com vantagem substituído por provocação mais directa — por exemplo, disparando com eloquentes exemplos de injustiça que provocassem o irromper da indignação e a vontade de uma devoção ao Justo[193].

Mas não. Não esqueçamos que não é tanto o sentimento de justiça que se pretende com estes estudos acordar (porque inere à natureza humana), mas sobretudo o hábito ou a virtude de bem pensar para bem agir em Direito.

Donde o início primeiro teria que ser mesmo um apelo à razão, e não ao sentimento.

Mas nunca será demais dizê-lo: não se espere da Filosofia, nem da Filosofia jurídica, a solução. Todavia, muito menos ela pode vir da ciência cega, e menos ainda da técnica. Não há solução, em última análise, para os grandes, os principais problemas. Pode, é certo, ir havendo soluções concretas para problemas circunstanciais, as quais inevitavelmente engendrarão novos problemas. Ou, se preferirmos: a solução não é deste mundo[194]. Isso seria, de algum modo, o fim da História, e da historicidade humana: quem utopicamente o tem proclamado, na verdade só tem violentado o real e o curso natural das coisas, piorando os males e não encontrando remédios.

---

[193] Fizemos isso aquando da segunda fase da nossa regência de Filosofia do Direito: começamos por estudar, nas aulas, o *Calígula*, de Albert Camus. É uma experiência inolvidável.

[194] Michel Villey — *Réflexions sur la Philosophie et le Droit*, cit., p. 18.

Nesta ordem de ideias, mais radical, a Filosofia é uma linguagem, e é uma metodologia.

Mas expressão de quê e caminho para onde?

3. CONCEPÇÕES TELEOLÓGICAS DA FILOSOFIA DO DIREITO

Em rigor, podem conceber-se três tipos de Filosofia do Direito consoante o seu *telos*. E vimos já *supra* que este elemento é essencial, cada vez mais essencial, na configuração de uma disciplina, de uma *episteme*. Podem pensar-se três finalidades fundamentais da Filosofia do Direito. Cada caminho corresponde a um objectivo, e tende a traduzir-se numa linguagem própria, que plasma os conceitos que foi forjando (ou os tópicos de que se foi servindo) para exprimir essa última finalidade.

3.1. Conhecer e Descrever

Uma finalidade meramente *cognoscitiva e descritiva*, e assim a Filosofia do Direito ocupar-se-ia sobretudo de saber o que é o Direito, de forma sobretudo fenomenológica, e quais são as suas problemáticas e angústias, com recurso sobretudo à dogmática e à sociologia jurídica. Nesta modalidade, o jusfilósofo procurará sobretudo a inocuidade perceptiva, e a objectividade interpretativa. Os valores, no Direito, só poderiam ser tratados, no limite, enquanto conhecimento de valores, genealogia dos valores, sociologia dos valores. Sem qualquer intervenção qualificadora ou valorativa da parte do observador, que nessa posição se ateria.

Sabemos que esta posição é, mesmo do ponto de vista estritamente científico, muito duvidosa. Esta "castidade metódica", como disse alguém, é realmente falsa: o amoralismo, mesmo em filosofia, esconde frequentemente o imoralismo (nem sempre, mas nas questões mais graves, muitas vezes); por outro lado, é um intento votado ao fracasso — porque sempre nos apaixonamos (ou odiamos, ou toleramos...) o nosso objecto de estudo. Ser Homem (e também filosofar) é tomar posição. Suplício de Tântalo o do filósofo que vê as coisas sem lhes tocar, ou as toca sem as saborear, ou as saboreia sem as valorar. Glosando uma linguagem bíblica, apetece dizer que essa é a forma de ser "ser morno"... Mas é este, obviamente, um exagero de estilo.

3.2. **Legitimar**

Uma finalidade segunda, que poderá ser considerada como algo fantasista dada a realidade normal dos factos a não contemplar explicitamente com frequência, todavia se revela muito útil no plano heurístico-retórico. Seria a de uma Filosofia do Direito que tivesse como finalidade conhecer o Direito profundamente, filosoficamente, mas para defender o Direito injusto.

Poucos terão tido a coragem de o proclamar, até porque para defender a injustiça não é precisa muita filosofia.

Todavia, ao lermos alguns interlocutores dos diálogos platónicos, e *O Príncipe*, de Maquiavel (ou, para sermos franco, mais algumas das suas interpretações que o original, obra de Mestre[195]), ficamos com a impressão de que é possível um discurso filosófico, ou com ele aparentado, na defesa de uma ordem de força e de vilania, com o intuito a sustentar. Contudo, normalmente as filosofias jurídicas legitimadoras são mais subtis, apresentando simplesmente o mal como bem, nesse processo justificador e propagandístico.

A vontade de legitimação afecta sobretudo as matérias mais sensíveis da vida política. Às ciências naturais chegou já a ideologia. E há quem receie que a redoma das matemáticas não resista ao assalto de um pensamento *pro domo*. A história do pensamento mostra que tudo foi já "provado", bem como o seu contrário. Os interesses e os humores pessoais, grupais, ou de identificação simbólica comandam as opiniões: o que é grave para o homem da rua, mas gravíssimo (e igualmente verificado) quando se trata de um intelectual. André Maurois escreveu sobre esta refrangência do espírito páginas admiráveis que dariam para meditar muito. Lembremos apenas algumas linhas:

"Tout ce qui favorise nos passions nous semble vrai; tout ce qui les contrarie nous met en rage [...]

Certains se croient indépendants de leur milieu ou de leur pays, parce que les événements de leur vie ont inspiré des sentiments de rébellion. Mais l'hostilité n'est pas une garantie d'indépendance. C'est au contraire une forme aiguë de prévention. L'écrivain qui a souffert d'une enfance opprimée fera figure d'esprit libre en attaquant

[195] Cf. o nosso *Repensar a Política Ciência & Ideologia*, 2.ª ed., cit., p. 165 ss.

la religion et la famille, mais sa révolte sera une révolte d'esclave. L'émigré croit faire preuve d'independance quand il attaque le tyran; mais est-il qualifié pour juger un régime et un pays qui l'ont maltraité? [...] Les uns pensent avec le clan; les autres contre le clan. Ce sont deux formes différentes, mais équivalentes de prévention"[196].

Um travo de pessimismo daqui resulta. É certo que a nossa circunstância nos dita muito o agir. Mas é possível quebrar os guilhões das muitas e ardilosas escravaturas que nos enleiam. E é preciso proclamar a esperança da Liberdade. Ainda que ela seja dificílima de alcançar. Devemos lucidamente compreender as radicações e as genealogias das ideias e dos posicionamentos, e chegar a esse conhecimento com dúvida e com crítica — sempre. Mas é mister ultrapassar essa fase. Caso contrário, tal levaria, objectivamente, muita água ao moinho do quietismo, da resignação e do sono da razão. Lembremos Montesquieu: a tirania começa com a sonolência (a passividade) dos cidadãos.

3.3. **Compreender e Valorar**

Se é possível uma filosofia da injustiça (agora no sentido da sua defesa) — e sendo o mal o perverso imitador do bem, só existindo por negação, e, consequentemente, só cativando quando se faz passar pelo bem — mais possível ainda é uma filosofia da justiça. Isto é, uma Filosofia do Direito que se não quede, como num empreendimento simplesmente informativo, por conhecer as profundezas do Direito olvidando o seu carácter de positivação humana da Justiça, de demanda permanente da Justiça (ou apenas a este carácter integrando numa perspectiva fáctica e com o distanciamento etno-sociológico). Mas que, compreendendo que o Direito não é só aparência, corajosamente arroste com as críticas de subjectivismo e moralismo e não se sabe que maiores abantesmas, indo ao fundo do problema, e proclamando que o seu intuito é pensar o Direito e a Justiça. O que esta seja, o que venha a ser aquele, e quais as relações que ambos ligam.

---

196 André MAUROIS — *Un art de vivre*, Paris, Plon, 1939, pp. 22-23 (v. p. 21 ss.).

4. DIMENSÃO AXIOLÓGICA DA FILOSOFIA DO DIREITO

É esta a concepção axiológica da Filosofia do Direito, que claramente se opõe às restantes: à timidez da perspectiva fenomenológica, cognoscitiva e "pedagógica" e à perversidade da perspectiva dogmática, legitimadora.

Enquanto se nos enclausurarmos no casulo pseudo-bacteriologicamente puro do rigorismo anti-subjectivista, anti-metafísico, anti-axiológico, etc., obteremos do nosso trabalho, na melhor das hipóteses, um conhecimento formalizado, filtrado por operadores abstractos — um fantasma da realidade, já se ousarmos a proximidade com o objecto, sem medo de com ele profundamente dialogar, transportando sem complexos os nossos mais profundos eixos de análise (que todos os temos, ainda que eventualmente postos, uma vez ou outra, entre parêntesis), poderemos — se cuidadosos e rigorosos — aceder a uma muito mais vasta e rica forma de conhecimento, a compreensão. Ela abrirá portas onde outros estancarão, sem norte, ou vencidos pelos obstáculos epistemológicos que escolheram.

Não ficarão dúvidas a ninguém, pela exposição que precede, que concebemos, científica e passionalmente, a Filosofia do Direito a um tempo como reflexão e critério e inspiração para a acção. E que para ela reivindicamos o estatuto mais vasto de estudo crítico da ciência e da técnica do Direito, mas também da sua arte, dos seus valores e da sua prática[197]. Filosofia do Direito, pois, que se expande se justifica e se reencontra, pela intervenção crítica e valorativa do sujeito pensante, numa Filosofia da Justiça[198].

---

[197] O intuito valorativo desta concepção de Filosofia do Direito, que perfilhamos, nada tem de dogmático. Pois proclama desde logo a liberdade e a necessidade de todos investigarem e de formularem as suas concepções acerca da justiça no Direito. Não é tal questão nem de proscrever, nem de subverter, como para os defensores das demais perspectivas, mas ponto para discutir. Não sendo tal matéria passível de demonstração lógica, nem por isso se deve abandonar — pois é objecto por excelência do pensamento problemático, aporético, e lugar de fecundo exercício da retórica e, sobretudo da dialéctica, pela qual, sem obrigar a que ninguém fique persuadido, se poderá contudo ir debatendo e depurando até encontrar verdades não absolutas mas, como é próprio destas coisas, prováveis, plausíveis. As quais, porque assim são, ficam a aguardar a possibilidade de controvérsia.

[198] Em próximas lições, abordaremos as diversas atitudes filosóficas e as principais concepções filosófico-jurídicas.

Lição n.º 7

PAUSA PARA INVESTIGAÇÃO

"Se não entendes, escuso de te explicar."

Agostinho da Silva — *Reflexões, Aforismos e Paradoxos*, 148 (p. 17 dact.)

PAUSA PARA INVESTIGAÇÃO

Nas férias do Natal, ou melhor, na brevíssima pausa lectiva de Natal, em que, de permeio com as festas, já se perfilam no horizonte nevado as escuras promessas das primeiras frequências, o nosso professor de ficção roubou à família e ao descanso mais umas tantas horas diárias para pôr as suas fichas em ordem. É um grande vício, o vício do saber. E uma insensata paixão, a do estudo.

Não tem lareira — o seu magro salário não chegaria jamais para uma casa com lareira. Tampouco pode gastar muita electricidade. Colocou, assim, uma velha manta nos joelhos, e sentou-se à mesa, enganando o frio com altas combustões do espírito. Sublimações !...

Na sua mente, bailavam as palavras de Jorge de Sena:

"*Sento-me à mesa como se a mesa fosse o mundo inteiro*
e principio a escrever como se escrever fosse respirar [...]
À medida que escrevo, vou ficando espantado
com a convicção que a mínima coisa põe em não ser nada."[199]

O Inverno não é tempo para grandes descobertas: até a inspiração parece hibernar. Por isso, nesta quadra, trata-se sobretudo de um tricotar mental, um labor ronronante e até ruminante (Nietzsche fala da ruminação: a expressão está filosoficamente salva), o trabalho manual dos intelectuais. É pois o tempo das revisões de provas tipográficas, das arrumações dos escritórios, da classificação dos documentos, e do aumento e valorização do espólio — quer com novas leituras, sempre de lápis em riste para um sublinhado, e ficha à mão para um respigo, para uma citação, para uma síntese.

---

[199] Jorge de SENA — "Os Trabalhos e os Dias", in *Coroa da Terra*, 1946, recolhida em *Poesia*, I, 2.ª ed., Lisboa, Moraes, 1977, p. 84.

O trabalho intelectual é feito, para a maioria das criaturas, de 10% de inspiração e 90% de transpiração. Por isso é que o nosso professor muitas vezes se lamenta da distribuição nada equitativa de uma e de outra. Infelizmente, ele tem razão:

"Há quem se atenha ferozmente na sua quota-parte de inspiração, e nada faça para a melhorar, para a esclarecer, para a dotar de uma *longa manus*. Queda-se nos talentos que o Senhor lhe deu, e nunca os põe a render. Pode, quando muito, tornar-se num diletante curioso, excêntrico. Mas nunca num verdadeiro intelectual sério. A maior parte das vezes, porém, será uma pessoa inteligente mas fundamentalmente ignorante, porque inculta.

Há, por outra parte, quem não tenha sido lá muito bafejado na distribuição natural das prendas mentais, e o mais que pode fazer é atirar-se com afinco ao trabalho braçal do intelecto.

Mas, entre os dois, graças aos céus, ficam aqueles que, não sendo destituídos de chispa, não descuram o carregamento dos pianos do espírito — e são pesados. Todos os pianos são pesados. E os que, diligentes, regulares, cumpridores dos prazos e devotos dos relógios de ponto, um dia são bafejados com uma iluminação, e acabam por adquirir assim alguma originalidade e começar a dar sinais da gestação de certo talento."

Estas eram as reflexões que ia, em volutas mentais, traçando nos ares do seu pensamento, o nosso professor. Bebeu um pouco do seu chá — outra forma de enganar o frio, esta menos platónica —, afiou o lápis, finíssimo, com o velho canivete de escuteiro, e observou o material que tinha diante de si.

Pilhas de livros, em formas caprichosas, torres de pequenas tiras de papel de velhas provas recicladas em fichas, folhas brancas em que se notava, à transparência, no verso, a primeira impressão, uma nebulosa de materiais familiares e, contudo, sempre cheios de surpresas.

"Devo concentrar-me na aula de síntese de depois das férias." — Pensou. E, tal como nós, sorriu-se da palavra *férias*.

Mas a tentação, sedutora e serpenteante, apossou-se da sua curiosidade, e ficou a mirar e a remirar algumas fichas, com um deleite marasmódico, numa contemplação quase mística — se místico é o sairmos deste mundo e concentrarmo-nos apenas numa transcendência. Magnetizado; melhor, embalado.

É este um dos poucos — mas dulcíssimos — prémios da actividade intelectual séria e dedicada. São os êxtases do espírito, que pouco ou nada custam de material, ou melhor: aparentemente são gratuitos, mas consomem toda a vida. O Doutor Fausto que o diga.

O nosso professor recordou, além dum texto de Ribeiro dos Santos que lera aos seus alunos, ainda este outro. Sabia-o quase de cor. Repetiu-o, quando se sentiu saciado no seu banquete, feito de um arco-íris de iguarias, ou seja, de referências:

"*No meu gabinete tenho maiores delícias do que posso achar lá por fora. Nelle ajunto huma assemblea escolhida de pessoas, as mais bem instruídas nas sciencias, mais engraçadas na conversação, e mais distintas na eloquência. Ninguém me falta à hora que quero: tenho tal felicidade, que sem escandalizar a ninguém, só falla aquelle de quem eu faço mais gosto. Se estou em hora de gostar das delícias do Parnaso, tenho poetas admiráveis; se quero notícias de países remotos, sempre há quem me informe com miudeza e verdade. Se me recrea a História, tenho arte para fazer vir diante de mim os heroes mais famosos que produzirão os séculos: e que no curto theatro de minha casa representem os mais raros sucessos, que acontecerão no mundo*"[200]

"Bom. Como irei despertar nos alunos esse gosto por ler, por reflectir, por pensar, por conversar, por escrever, e por todas essas coisas ao mesmo tempo, e sem que nenhuma seja prejudicada por uma outra?"

Sussurrava-lhe ao ouvido da alma uma réplica do Estrangeiro das *Conversações com Diotima*. Havia nessa recordação algo de pretencioso da sua parte. O murmúrio transcrevia a resposta àquela pergunta de Diotima se o seu interlocutor incluiria entre aqueles que não podem melhorar "os que não encontraram um mestre que os formasse":

"[...] *Quantos homens terão passado na vida, com as almas preparadas para as mais belas aventuras, e não tiveram quem os despertasse, quem fizesse ressoar, nos peitos vagamente ansiosos, as primeiras*

[200] Teodoro de ALMEIDA — *O Feliz Independente do mundo e da fortuna ou arte de viver contente em quaisquer trabalhos da vida*, 2.ª ed., Lisboa, Régia Officina Typografica, 1786, 3 vols., I, p. 65.

notas dos cantos celestes e divinos. Como o justificam os deuses? Diotima, Diotima, porque há homens que são escravos na alma? [...]"[201]

Resolveu não se decidir a tal propósito. Isso de mestres e discípulos era coisa muito complexa. E o mundo de hoje, normalmente, já pouco ou nada tem a ver com isso. Subiu então a um banco que lhe fazia de escada, e bem no alto de uma modesta estante de pinho, lá descobriu uma preciosidade, os *Ensaios* de Bacon.

Vou ler-lhes isto — pensou:

"*Ler amadurece o espírito, conversar adestra-o, escrever torna-o exacto; portanto, se o homem escreve pouco, necessita de grande memória; se conversa pouco, de vivacidade intelectual; e se lê pouco, de muita astúcia para simular que conhece o que não conhece. A história faz o homem sábio; a poesia engenhoso; a matemática subtil; a física profundo; a moral grave; a lógica e a retórica apto a discutir.*"[202]

E volveu o nosso mestre-escola de si para si:

"Curioso que não figure aqui a Filosofia, nem o Direito...". Mas estancou. A sua velha aliada e companheira, a memória, recordou-lhe que lera em Bacon precisamente algo sobre isso. Folheou o seu volume mais à frente, e topou com este novo texto, da segunda edição dos *Ensaios*:

"[...] "*Ler amadurece o espírito, conversar adestra-o, escrever torna-o exacto; portanto, se o homem escreve pouco, necessita de grande memória; se conversa pouco, de vivacidade intelectual; e se lê pouco, de muita astúcia para simular que conhece o que não conhece. A história faz o homem sábio; a poesia engenhoso; a matemática subtil; a filosofia natural profundo; a moral grave; a lógica e a retórica apto a discutir.*"[203]

---

201 Agostinho da SILVA — *Conversação com Diotima*, Famalicão, s.e., 1944, pp. 16-17.

202 Francisco BACON — *Ensaios*, 2.ª ed., trad. port. e prefácio de Álvaro Ribeiro, Lisboa, Guimarães, 1972.

203 *Ibidem*, p. 219.

Esmoreceu. Realmente Bacon falava em filosofia, mas filosofia natural. Não era a pura Filosofia.

Tocou-lhe no ombro a memória, uma vez mais: porquê esmorecer? Estava certo de que lera sobre filósofos e juristas.

E a resposta chegou logo ali, confirmando-se ao dobrar da página:

"*Não há obstáculo ou impedimento na inteligência que não possa ser vencido por estudos adequados [...] se o homem tiver o espírito distraído deverá estudar matemáticas, porque nas demonstrações, logo que o espírito se distrai um pouco, vê-se obrigado a recomeçar; se não tiver espírito apto a fazer distinções ou a achar diferenças, deverá estudar com os escolásticos que são* cymini sectores [cortadores de grãos de cominho, diz o tradutor]; *se não tiver disposição para saltar sobre as matérias, e chamar uma coisa para provar e ilustrar outra, deverá estudar os juristas e os casuístas. Assim, para cada defeito da mente se pode obter uma especial receita.*"[204]

Como são pueris os humores dos intelectuais! O nosso professor exultou de alegria, apenas por ter reencontrado este texto, em que se juntam as qualidades ou os remédios do espírito facultados por filósofos (escolásticos) e juristas. Tão simples e tão difícil de contentar, o ânimo de um intelectual! Os intelectuais devem ser os visados, verdadeiramente na tirada crística do "deixai vir a mim as criancinhas". Que ingenuidade! Que pureza!

Ficou a mirar as frases como quem contempla um diamante multifacetado de brilhos, em deleite sem fim. E, como a função do investigador é pôr perguntas, observando singularidades, enquanto maquinalmente cumpria o ritual de preparar o retorcido cachimbo para mais umas fumaças indagadoras (dir-se-ia que dele saíam espirais de interrogações), pôs-se a matutar:

"No fundo, para Bacon, o bom filósofo distingue sempre — como no brocardo latino. E é o estudo das distinções, das diferenças, das particularidades, logo, das subtilezas e ardis das coisas, do erro do senso comum que sobretudo importa na Filosofia. Devemos treinar-nos na Filosofia para não sermos enganados."

---

[204] *Ibidem*, pp. 219-220.

Como a mente procede por contraste, tanto como por analogia, leu numa voluta gasosa esta pergunta, que o feriu como uma frecha:

"E não serão os estudos de Direito sobretudo feitos para enganar? Para enganar os outros?"

Tentação da simetria das ideias e das frases, terrível abismo. E ainda por cima recordou Nietzsche sobre a prática ladina, matreira, do Direito... Calmamente, resistiu o nosso professor à tentação, e foi reler o trecho do antigo Chanceler de Inglaterra. Pois Lord Bacon, responsável por importantes reformas da *Equity Law*[205], seria capaz de o sugerir sequer?

Depois da releitura sentiu-se mais tranquilo. Tomou então no seu bloco de notas o seguinte apontamento, numa caligrafia certa e elegante, único prazer gráfico que lhe restava agora, desde que, por imperativo da carreira, deixara de desenhar e de pintar. As carreiras são frequentemente amputadoras de muitas prendas e dotes para além dos estritamente conexionados com o trabalho principal. E depois exige-se flexibilidade a quem foi anos e anos formatado para se tornar especialista... A caneta ágil traçou os seguintes signos no papel alvíssimo:

"*Filosofia e Direito, sob a inspiração de Bacon* (Apontamento para um possível pequeno ensaio) — A Filosofia serve para distinguir, e aperceber diferenças, logo, para não nos enganarmos. O Direito, a arte dos juristas, tem como meio a inter-relação das matérias, é uma ciência enciclopédica, e uma ginástica do espírito. Treina-o nessa metáfora (transporte, em grego), e nisso ganha o espírito de qualquer um. Mas aquilo para que servem uma e outro, para além de adjuvantes na formação do Homem integral, é muito curioso ["curioso", "interessante", palavras de intelectual — eterna criança maravilhada, encantada; isto dizemos nós, em comentário, não o professor]. A prática escolástica da Filosofia é técnica e sabedoria que nos protege das opiniões vulgares e nos impermeabiliza ao convencimento por parte dos demais. O exer-

[205] Cf., *v.g.*, os nossos artigos *Common Law*, *Equity*, e *Equity Law*, na *Verbo - Enciclopédia Luso-Brasileira de Cultura*, edição "século XXI" Lisboa/S. Paulo, respectivamente vol. VII col. 586 ss., e vol. X, col 545 ss. e col. 547 ss., ambos de 1999.

cício prático do Direito pelos juristas, na variedade dos exemplos que conseguimos convocar a depor em defesa dos nossos pontos de vista, fornece-nos armas argumentativas para convencermos os demais. Ora aí está a simetria das funções."

Sentiu-se satisfeito ao terminar a redacção de mais esta roseta para o seu grande bordado erudito. Recordou os tempos em que fizera as suas teses, e como as notas de rodapé viviam destes encontros, por vezes fortuitos, com boas ideias, boas referências. Elevou o pensamento às alturas, e pensou no seu anjo (mensageiro, em grego), que tantas preciosidades lhe levava. E não pôde deixar de se maravilhar com esse *camino que se hace caminando*, que é a investigação e a escrita. Não tinha a mais pequena ideia daquilo de que iria lembrar-se, muito menos do que acabaria por encontrar, e todavia tudo lhe veio à mão sem o menor esforço.

De novo desconfiou da facilidade. Não há colher sem semear. O que colhera, houvera sido sugerido por uma pista, e essa pista deitara-a ele à terra da sua cultura há muitos, muitos anos, era ainda adolescente liceal, quando se pusera a ler os *Ensaios* de Bacon pela primeira vez. Sem essa sementeira, e sem o treino da relacionação permanente (como jurista que se prezava de ser) nada disto teria sucedido.

Lá fora, as inundações e o trovejar, não sobressaltaram a paz que sentia. Recordou apenas que tinha que falar ao senhorio para compor o telhado. E ficou apreensivo pelos seus livros, quando o seu olhar, insensível a tanta ataraxia, o levou para um canto da sala, maculado por uma feia mancha de humidade.

O sistema de segurança de intelectual tocou o alarme: ante a dificuldade em ir falar com o senhorio, melhor, o administrador dos bens do senhorio que nem bem sabe quem seja, concentrou-se em obstáculos ainda mais intransponíveis — e contudo mais familiares. Um leve subconsciente crítico lhe recordou a diferença abissal entre o homem que pensa com coisas materiais, numa palavra, que pensa com as mãos, e o que pensa com palavras, ou seja, com o espírito. E saltou-lhe no computador mental imediatamente uma ficha, que nunca escrevera, mas de que se recordava bem:

"O *homem que pensa com as mãos tem sobre o universo uma acção limitada. Apenas pode actuar sobre aquilo em que toca. O homem que pensa com as palavras pode pôr em movimento, sem esforço, povos, exércitos, continentes.*"[206]

Foi isso que fez: a sua preocupação como que saltou da humidade para a humanidade:

"Mas tenho que estar precavido contra os ardis tecnicistas, tecnocráticos, e, enfim, positivistas. Os estudos de Direito são hoje, infelizmente, até muito tarde, até à cadeira de Filosofia do Direito, sobretudo pautados pela exigência de memorização dos grandes códigos e das principais leis, e pouco mais. Este tipo de "adestramento" vai necessariamente causar muitas incompreensões, naturalmente." De tal maneira a formação tecnocrática é avassaladora, que se chega a duvidar das possibilidades de elementos de uma formação alternativa conseguirem sobreviver e alterar alguma coisa. Perpassam, até nuvens de pessimismo e tentações de desistência. — ponderou.

Foi então que o seu anjo da guarda, que, como sabemos, é excelente bibliófilo, lhe pôs diante das lunetas, quase a derraparem do fino nariz, um volume de José Régio, que abriu maquinalmente. O texto pareceu-lhe uma excelente ilustração da atitude e da mentalidade do positivismo jurídico legalista e mecanicista, esse em que normalmente é educado e treinado o jurista (e o cidadão comum):

"[...] — *O senhor não pode estar aí.*

— *Porquê ? [...]*

— *É o recreio dos pequenos.*

— *Mas eu não estou no recreio dos pequenos!*

— *Está a olhar para lá.*

— *A olhar?! faz algum mal?*

— *Não pode. São ordens.*

— *Não sei porque puseram aqui um banco...— resmungou Lelito. Corou ainda mais, e levantou-se. Mas o senhor Barroso estava diante dele, tomando-lhe o caminho.*

— *O senhor não deve discutir as ordens que lhe são transmitidas.*

— *...Nem pode ler folhetins.*

---

[206] André MAUROIS — *Un art de vivre*, cit., p. 12 (tradução nossa).

Lelito, que era mais alto, olhou-o com uma certa sobranceria:
— Não leio folhetins.
— Seja o que for.
— É um livro que o professor me mandou ler. Não tenho tempo de o ler no estudo. [...]
— Esse seu professor não manda cá no colégio. É proibido ler nos recreios.
Lelito sentiu-se tremer. Fez um esforço e conseguiu articular:
— Hei-de ler na cama? Também é proibido ler no dormitório.
[...]
Está bem! — [...] — *contarei ao senhor director que o senhor é malcriado com os prefeitos.*
— Malcriado?
— Malcriado. E que anda o senhor metido pelos cantos? ora vá brincar com os outros, que não é mais que os seus colegas!
[...] Recomeçara o seu habitual e merencório passeio entre as árvores, quando ouviu ao lado:
— A menina *lê romances?* [...]"[207]

Ódio aos livros é sinal certo de uma psique autoritária, pragmática, utilitarista, endeusadora da eficácia, do sucesso, do dinheiro, do poder e da força. Claro que é uma visão simplista, esta. Mas muito muito comprovada pela estatística da nossa quotidiana experiência. Algum burocrata gosta de ler — ler mesmo? E que os outros leiam? Menos ainda. Há ditadores que podem gostar de ler. Mas, de uma forma ou de outra, proibem leituras, todos.

Pois é. Isto é tudo muito bonito, mas os alunos querem coisas concretas, querem "matéria", coisas para estudar."

Veio-lhe à memória um passo de Teixeira de Pascoaes, mas, procurando a referência completa nas suas fichas, não o encontrou: e penalizou-se, por não ter tido esse trabalho nos seus verdes anos. Assim, sem indicação da fonte, não a poderia utilizar. Pensou, porém, que vinha mesmo a propósito destes seus alunos, tão portugueses...

---

[207] José Régio — *A Velha Casa, I. Uma Gota de Sangue*, nova ed., s/l, Círculo de Leitores, 1993, pp. 11-13.

"O português não quer interpretar o mundo nem a vida, contenta-se em vivê-la exteriormente; e tem, por isso, um verdadeiro horror à Filosofia, imaginando encontrá-la em tudo o que não entende".

E concluíu:

"Por isso é que aqueles semi-analfabetos que, nas aulas, se limitam a soletrar o texto sincopado de uns acetatos feitos de uma vez por todas, respigando livros nacionais no mercado e mal traduzindo manuais estrangeiros, têm, entre as massas, enorme sucesso. Mantêm-nas ocupadas durante as aulas, e aí mesmo lhes fornecem as cábulas para os exames. Esses não precisam de investigar, de estruturar aulas, nem de saber expor: bastam-lhes as mágicas transparências."

Ficou de novo perdido, o nosso distraído mestre. Voou para novas especulações. Pensou como é divertido — e ao mesmo tempo dramático —, este tempo em que lhe foi dado viver. Onde precisamente são exaltados como magníficos métodos pedagógicos (com "audiovisuais", "novas tecnologias", etc.) precisamente aqueles que menos convidam os estudantes a pensar e a exercitar as demais faculdades do espírito. Aqueles que, no fundo, podem cativar, ou manter ocupados os alunos, mas não os despertam. Não os incitam a um pensar por si.

Depois, considerou que estava a exagerar, e que estes métodos não eram todos iguais. Fez fincapé na sua condenação, por princípio, dos acetatos, que transformam uma aula oral numa aula lida, e um texto fluente num mero sincopado de chavetas. Mas considerou que o ensino de línguas poderia ganhar com alguns audio-visuais. E o das Artes Plásticas. E o da Música. E a aplicação destas a outras matérias, desde que como ilustração. E lembrou ainda o vídeo e o cinema, e o teatro. E acabou pensando como é complexo e arriscado formular juízos tão gerais. Como á tantas excepções... E riu-se dos petulantes que julgam saber tudo e que querem posar para a admiração geral...

Olhou o relógio: Céus! Como se perdera pela noite fora! E amanhã deveria levantar-se cedíssimo, pois tinha mais uma reunião na Universidade.

Mesmo na pausa lectiva para investigação! Abominava reuniões. Porque é que nas reuniões de investigadores quase nunca se fala de investigação? — ainda não houvera encontrado a resposta, e já tinha demasiados cabelos brancos.

Bom, e havia essa aula de depois de "férias" a preparar.

Fez a si próprio o teste vital (costumava chamar-lhe "do algodão", quando estava bem disposto, ou "do espelho", nos dias mais merencórios). Consistia em perguntar-se, radicalmente, o que quereria ele dizer. O que desejava transmitir.

"Afinal, como vou eu encerrar esta matéria introdutória?" — perguntou, não com aquele cansaço prematuro dos sempre vencidos por qualquer problema, mas com a vontade de dar cheque-mate à dificuldade.

"Tenho diante de mim estudantes simpáticos, entusiásticos, inteligentes, muitos deles, cheios de vontade de aprender e de ir mais além, mas a quem o sistema de ensino infantilizador e de massas, lisonjeador dos eleitores e feito para o inglês ver das estatísticas, confiscou essenciais instrumentos do trabalho intelectual.

Não sabem de línguas vivas senão uns rudimentos de Inglês. Por isso, estão-lhes vedados muitos universos do intelecto, não só porque não há traduções, como porque nunca se conhecerá a sério uma cultura e um povo se se não lhe perceber a língua. Estão-lhe vedados precisamente os textos das ordens jurídicas da família romanística, em que nos integramos. E isso é terrível como privação.

Não sabem muito de matemática, e até de informática. Pelo que o rigor do espírito que já Bacon via nessa dura exercitação da mente, neles se encontra muito distendido. Quantos têm dinheiro para ter a Internet em casa? Mais um exemplo da plutocracia.

Das línguas mortas, nada. Elas poderiam ter contribuído para suprir a falta das ciências exactas, com as suas gramáticas exigentes. Mas se nem o Português dominam pefeitamente! Quantos me confessam que, quando lêem os meus livros, têm de estar com dicionário ao lado, e muitas palavras não as encontram lá. Devo tê-las inventado, pois!

De História, não aprenderam senão uns cortes saltitantes no trapézio do tempo, umas estruturas sem nomes e sem datas, e uns nomes e datas sem estruturas. Há-os que se riem se lhes perguntarmos quem foi o primeiro rei de Portugal. "— Para que interessa isso?" — dizem, ou, se não dizem, pensam. Sim, na verdade, para que interessa tudo? Interessa é a humidade na minha casa. Interessa é a conta da luz que ainda não paguei. E se me cortassem a luz e eu não pudesse trabalhar à noite?

De Filosofia, também que aprenderam? Houve tempo em que se dava no Liceu, à escolha, o método de uma ciência e dois filósofos, e pouco mais. E mesmo assim, aprendia-se. Era um programa ridículo, mas mesmo assim aprendia-se. O que se aprende hoje?"

Lá vinha a caturrice pedagógica do nosso professor. Não se consegue livrar deste tique. Fez um dia uma jura, mas é superior a si. Está-lhe na natureza — acredita na educação. É um iluminista, sem o querer ser.

E lá ficou a lamentar-se consigo mesmo de não se aprenderem na escola secundária todas as metafísicas, e o dobro da lista de filósofos clássicos que nós apresentamos *infra*, para leituras de toda a vida.

Depois de fazer um rol do que não sabem os alunos, desde a Geografia à Física, da Ciência Política à Antropologia, concluíu:

"Sem estas bases, não sei se terão aprendido alguma coisa de tudo o que lhes disse até aqui. Sorrisos inteligentes e observações pertinentes não costumam enganar. Mas o que dizer de uma cerviz inclinada a tirar apontamentos? Aplicação, sem dúvida. Receio? Talvez. Timidez? Só um tanto. São alunos finalistas. Mal deles se são tímidos. A maioria esmagadora tentará ser advogado. Já viram advogados tímidos? Ou antes: já viram tímidos advogados?"

A cabeça doía-lhe. Os olhos, como dois archotes de vigia aos livros, ardiam e ardiam-lhe. Subia em si um mal estar indefinível, e deu-lhe para meditar sobre o seu tempo. Este nosso professor era muito lido, e acabava por quase só pensar por citações. O que, para quem saiba algo de tópica, acaba por nem ser uma grande novidade face ao comum das pesoas — só que ele sabia quem tinha escrito o que, na sua cabeça, novamente se pensava. Parecia-lhe isso uma vantagem. Recordou, com a refrangência da memória e da tradução, um trecho da *Einführung in die Metaphysik*, de Heidegger. Parecia-lhe ser o melhor diagnóstico do tempo em que vivia:

"A decadência espiritual do mundo encontra-se já tão avançada que os povos estão sob a ameaça de se verem privados da derradeira força espiritual, aquela que lhes permitiria pelo menos ver e considerar como tal esta de-cadência (concebida na sua relação com o destino do 'ser'). Esta simples constatação nada tem a ver com pessimismo

relativo à civilização, como nada tem a ver com optimismo; porque o fenecer do mundo, o êxodo dos deuses, a destruição da terra, a gregarização do homem, a odienta suspeição contra tudo o que é criador e livre, tudo isso já alcançou, por todo a parte, tais proporções, que categorias tão pueris como pessimismo e optimismo se tornaram de há muito ridículas."[208]

Havia, neste mal estar que sentia, latejando, e em crescendo, algo de que se acusava:

"Ainda lhes não expus suficientemente as doutrinas filosóficas adversas e as suas consequências no plano cultural e até civilizacional. Claro que lhes chamei já, no primeiro ano, a atenção para, por exemplo, o problema dos universais e do que isso vai repercutir-se na teoria do direito subjectivo, base do direito privado moderno, e da sua teoria geral da relação jurídica. Se não se lembrarem bem disto, não vão conseguir acompanhar depois..."

Interrompeu-se. Não podia "gastar" mais aulas a suprir a falta de formação.

"Eles terão que ler a bibliografia como autodidactas, senão nunca chegaremos ao ponto. Já me dizem que esbarram com muitos nomes que não conhecem, muitos conceitos que ouvem pela primeira vez. Mas algum estudo terá que ser feito fora da aula, não é?"

E, folheando as suas notas, concentrou-se num problema concreto, que o ocupava há alguns meses:

"Vejamos, por exemplo, logo a questão da terminologia e das classificações das correntes filosófico-jurídicas — que deriva, aliás, em última instância, de idêntico problema na filosofia pura.

Se nos concentrarmos na tese ou corrente dualista (e dizê-lo é já catalogar e optar interessadamente por uma designação), que é a que perfilho, e se nos limitarmos ao seu estudo (o que é já parcial, e poderá ser tido como tendencioso), mesmo assim a simples reflexão sobre o seu nome e sua inserção contextual poderá ser dramática, se

[208] Martin HEIDEGGER — *Einführung in die Metaphysik*, I.

não prevenirmos com êxito os estudantes de que cada designação, além de ter essa função, igualmente conota. E não é indiferente chamar a isto que eu penso sobre o Direito e a Justiça, uma posição dualista, ou jusnaturalista, ou de realismo clássico, etc..

Por exemplo, vou preferindo falar em dualismo a jusnaturalismo quando não pretendo polemizar, nem ser misturado quer com, por exemplo, jusnaturalismos positivistas[209], quer com esse falso jusnaturalismo (moderno, racionalista) que o positivismo inventou[210]. E também sou sensível à qualificação, embora jocosa, do jusnaturalismo como "afecção mental" por Michel Villey[211] e à recente hipótese de mudança de designação de "direito natural" para "direito vital" por Percy e Virginia Black[212].

Quando falo em realismo clássico, por irreverência natural [imagine-se: o nosso professor é irreverente!] preferiria dizer "neo-clássico". E este realismo, como é óbvio, nada tem a ver com as escolas realistas nórdica e norte-americana. Estas assim se chamam (tenho a tentação de dizer) porque o auto-baptismo em correntes que não são marcas, nem patentes...não paga imposto nem está sujeito a registo.

Evidentemente que a compreensão mais clara destas designações só se obtém por contraste com as suas antíteses.

Assim, afigura-se-me que jusnaturalismo se opõe sobretudo a juspositivismo. E, nesse sentido, claro que sou jusnaturalista.

Realismo opõe-se, neste contexto, a nominalismo. E é claro que sou realista nessa concepção. O mesmo não diria — fazendo um desses saltos mortais ilustrativos habituais nos juristas — do meu estilo

---

209 Cf., *v.g.*, Jean-Marc TRIGEAUD — *Introduction à la Philosophie du Droit*, cit., e o nosso *Tópicos Jurídicos*, 2.ª ed., Porto, Asa, 1995, p. 76.

210 Cf., *v.g.*, Jean-Marc TRIGEAUD — "Ce droit naturel que le positivisme a inventé", in *Métaphysique et Éthique au Fondement du Droit*, Bordeaux, Biere, 1995, p. 161 ss.. Do mesmo modo parece haver uma concepção de positivismo de que o positivismo se defende e que de modo algum é a dos verdadeiros jusnaturalistas. Por exemplo: estes não confundem juspositivismo e direito positivo. Cf. o nosso *O Ponto de Arquimedes. Natureza Humana, Direito Natural, Direitos Humanos*, Coimbra, Almedina, 2001, máx. p. 87 ss.. V. ainda Norbert HÖRSTER, *En Defensa del Positivismo Juridico*, trad. cast., Barcelona, Gedisa, 1993.

211 Michel VILLEY — *Jusnaturalisme — Essai de définition*, in "Revue Interdiscipinaire d'Etudes Juridiques", n.º 17, 1986.

212 Percy BLACK — *Challenge to Natural Law: the Vital Law*, in "Vera Lex", vol. XIV, n.os 1 e 2, 1994 [mas editado depois]; Virginia BLACK — *Ibidem*, última página.

ou das minhas preferências em Literatura. E se seria de bom grado realista neo-clássico em filosofia jurídica, já, com o devido respeito, nem por sombras quereria ser neo-realista em literatura, muito menos um neo-realista clássico.

Clássico em direito natural opõe-se a moderno. Sou, de facto, avesso ao jusracionalismo, que é o direito natural moderno — o qual não é muito mais que o anúncio pomposo e de cabeleira empoada do positivismo oitocentista.

Mais complicadas se tornam as coisas se considerar que esta visão que perfilho tem sido qualificada como metafísica (o que para uns é um insulto, e para outros uma confusão), e como idealista.

Compreendemos (os que temos contacto com estas coisas) o que se queira com isso dizer — embora não estejamos de acordo nem com o estigma, nem, frequentemente também, com a forma de sistematizar as coisas e com a maneira de ver o mundo a esta sistematização subjacente.

Pessoalmente acabo por pensar que estas qualificações jogam sobretudo para desacreditar (ideologicamente) uma posição filosófica. Porque confundindo-as com outras espécies do que dizem ser o mesmo género. É, pois, jogando na confusão que apostam.

Mas como explicaria isto aos meus alunos? — até porque *não sou filósofo*."

A palavra metafísica bailava-lhe no pensamento. Achou que deveria tornar as suas ideias mais rigorosas, e por isso se armou da sua caneta, velha arma. Desenhou a sua defesa:

"Se disserem que sou um metafísico, nego, ou rio-me. Se me perguntarem se a filosofia deve ser um jogo de gato e rato com as palavras, um cepticismo frio e sem alma, um xadrez entediante de conceitos assépticos, um encolher de ombros ante o transcendente, uma constatação reiterada da impossibilidade do conhecimento, enfim, uma maçada sem finalidade senão a tautologia e um emprego de ociosos sem esperança, negarei tal filosofia. Se isto é ser metafísico, sê-lo-ei de bom grado."

E, voltando ao seu método de definição por antinomias, insistiu:

"Se para se ser anti-positivista, e sobretudo anti-mecanicista, se deve ser metafísico, venha a metafísica. Já Leonardo Coimbra começara sintomaticamente a sua tese, *Criacionismo*, com um subtilíssimo elogio dos positivistas que é uma defesa da metafísica."

Foi buscar o livro, e divertiu-se com a releitura:

"*Um dos benefícios, que o pensamento filosófico deve ao positivismo, é o da atenção que hoje desperta a metafísica. A metafísica inconsciente de uns (como os próprios positivistas) e a reflectida metafísica de outros eram feitas na tranquila confiança de quem usa um direito indiscutível. O pensamento metafísico foi envergonhado pelo pensamento científico, sempre em progresso e em afirmações de* pálpavel *fecundidade. O espírito alarmado olhou-se de novo, e, se reconheceu que a metafísica lhe é intranha, ficou sempre com a censura nos ouvidos, e hoje a sua metafísica é consciente e crítica, prudente e humilde, corajosa e honesta.*"[213]

Entusiasmado, o nosso Professor já quase juraria sobre a Metafísica. Foi então que recordou uma passagem de Kant. Era um texto que lera há muitos anos (recordava-o bem) numa antologia liceal:

"*Não devemos contar que o espírito humano renuncie um dia por completo às indagações metafísicas: seria o mesmo que aguardar que, em vez de respirar sempre um ar viciado, suspendêssemos um belo dia a respiração. Por conseguinte, haverá sempre no mundo, ou melhor, em todo o homem, sobretudo se ele reflecte, uma metafísica, que, na ausência de uma norma comum, cada qual talhará a seu grado; ora o que até aqui se tem denominado metafísica não pode satisfazer nenhum espírito reflectido, mas renunciar a ela por completo é também impossível; é necessário, pois, empreender enfim uma crítica da razão pura em si, ou, se alguma existe, perscrutá-la e examiná-la em conjunto; na verdade, não há outro meio de satisfazer esta exigência imperiosa, que é coisa muito diferente de um simples desejo de saber*"[214]

Voltou-se então para o ferrete de "idealista":

"A qualificação de "idealista" tem, nos diferentes sistemas, e na perspectiva filosófica de cada autor, não digo um significado novo, mas matizes novos, havendo ainda alguns grupos determinados de posições a tal respeito em que os autores se podem agrupar.

---

[213] Leonardo COIMBRA — *Criacionismo*, in *Obras de Leonardo Coimbra*, I, Porto, Lello, 1983, p. 5.

[214] I. KANT — *Prolegómenos*, *apud* Joel SERRÃO/Rui GRÁCIO (org.) — *Filosofia*, II, 8.ª ed., Lisboa, Sá da Costa, 1974 (Antologia), p. 257.

Realmente, ao contrário do celebrado Georges Politzer, cujos *Princípios Elementares de Filosofia*[215] (marxista-leninista) tinham já atingido entre nós cinco edições em 1975, em vez de radicalmente dividirmos os filósofos em idealistas (os que não têm razão) e materialistas (aqueles a quem a ciência pretensamente daria razão — e que, de todo o modo, a teriam sempre), poderíamos dividir os filósofos, cuidamos que com maior subtileza classificatória (e essa é a virtude que Bacon assinala afinal à Filosofia) entre os que pensam que tudo se resume à simples oposição espírito/matéria, e os que superaram essa dicotomia, aliás localizada, no tempo e no espaço.

Realmente, o materialismo dialéctico, em geral, enquista-se nessa oposição. E, não escondendo o secreto desejo de toda a filosofia a totalitariamente se identificar com a verdade, afirma mesmo que nem os "agnósticos" (cépticos, empiristas, criticistas, etc.) se poderão salvar. No fundo, eles tenderiam para o idealismo.

Uma velhíssima citação de Lenine, decerto de *Materialismo e empirocriticismo* (mas não teve paciência para confirmar — nem sequer no fundo de velhíssimas fichas), lhe ocorreu:

"*Raspai o agnóstico, encontrareis o idealista.*"

Pronto — confessou. É óbvio que se, para não ser idealista, é preciso ser materialista, sou, com muito gosto, idealista. Aliás... Não foi Lenine que escreveu

"úmnyi idealizm blije k úmnomu materializmu, tchem glúpyi materializm"?

E traduziu em voz alta, embora não se lembrando da fonte nem sabendo russo: "o idealismo inteligente aproxima-se mais do materialismo inteligente do que o materialismo medíocre"...

Riu-se das filosofias fanáticas do "quem não é por nós é contra nós" e perguntou-se porque ainda se chama filosofia à ideologia que resolve alargar o espaço da sua ditadura ao reino das ideias. Talvez apenas a título idêntico à consideração das religiões como primeiras filosofias[216]...

---

[215] Georges POLITZER — *Princípios Elementares de Filosofia*, 5.ª ed. port., trad. de J. Correia Tavares e M. José Tavares, Lisboa, Prelo, 1975.

[216] Cf., *v.g.*, Émile FAGUET — *Initiation Philosophique*, Paris, Hachette, 1913, p. 1.

Foi à terceira fila de livros da sua estante, lá bem ao fundo, e, à mistura com muitas curiosidades que não sonharíamos possuísse — lá encontrou o livrinho cor-de-laranja (pasme-se). Folheou, e deteve--se numa página e numa nota: novamente, sempre por acaso.

Imediatamente, e com um sorriso trocista, preparou-se para copiar como se fora um aluno bem comportado. Escreveu no topo: "IDEALISMO. Marxismo, Deus, Espírito, Matéria, Criação, etc...". Sublinhou meticulosamente estas "entradas", e verteu para a sua colecção:

"*Devemos prestar atenção à maneira como os idealistas põem os problemas. Afirmam que Deus criou o homem, quando vemos que foi este que criou Deus. Afirmam também, por outro lado, que foi o espírito que criou a matéria, quando vemos que foi, na verdade, exactamente o contrário. Há nisso uma maneira de inverter as perspectivas que devíamos assinalar.*"[217]

Escreveu ao lado, depois de assinalar a fonte. "*Ego*" — era o sinal para distingir o que era escrito seu, do que apenas citava:

"*Ego* — Deus meu! Como conseguem estes senhores dizer com tanto à vontade quem criou o quê? Realmente Leonardo tem razão. E Politzer, curiosamente, também. O primeiro, ao sugerir uma metafísica (anti-metafísica) a comandar o pensamento dos positivistas — neste caso, seria dos materialistas ditos dialécticos, nesta versão tipo catecismo. Mas já Kant parece ter sugerido algo de semelhante, num Prefácio da *Crítica da Razão Pura*. O segundo ao falar em inversão. A sua argumentação é apenas o pôr de cabeça no chão a teoria alheia. Ora se isso foi apregoado para a dialéctica hegeliana, como grande *trouvaille* do marxismo, não tem aqui nenhum resultado senão o poder retórico de um argumento feito de decididas antíteses, com invocação não provada dos dados dos sentidos ou da experiência — 'vemos', 'vemos'. Eu não vejo nada."

Neste momento, o nosso professor considerou que a banda de uma "terceira via" decerto lhe conviria mais. Ele não via. Não via, nem para um lado, nem para o outro.

---

[217] Georges POLITZER — *Princípios Elementares de Filosofia*, cit., p. 76.

Não via, mas acreditava. E por isso continuou metafísico, mas esclarecido e até militante — depois de tantas colheres de materialismo como óleo de rícino, *Marx* o livrara... Na verdade, é um eclético. Haverá mal nisso? Sim. É-se atacado de um lado e do outro...

Ainda sorridente, abriu mais adiante o *Criacionismo*, na parte da *Síntese Filosófica*, e leu sob a epígrafe "Materialismo":

"*O materialismo é uma doutrina bastarda, cuja força está no indeterminismo inicial, isto é, na falta duma precisa definição de* matéria.

Podemos favorecer o materialismo dando-lhe forma científica e discutindo-o; ou deixá-lo inexistente, na sua matéria indefinida. Inexistente, porque logo que se defina cai na primeira hipótese, tendo, por isso, de permanecer no indefinido absoluto, *que é o nada.*

O materialismo será, pois, dividido em materialismo falante e materialismo mudo; e este será aquele, se porventura um dia adquire voz.[...]"[218]

O começo é retumbante. Mas enquanto o ingénuo que começasse entusiasticamente a estudar pelo livrinho de Politzer tinha o mundo mental resumido ao preto e branco de duas teorias, e mais uma que (afinal) o não seria, o incauto que resolvesse começar a estudar por este livro teria que percorrer, além do materialismo, o energetismo, o naturalismo, o monismo, o Haeckelismo, o pensamento neo-monista de Dantec, o evolucionismo, em várias versões, o cientismo, o positivismo, o pragmatismo, o contingencialimo, o pensamento de Berkeley, o kantismo, etc., etc.. É curioso que alguns autores, de alguma forma aqui elevados a representantes de correntes ou escolas, se encontram hoje quase totalmente esquecidos. Haeckel e Dantec, por exemplo, a figurarem ao lado de Hegel ou até de Fichte, fará muitos duvidarem. Depois, a forma de apresentação das correntes, pulverizada, seguindo embora o fio condutor, que está no sistema do filósofo que a concebeu, encontraria muita dificuldade em ser compreendida mesmo pela comunidade filosófica. Quer dizer: uma classificação tem, de algum modo, que sacrificar aos preconceitos (e talvez até às modas ou aos caprichos) do tempo e do lugar em que é apresentada, sob pena de

[218] Leonardo COIMBRA — *Criacionismo*, in *Obras de Leonardo Coimbra*, I, p. 274.

incompreensão e ilegibilidade. Um entusiasta aprendiz de filosofia que fale de naturalismo, admite-se. Que invoque o pragmatismo ou o kantismo, louva-se. Mas começarão os oficiais do ofício a desconfiar (salvo se forem especialistas muito íntimos da matéria em causa) se for muitas vezes proferida a expressão Haeckelismo."

Esta realidade desanimou-o. Isto de nem a própria filosofia poder expressar-se como desejasse fê-lo descrer ainda mais da efectividade da liberdade de expressão:

"Liberdade... para dizer o que os demais dizem, não para dizer o que o próprio pensa, se pensar um bocadinho diferentemente da... *ideologia dominante*, a qual pode nem sequer ser a 'ideologia da classe dominante'" — rabujou.

Reconheceu ainda que estava a abandonar também ele mesmo a sã e asséptica atitude filosófica, e decidiu-se a atacar a questão *mais meandrosa*, *mais verrumantemente*, como aconselhava António Sérgio.

E foi buscar o velho prefácio deste aos *Problemas da Filosofia* de Bertrand Russel, que tinha como uma das pequenas maravilhas da introdução ao filosofar, a começar pelo Prefácio.

Tinha já ruminado bastante o problema, e saíu-lhe esta síntese, enquanto se levantou da cadeira, para desentorpecer as enormes pernas de aranhiço, essas que lhe davam altura para andar sempre nas nuvens:

"Se insisto em pôr este problema, é com razões muito, muito práticas. Quando os estudantes, ou qualquer pessoa que não tenha estudado realmente Filosofia de forma adequada, ouve falar em *idealismo* ou *idealista*, que pensa? Numa teoria ou numa pessoa com propensão para a quimera, para a a utopia, para o onirismo, para o afastamento do mundo, da realidade, das coisas. Pode ser o protótipo do intelectual. Mas do intelectual aéreo, do nefelibata.

Ora, falar de realismo e de idealismo parece já uma contradição. De que realismo e de que jusnaturalismo poderei falar se se lerá logo ali adiante que sou um idealista? Aliás, a matéria presta-se a isso: justiça, direito natural, direito concebido na filosofia portuguesa como amor, com luta contra a pena de prisão, e até contra o exame académico... [pasme-se! um professor tão exigente, uma verdadeira 'fera' a dizer isto!] — tudo ideais, tudo afinal coisas vagas, vãs, inexistentes no real. Infelizmente, é muito difícil fazer compreender que o Direito natural não é um direito ideal.

Um erro muito reiterado faz crer a muitos que o Direito Natural seria o Direito puro, Direito tal como deveria ser (*sollen*); enquanto o direito positivo seria o direito que realmente existe, ou que é (*sein*), com toda a sua injustiça e brutalidade.

Há ainda autores (como Georges Sarotte) que baralham mais o jogo, chamando direito positivo a uma espécie de direito natural, e direito vigente ao direito positivo[219]. Mas não esqueçamos que muito excelentes obras apontam a dicotomia entre filosofias do direito idealistas e filosofias do direito positivistas, mesmo que, relativamente a elas, não tomem posição sectária, e pró-positivista[220].

Como vou convencê-los realmente (podem decorar para exame, mas isso não me interessa) que o que "vemos", como diria Politzer, é, pelo menos também, uma *constante e perpétua* luta pela justiça? E que esse idealismo, esse espírito, é que tem conduzido os factos, ou "a matéria"? Evidentemente que este é um lado apenas do problema. Porque se há uma *vontade constante e perpétua* de busca da Justiça, isso deve-se, evidentemente, ao reiterado facto de que há injustiça. A realidade inafastável da injustiça (que se terá que pensar em profundidade quiçá a partir do próprio problema — ao menos ontológico — do mal) engendrar o almejar da Justiça. Aliás, uma das melhores maneiras de abordar a Justiça é partir da injustiça.

Oscilo, na verdade, entre considerar-me idealista, e negar essa expressão. A expressão não é feliz, de facto.

Mas sempre terei que tratar a questão de frente, com honestidade e clareza. Ora, a melhor maneira para tal é usar o método histórico, ou "genealógico": tenho de explicar como estas ideias e estas palavras surgiram e quais as polémicas em torno delas. As palavras, são o menos. Interessa é que fiquem a compreender o que está por detrás."

---

[219] Descontando o problema terminológico, é interessante a posição deste autor. Tal como Ernst Bloch, é um marxista que parece, em boa medida, jusnaturalista. Tal é sublinhado até pelo prefácio de Maurice Bouvier-Ajam à sua obra (cf. Georges SAROTTE — *O Materialismo Histórico no Estudo do Direito*, 2.ª ed. port. trad. de Joaquim Monteiro Matias, Lisboa, Estampa, 1975). O que prova, contra as teorias radicalmente maniqueístas, que há meios tons e cinzentos (melhor, há um arco-íris) nas filosofias e nas filosofias jurídicas. Embora se trate, obviamente, de um estudo localizado, é interessante ver ainda como o problema onto-gnoseológico ocupou ALESSANDRO GROPPALI, *Filosofia del Diritto*, Milão, Ambrosiana, 1944, p. 1 ss..

[220] Afigura-se-nos ser o caso, entre nós, de Mário Reis MARQUES — *Introdução ao Direito*, I, Figueira da Foz, Reproset, Universidade Internacional, 1992, p. 3 ss., e depois na sua colaboração em *Instituições de Direito*, cit..

Continuava a rodopiar, nessa fabulosa viagem à roda de seu quarto que fazem todos os grandes viajantes do espírito quando fervilham de ideias. Observou, enquanto sopesava, um em cada mão, o livro de Russel com o prefácio se Sérgio, e o de Politzer:

"É curioso como o bispo Berkeley continua no centro da questão. Aqui o Politzer louva Berkeley pela sua clareza e frontalidade em negar a matéria, queixando-se afinal de que os seus ditos 'idealistas' modernos confundem muito as coisas[221]. Poderíamos traduzir que eles realmente não querem caber nos seus esquemas pré-concebidos. Mas isso são contos muito, muito largos. Já António Sérgio critica também o próprio Russel, por ele também esgrimir com moinhos de vento, reduzindo o idealismo a Berkeley e a Leibniz, e considerando vencido o desafio, depois do primeiro *round* com o primeiro.

Ora, considera afinal Sérgio que Russel é de grande simplismo, sobretudo não considerando o idealismo moderno, pós-kantiano, que de modo nenhum é a negação da matéria, e a afirmação de que o 'mundo externo' seja criação do espírito — espécie de realidade virtual do computador da nossa mente, diríamos nós hoje[222].

Como não criticaria Russel a posição de Politzer se a tivesse conhecido!

Pois é. Dizem que é anátema (ou seja, idealista) todo aquele que não professar que a matéria é deusa, logo que o económico conduz toda a vida (com as suas intelectualistas infraestruturas determinadoras, ou com o seu capitalismo selvagem sem intelecto). Dizem que é anátema (ou seja, idealista) todo aquele que não professar que, por consequência disto, o Direito é um puro produto da classe dominante, ou do Estado policiador, e a justiça um ópio ou uma utopia.

Mas vamos lá ver. Por um lado, nem todo o idealismo é Berkeley e é o que Berkeley disse, e o que lhe fizeram dizer os seus interessados intérpretes, nem tampouco Berkeley sequer seria idealista. Sim senhor. Sérgio, por exemplo, di-lo favorável a um "percepcionismo" ou "imagismo" ou... pasmem os que só vêm palavras e

[221] Georges POLITZER — *Princípios Elementares de Filosofia*, cit., pp. 79-80.

[222] António SÉRGIO — *Prefácio do tradutor dedicado ao jovem aprendiz de filósofo*, a *Os Problemas da Filosofia*, de Bertrand Russel, 3.ª ed. port., trad. de A. Sérgio, Coimbra, Arménio Amado, 1974, p. 15 ss..

conotações simples: "realismo do percepto"[223]. Martin Oliver, mais recentemente, di-o apenas "empirista"[224]...

Têm é de ler aquele prefácio todo, que é *um espanto*.

Consequentemente: 'o idealismo nunca existiu' (se eles tivessem lido o livro de Eduardo Lourenço! Assim...). *Ergo*, não podemos ser, nós, simples juristas que acreditamos na justiça e não na fatalidade da exploração, malévolos idealistas a soldo da burguesia."

Afundar-se-ia, se não se tivesse sentado numa dura cadeira. Navegava em tormenta. Decidiu-se, apesar de muito contrariado:

"Julgo que já os massacrei demasiado com tantos hinos à reflexão, ao pensamento, tantos elogios da Filosofia e de como ela é importante para o Direito. E de como a Filosofia do Direito é, para este, vital. Nunca saberei, todavia, se isso resultou ou não. Espero que não tenha tido o efeito inverso, tão frequente nestas 'doutrinações'. Não vale a pena insistir nisso.

Alguns deles, formados no positivismo e magnetizados pelo geral envolvimento utilitarista, querem saber o que vai a Filosofia do Direito dar-lhes para serem bons profissionais. Querem saber respostas, as "aportações" (não usam este termo) da Filosofia jurídica para a prática forense...

Como lhes vamos responder? A própria questão é um atentado ao espírito filosófico. A Filosofia só lhes dará algo quando dela nada pedirem. E esse algo é tão precioso quão inefável.

Abriu novamente, como a um livro de horas, a sua requintada edição das *Obras de Leonardo Coimbra* (régio presente de um brilhante antigo assistente, que cedo abandonou a carreira por ter descoberto o que estava por detrás da cortina do feiticeiro de Oz) e como sempre acertou: Era o comentário às *Tendências Gerais da Filosofia na segunda metade do século XIX*, de Antero. Maquinalmente, copiou para a sua ficha:

"*A filosofia é eterna como o pensamento humano, representa um fieri incessante o que há de absoluto no pensamento humano e o que*

---

[223] *Ibidem*, p. 25.

[224] Martin OLIVER — "George Berkeley", *Philosophy*, Londres, Hamelin History, Reed International Books, 1997, p. 84.

há de relativo na consciência que o pensamento humano tem de si mesmo. Não pode, pois, esperar-se dela uma verdade total e definitiva que acarretaria, aliás se possível fosse, a imobilidade ou morte do pensamento humano. A sua verdade, sem ser total ou absoluta, é simplesmente simbólica, pois que a filosofia 'é a equação do pensamento e da realidade numa dada fase do desenvolvimento daquele e num dado período de conhecimento desta, é o equilíbrio momentâneo entre a reflexão e a experiência; a adaptação possível em cada momento histórico (da história, da ciência e do pensamento) dos factos conhecidos às ideias directoras da razão, e a definição correlativa dessas ideias, não por esses factos, mas em vista deles'. [...] Por isso mesmo todos os sistemas duma época apresentam um certo ar de família."[225]

E do mesmo modo que a Filosofia busca a verdade sem jamais a alcançar, o Direito persegue a Justiça, que sempre lhe escapa.

Mas dizer isto não pode ser até interpretado como alibi para não fazer a Justiça hoje, pois que ela é inatingível? Só quem não conhece a sofística é que poderia pensá-lo. De modo nenhum: o facto de a justiça ser sempre imperfeita deve ser incentivo, e não desculpa. (Bom. Aí está uma vantagem de saber Filosofia: pensar com mais clareza, não ser enganado pelos ardis do pensamento.)

Hão-de querer então que se lhes defina — defina, pasme-se! — o que é a Justiça, e um manual de instruções para a montarem. E isso não dá a Filosofia do Direito.

No entanto, depois das férias — "férias!", sorriu de novo, amargamente — depois das férias de ponto (na verdade, mera — e pequena — "pausa lectiva") espero já ter bem preparadas umas aulas sobre a Justiça. E quiçá uns apontamentos...

Até lá, não seria mau que fossem aderindo à lição de Ribeiro dos Santos (jurista e humanista dos melhores, não olvidemos) àquele seu amigo só jurista, obececado com o Direito Romano (direito positivo, em grande medida vigente à época), e quase só instruído ou distraído com as inverdades e futilidades trazidas pela 'comunicação social'. Seria esse poema bom remédio contra a mania generalizada da "utilidade":

[225] Leonardo COIMBRA — *O Pensamento Filosófico de Antero*, in *Obras de Leonardo Coimbra*, cit., II, pp. 377-378.

"Mas tu já estás rindo da mania,
Zombas de meus cuidados: 'Eia (clamas
Co'a sãa Filosofia) o util, o util;
Que te importa saber dos bravos Celtas?
Quem foram os antigos Lusitanos, [...]
He bem: vamos ao util, pois me bradas
Com esta cantilena já safada,
Comecemos por ti: Tu lá que fazes?
Cansas o largo dia, e a longa noite
Em revolver as velhas leis de Roma [...]
E que tiras tu disto? Que aproveitas?
Outra hora ávido lês volantes folhas
Da cançada gazeta, que vindo
Prenhe de falsas novas [...]
E o tempo perdes, que te vai fugindo, [...]
C'o util, util, que me sempre clamas.
O util que nos basta he pouco; s'ambos
Quizessemos conter nossos desejos,
Viver somente á lei da natureza [...]
Nem tu tratáras c'os Romanos tanto,
Nem eu ignotos Celtas conversára:[...]
Nós com grande apparato consumimos
A vida toda em doutas bagatellas,
E tão pagos vivemos disto, quanto
Com suas modas, loucos embelecos,
Vivem as damas, e os galães, que as amão.
Mas não permitta o Ceo, que por mais tempo
Te enoje, Amigo, com sentenças: basta
Que soffras, que eu a meu sabor cá viva [...]"[226]

"Curioso pensamento, este último: mesmo os que apenas estudam o positivo dos "barbaros Digestos" se afastam do útil, e, se o estudam muito, acabarão por se tornar também intelectuais alheios da prática. Paradoxo e advertência: parece que apenas praticar (sem saber), se tal fora possível, nos livraria (ao positivista livraria) de cair nalguma reflexão."

---

[226] [António Ribeiro dos Santos] — *Poesias de Elpino Durieuse*, Lisboa, Na Impressão Regia, 1812.

Um estrondo maior da borrasca acordou-o: "Já são seis e meia!" E atalhou, sempre irónico: "Ah, tempo, grande despertador!" Foi recapitulando a sua agenda mentalmente:

"Pois bem: tenho a reunião, não, duas reuniões; tenho a conta da luz, não, duas contas; tenho a aula preparar, não, duas aulas!"

E lá começou a sua *toilette* matinal, tentando trautear, com a música do *Largo al factotum*, o seu poema preferido:

"*Täglich geh ich heraus, und such ein Anderes immer...*"[227]

[227] HÖLDERLIN — *Menons klagen um Diotima*, 1.

Lição n.º 8

CARTAS SOBRE A TESE A UM ESTUDANTE BOLONHÊS

1. *Contexto*

O nosso professor é consciencioso, rigoroso, e poderíamos mesmo dizer que vive a sua profissão animado dos mais altos ideais, o que, na sua acção, se concretiza numa estrita atitude deontológica. Por exemplo: nunca pede aos estudantes (nem lhes exige, muito menos), nada que eles não possam razoavelmente dar. Chega mesmo a esclarecer nas aulas o que, uma vez explicado, fica desprovido de mistério, e até de alguma dignidade (diriam alguns). Mas ele acha que dignidades de *arcana praxis* não servem. E ou as coisas valem por si, ou então não pode ser a mistificação a valer-lhes. Por isso, sempre explica as regras do jogo. Os estudantes, com ele, sabem sempre com o que contar. Está na sua mão corresponder ou não.

Este ano, além dos estudantes de Licenciatura, tem ainda o nosso professor alunos de Mestrado, e de Mestrado do processo de Bolonha. Não os quer enganar. Não se quer enganar. Não quer que tudo seja um engano, uma floresta de enganos. O que poderia ocorrer com a confusão de critérios e bitolas e de conotações dos próprios nomes dos diplomas. Não é uma coisa fácil, uma reforma desta envergadura.

Correndo o risco de muitas incompreensões, escreveu (por e mail, que ele agora tem os e mails dos seus estudantes) esta carta aos alunos. Terá sido bem compreendido? Não sei se o saberemos alguma vez. Ele, pelo menos, tentou explicar-se. E fez uso da sua *libertas docendi*, e da sua liberdade de expressão. Poder-se-á não concordar com ele. Mas, ao menos, ele explicou-se.

2. *Primeira Carta*

Caro(a) Mestrando(a):

Estamos agora a ter mestrados de Bolonha. Há a maior confusão de critérios, por essa Europa fora, sobre bitolas e transições entre regimes. Sobre o próprio significado do grau. Em Portugal, em algumas áreas, como no Direito e nas Letras, o Mestrado pré-bolonhês era em alguns casos mais exigente que certas teses de doutoramento no estrangeiro. Não é mito, mas plena verdade. Hoje, o Mestrado parece ficar ao nível da antiga Licenciatura. Em certos casos, até menos. Mas poderá ser assim mesmo?

Grandes prejudicados são aqueles que fizeram mestrados com até cinco anos de parte lectiva (ou, pelo menos, antes de apresentar tese, em investigações) e teses enormes e com muita investigação. Ainda vai havendo resíduos dessas teses e desses mestrados. O justo seria equiparar esses mestres a doutores. Mas não se fala nisso.

Os novos mestrandos não têm poucos problemas, também. Desde logo, paira sobre as suas cabeças o espectro das exigências das teses antigas: desde logo pela quadratura do círculo do velho e do novo: como lidar, por exemplo, com a necessidade de, após menos tempo de licenciatura, se dever fazer uma dissertação, ou tese? Novo bicho-de-sete-cabeças.

Note-se que antigamente só fazia mestrado quem queria, sobretudo quem desejava consagrar-se a uma carreira académica. Eram poucos, com vocação. E já sabiam que mais trabalhos de investigação lhes estavam reservados, pela vida fora. Agora é pouco crível que quem entre num mestrado queira quedar-se pelo simples "curso de mestrado" (contudo já em si um patamar importante). Infelizmente. Porque nem toda a gente tem vocação para teses ou dissertações, ainda que de menos exigência. Ocorrerá certamente que a maioria esmagadora tentará a sorte em provas dessas. Não porque queira fazê-lo por vocação profunda, mas pelo facto singelo de que, doravante, só parece ser formado quem tiver o novo grau, de Mestre.

Que fazer?

Vou pensar alto consigo sobre o que uma tese, em geral, deve ser, e pode ser – mesmo hoje. As adaptações deve fazê-las à situação concreta que vive, com bom senso, que é a principal virtude em todas as coisas universitárias – e que tanta falta está a fazer, a tantos níveis. Não vou poder esconder as áreas com que mais convivo (e as suas preocupações e exigências próprias), mas algumas coisas poderão ser de aplicação geral... Fará o favor de fazer as devidas adaptações.

Antes de mais, peço-lhe que releia e medite o belíssimo livro de Umberto Eco, *Como se faz uma tese*. Tenho aprendido muito com essa releitura diuturna. Aí está quase tudo.

Mas se tem pressa (e é muito provável que tenha pressa), vamos a conselhos.

Creio que deve fazer uma investigação de fio a pavio, e só escrever quando estiver adiantado na investigação geral. Vá tomando notas, faça fichas. A arte das fichas é meia tese feita. Nada impede que as fichas sejam feitas no computador... Embora haja quem faça fichas com o mesmo amor com que tricota. O contacto manual com as fichas dá certamente uma sensação de trabalho mais efectivo, e quiçá mesmo uma perspectiva mais concreta do labor efectuado. E mesmo, talvez, uma sensação de posse — que não é discipienda quando, realmente, se trata de se dominar uma matéria, ou dela se assenhorear. Somos animais simbólicos.

Uma tese não pode escrever-se *currente calamo*, como um romance ou mesmo como um libelo, ainda que douto e erudito. Tem de ter a sua dose de reticências (ainda que não explícitas). Mesmo de avanços e recuos, e travessias do deserto, por vezes.

Sempre se deve manter um certo distanciamento. Uma tese nunca deve ser angustiada, nem exaltada. Que tese de hoje não é como as teses de Lutero. Tem de ser mais contida. Mais contida. Mais irénica. Pelo menos em temas polémicos. Não parece que os tempos estejam receptivos a teses ideológicas, políticas, de polémica, ou de simples opinião. Num tempo em que as opiniões de cada um são por cada qual muito tomadas a sério e muito hipertrofiadas no seu valor, a melhor precaução é mesmo passar pelo crivo da crítica as opiniões. Uma tese não é um monólogo, ou um desses diálogos que mais parecem conversa de café. O verbalismo, sobretudo em algumas áreas, é um risco muito sério.

Não quer dizer que não se tenham opiniões. Nada disso. O que fica cada vez pior, o que cai definitivamente muito mal, é que uma tese signifique uma arma de arremesso (até porque, sendo volumosa, o pode ser *proprio sensu*) para uma causa política, e mais ainda partidária ou sectária.

Poderá haver algumas causas que excepcionalissimamente justifiquem uma excepção a este princípio: mas não nos lembramos de nenhuma.

Tal proscrição do sectarismo das teses é apenas válida para temas e teses explícitas. É óbvio que em muitas teses de ciências sociais e humanas, filosofia e afins há um pano de fundo ideológico irrecusável. Mas tudo tem de jogar-se no *decorum* de algum distanciamento, e, se possível, com muitos dados concretos e verificáveis (ainda que possam ser, em alguns casos, simples dados de erudição). Uma das formas de avaliar uma tese sem ir ao seu cerne é verificar se, externamente, cumpriu os rituais académicos da objectividade, informação, legibilidade, citação correcta, raciocínio lógico, capacidade retórica não demagógica, etc.

É importante o plano. Fazê-lo depois de muito estudo, e como forma de guiar a tese a provar. Cumpri-lo é boa via; embora, por vezes, no decorrer de uma investigação, se possa ter de arrepiar caminho. Mas só com boas razões. E, se as houver, sem olhar para trás como a mulher de Lot. Em alguns países, o plano é mesmo da responsabilidade do orientador, ou pode frequentemente sê-lo. A tradicional não directividade nestas coisas poderá também ter que ser revista. É uma questão a ponderar.

Não será contudo excelente ideia seguir muito os passos do orientador. Pode-se citá-lo, mas não em demasia. E sobretudo não é nada bom sinal usar em excesso a bibliografia que ele usa nos seus livros, e sobretudo nas suas teses. Claro que há orientadores enciclopédicos que citam muitas fontes, e então seria complicado arranjar novas. Mas *est modus in rebus*: se um orientador descobriu um manuscrito perdido, o seu discípulo não anda bem se faz uma tese à custa desse manuscrito. Tem de encontrar, pelo menos, um manuscrito novo. A mesma coisa para a solução de uma equação complexa, ou um autor perdido.

Compreendo que pode haver originalidade com as mesmas fontes, mas isso nem sempre é visto ou tomado em conta, além de ser sempre mais difícil. E cai mal não encontrar um bom número de fontes novas. Depende também da área. Numa tese de História é de bom tom citar manuscritos. E sobretudo manuscritos ainda não citados antes. Em Literatura e Filosofia aconselha-se por vezes mais a escolha de autores menos conhecidos. Tem os seus prós- e os seus contras...

Em todos os casos, em todas as áreas, o autor de uma tese é como a Mulher de César: Não precisa só ter trabalhado na tese — precisa de mostrar inequivocamente que trabalhou, e no terreno. Seja ele qual for.

Em muitas áreas, a pesquisa de terreno cada vez vai mais ganhando importância. Em assuntos humanísticos assume muitas vezes a dimensão sociológica, estatística, comparatística. Também no Direito. Por exemplo, vai-se procurando legislação, e doutrina, sim, mas cada vez mais jurisprudência (e jurisprudência de tribunais europeus, ou simplesmente estrangeiros) e agora também, em muitos casos, sociologia do direito nas suas diferentes dimensões. Depende, é claro, do tema, da área. Mas há coisas que por abundarem nunca prejudicam. Cuidado, porém, com a extensão da tese. No modelo bolonhês, há tantas dissertações que, sem se perder a exigência da qualidade, tem de sacrificar-se a extensão. Não sou partidário de teses longas, mesmo antes de Bolonha o não era. Até um simples artigo, em boa verdade, já é plenamente capaz de mostrar o que vale um investigador.

A escolha de material novo é importante. Não voltemos a exemplos dados, senão para grandes conclusões novas. Um autor de tese com muito material consabido seria sempre suspeito de algum modo de "plágio", ou, no mínimo, de falta de rasgo, ou de falta de trabalho: estigma que lhe ficaria para toda a vida. Normalmente estas famas não são recuperáveis.

Uma dissertação jurídica, por exemplo, não precisa de ter um volume de história teórica do tema, um volume de direito comparado a ele pertinente, e um volume de legislação nacional comentada. Coisas como trechos de processos, citações de jurisconsultos menos conhecidos, teorias novas, originais, à mistura com espólio dos arquivos ou das estatísticas mais modernas, tanto como gráficos e demais informática aplicada, caem bem mesmo numa clássica tese jurídica. Um estudo assim estará no bom caminho. A pós-modernidade fez explodir o paradigma das "fontes" sujeitas a *numerus clausus* de tradição ou de preconceito. O problema está em usar bem, inteligentemente, a grande liberdade de uso de materiais de que hoje se dispõe.

Em qualquer área, parece que hoje não vale a pena o autor da tese matar-se com dizer o que, de uma forma ou de outra, já foi dito, acrescentando a essa *trasladação de ossadas* (como alguém qualificou tal empresa), as suas discrepâncias pessoais em matérias que poderão considerar-se de escrúpulo ou de pormenor. A menos que sejam observações muito bem elaboradas e a sua doutrina muito relevante, para a teoria ou para a prática.

O autor da dissertação tem de estar a par do estado da sua arte, qualquer que seja. E mesmo dentro de uma área do saber (como o Direito, a Medicina, a Engenharia, a Literatura, a História...) uma sub-área e outra sub-área têm, por vezes, monstros sagrados e autores da moda completamente distintos, e a *forma mentis* de uns nada tem a ver com outros.

Por muito avesso que seja a essas leituras, o artesão da tese tem mesmo de ler e estudar os grandes autores clássicos e modernos do seu nicho de saber. Consultar os contemporâneos em francês, inglês, castelhano, italiano, pelo menos. Não falo já em obras alemãs ou noutras línguas mais complexas, desde logo as clássicas grega e latina. Mas conte já com essa crítica no doutoramento, se for em Direito. E não esqueça os lusófonos, desde logo os brasileiros. No Brasil se fazem, em muitas áreas, pesquisas do mais alto nível, com as quais temos muito a aprender.

Ler e fazer dialogar as ideias da galeria de retratos do seu campo com o que está em jogo é fundamental. E usar os conceitos em voga, e, com o distanciamento próprio, também os de outros tempos... A erudição cai sempre bem quando o júri é erudito. Claro que se o júri já só pensar na utilidade e na aplicação, e no "futuro e no progresso", mais vale esquecer os argumentos do arsenal do passado, na redacção da tese e na defesa da arguição. Mas é sempre útil guardá-los onde mais importa: no coração e na cabeça. Os clássicos são sempre utilíssimos. Isso será uma arma secreta, independentemente da superficialidade e fugacidade dos graus. E sempre poderá depois publicar uma tese correcta e aumentada com o que, por cautela, não apresentou ao júri. Legítima defesa.

Começar logo a escrever é temerário (já o dissemos), e arrisca-se o autor de tese a ter de desaproveitar muito material. Só se escrever, essencialmente, para aquecer. Passe pelo menos meio ano (um ano seria o ideal) só nas leituras contextualizadoras e no trabalho de arquivo (ou afim). Pois não é muito, não é nada mesmo (também depende dos prazos para apresentação da dissertação...), intensivamente buscando (por exemplo, para o Direito) sentenças, peças administrativas quiçá, doutrina nova.

E tem o investigador de imbuir-se desse espírito de procura, de insatisfação. Assim se enriquecerá. Um pesquisador nunca pode acomodar-se à sua poltrona. As teses não são para tíbios, indecisos, preguiçosos. Nem para presunçosos que julgam saber tudo e poder prescindir da humildade académica e da transpiração, que faz 95% das dissertações (só 5% é inspiração...).

Jamais pode um mestrando (ou doutorando) isolar-se apenas com velhos livros, muito menos os apontamentos das suas aulas, os manuais e lições. Deus nos livre desse psitacismo. Tem de tomar contacto com o que se faz nestas áreas, no País e no estrangeiro. Mesmo tendo um orientador, deve falar com outros professores e investigadores, ir vê-los, discutir ideias, aproveitar mesmo para a sua tese pontos de vistas e cosmovisões que lhe possam parecer totalmente contrárias. E o orientador não pode ficar com isso melindrado, muito pelo contrário. Embora mande a deontologia académica que não se interfira no trabalho de orientação dos colegas, ainda que a pedido dos estudantes. A boa prática é tudo se fazer de comum acordo e com conhecimento e assentimento (e até incitamento) do orientador.

É indispensável que leia, no mínimo, muitos artigos das principais revistas da sua área. Mas também deveria ter como leitura corrente revistas contemporâneas, culturais, pelo menos. E não só deve frequentar os oficiais teóricos do seu ofício, mas os oficiais afins, e os práticos. Aos teóricos e professores, deve o investigador visitar. E ir mesmo a aulas deles, compreender as suas problemáticas e o que estão a fazer no momento. Tem que pensar que o seu júri não será constituído por autores mortos. Mas certamente por pessoas bem vivas. Deve colocar-se no seu lugar: muitas vezes, os possíveis membros do seu júri terão bem outras preocupações. Por vezes, até, serão de um tempo (mesmo mental) muito diverso. Quem pode saber à partida os paradigmas de quem dialogará connosco e nos julgará? Para ver a variedade dos seus colegas, neste mundo globalizado, e, por isso, mais pequeno, deve o investigador ir a congressos, internacionalizar-se. Não é perda de tempo. Não pense que nestas coisas a tese fica ciúmes. É para ela que está a trabalhar.

Ah, e não deixe de ir ao cinema e ao teatro. O que nem sempre ocorre quando as teses não são em artes dramáticas. Aí como na Literatura encontrará muito material para teses de Humanidades, e quiçá mesmo de ciências mais duras. Além de que Kekulé fez descoberta na Química a sonhar...

Até o doutoramento, pelo menos, o investigador tem de pensar no que pretendem dele. São, infelizmente, as regras do jogo (salvo para eleitos, heróis e mártires). Só depois poderá decidir por si, e mesmo assim há quem jamais deixe de estar tutelado, vigiado, e avaliado (nem sempre por quem deveria ser). Depois de aprovado no doutoramento, já estará um pouco mais livre de críticas (e mesmo assim...); já terá provado o que tem a provar. Antes disso, é temerário não seguir escrupulosamente as orientações do director de tese, que se presume será seu amigo, e não o enganará... Mas que também é humano, e pode falhar, claro.

Lembre-se da ideia inicial da dissertação e só a abandone se, realmente, deixar de acreditar nela. A tese deve ser uma paixão, uma mania mesmo. Não sendo assim, não vale a pena fazê-la. Seria sempre frouxa.

E tem que ter um plano lógico, de preferência um plano que qualquer leigo (pelo menos se não se tratar de matéria muito abstracta) poderia suspeitar entender ao menos...

Importa ver se o tema interessa, se tem dignidade, se é actual. Deve passar pelo teste: será ainda uma tese universitária contemporânea? O que irá provar, de relevante, "macro-", original, para a comunidade científica? Será uma mera curiosidade, minudência, nota de rodapé? Isso não seria uma tese...

Um exame de consciência se impõe antes de começar e antes de acabar uma tese. Claro que os mais inseguros terão oscilações, mas dirigimo-nos ao mestrando normal. E o bom senso deverá sempre ditar o que fazer. Perguntar-se-á então: devo começar uma tese? Para quê? Em que é que isso vai fazer a minha vida melhor e o mundo mais feliz, ou, ao menos, verdadeiramente mais sábio? E no fim da tese as perguntas são as mesmas, *mutatis mutandis*.

Já há tantas teses no Mundo, e nenhuma tornou o seu autor célebre. Mas fazer uma tese pode trazer felicidade. Se o fazê-la lhe está a dar prazer, continue. Se acha que, mesmo torturando-se, ela vai trazer algum bem, ainda que pequeno, à Humanidade, pode continuar.

3. *Segunda Carta*

Caro(a) Mestrando(a):

Lembrei-me hoje dos mais prosaicos, que também os há nestas coisas (e têm o seu contributo a dar).

É em si, que pensa em coisas práticas, que está o meu pensamento hoje.

Pois é verdade que as teses, um dia (ainda não muito distante: como o tempo passa, como as coisas mudam), davam quase seguro direito a emprego. Agora parece que já nem isso. E contudo, sem elas o trabalho ainda fica mais escasso, o emprego mais precário, pelo menos para o comum dos que estudam e ensinam.

As teses já não são, de modo nenhum, o que eram. E ainda assim há que fazê-las, se for para as fazer bem. E sempre se espera que haverá mais oportunidades com Mestrado e com tese que sem

Mestrado e sem tese. Nem isso é certo, porém: porque muitos dos empregadores buscam apenas empregados descartáveis, que admitem a prazo para logo despedirem e admitirem mais sangue novo.

Em alguns países, já se fazem teses em período de desemprego. É uma outra forma de encarar a tarefa, que obviamente não recomendo como regra. Mas que pode ser um excelente emprego do tempo forçadamente livre.

Finalmente, uma nota pessoal: atente bem no carinho que quase todos os que fizeram dissertações têm por esse seu trabalho. Um carinho único, especial, como se tem por uma obra-prima. Muitos encadernaram luxuosamente o estudo logo para o apresentarem ao júri; muitas vezes, depois de discutido e aprovado, tudo fizeram para o editar (por vezes em caríssimas edições de autor); ofereceram-no vaidosamente aos parentes e aos amigos, que se encheram de orgulho. E dizem possessivamente frases como: "a *minha* tese", "quando fiz o *meu* mestrado", etc.

Fazer uma tese é realmente, para muitos, escrever aquele livro que, com ter um filho e plantar uma árvore, se diz constituir a tríade que faz de uma pessoa realmente uma Pessoa. Aproveite, pois, a oportunidade. Pode não se tratar de um livro (há áreas em que não parece sequer normal que seja um livro – na Música, nas Artes Plásticas, mesmo nas Ciências experimentais pode muito bem a tese não ser um livro, embora também o possa ser). Pode ser apenas do tamanho de um "artigo", mais ou menos longo. Mas é sempre um escrito com assinatura, e deve ser, assim, um escrito a que o autor se liga. E embora, como dissemos, nenhuma tese tenha feito o seu autor célebre, e muito menos rico, o certo é que nas teses, em geral, se pode e deve ver já a promessa de rumo intelectual de quem queira seguir a carreira da investigação, da pesquisa. Não é indiferente ter-se escrito uma tese sobre uma minudência do aparelho circulatório da pulga (que nos perdoem os nossos colegas zoólogos se o tema for realmente importante, o que desconhecemos) ou sobre *A Origem das Espécies* de Darwin.

Uma tese como a que Paulo Bonavides apresentou para concurso à cátedra, *Do Estado Liberal ao Estado Social* é todo um programa de vida intelectual, e justamente passa das sete edições e reimpressões. Mas há teses mais precoces que já indicam o caminho dos seus autores. Não citamos aqui exemplos, mas há casos patentíssimos. Dir-se-ia até (este é o lado negativo) que certos autores estacionaram na tese e apenas fazem glosas de aspectos da mesma quando escrevem depois dela. Noutros casos, a tese é uma imagem de marca. No fundo, o grande problema de certos autores é a tese. Sobretudo se foi longa, dolorida, traumática. E antigamente, sobretudo as teses de doutoramento, eram casos muito sérios na vida das pessoas. Houve divórcios e muitos ciúmes por causa desses projectos demencialmente absorventes.

As teses podem ser acidentes numa carreira (o que é mau e cremos que menos comum), ou verdadeiramente marcar um destino.

Há que atentar num pormenor: há académicos que escrevem apenas as suas teses e outros que escrevem, além das teses que submetem a júris, muitas mais, e muito mais escritos de outros géneros. No caso dos mais prolíficos, pode acontecer que as teses sejam apenas um aspecto da sua transbordante produção, fruto de preocupações múltiplas. Contudo, é sempre um pouquinho triste ver alguém renegar as suas teses. Talvez também por isso é conveniente ou que uma tese seja um projecto de vida intelectual já muito elaborado (claro que aqui não estamos a pensar em dissertações no modelo de Bolonha, senão excepcionalmente) ou que, sendo caracterizadora de um perfil inte-lectual, contudo não se arrisque em questões excessivamente susceptí-veis de mudança.

Mas o que importa numa tese é a sua qualidade intrínseca, muito menos as vicissitudes do diálogo que terá com o seu autor. A tese tem, além do mais, que ter vida própria. Como com todas as obras, pode dar-se o caso de uma tese ser muito mais bonita, muito mais agradável, muito mais sedutora, muito mais honesta, muito mais corajosa, muito mais muito mais coisas que o seu autor. Mas confessamos que é raro: normalmente, a obra é indício do seu autor. Daí ser tão importante cuidar bem desse cartão-de-visita, que fica para toda a vida.

4. *Terceira Carta*

Caro(a) candidato(a) a autor(a) de tese:

A melhor maneira de sabermos como é uma tese, é começar nessa navegação. Começar decididamente, autonomamente, sabendo o que se vai fazer. Com uma ideia, com um fio, com um plano, com, repetimo-lo sempre, com uma obstinação. Investigadores preguiçosos, moles, diletantes, não fazem teses nunca. Há sempre mil e um álibis para as não fazerem. Não quer dizer que investigadores extraordinários as não tenham feito por terem os referidos defeitos (no prisma do efeito de fazer teses). O que acontece é que os muito bons, os melhores quiçá, não fazem (ou *não faziam*; hoje, quem pode dar-se ao luxo de as não fazer?) teses por não terem capacidade, mas por terem excessiva capacidade. Uma coisa é também certa: há idades para se fazerem teses. Fazer uma tese em idade mais avançada é complicado. Porque, em idades maiores ou se sabe demasiado, ou se pondera em excesso, ou se tem responsabilidade a mais. Fazer uma tese precisa de entusiasmo e de alguma temeridade. Isso só a juventude permite. Uma juventude com alguma maturidade, mas ainda assim, sobretudo, juventude.

Só que a juventude de hoje é hiperprotegida e está habituada a muita papinha toda feita, e dada às colheradas na boca. Não é (não tem sido...) uma juventude reivindicativa de grandes causas, é (tem sido) uma juventude em grande medida passiva, e em muitos casos treinada a receber e não a dar. São banalidades que sociólogos e psicólogos vão confirmando, de forma mais sábia e dados mais empíricos. Mas banalidades que nos põem de sobreaviso para uma mentalidade que pode não saber encarar bem, à partida, o que é uma tese. E o que se pede de quem faz uma tese. O que se lhe exige. Exige-se autonomia, crítica, individualidade. E muito tra-balho próprio.

Não pense que o orientador lhe vai valer de muito. Muito menos que lhe vai fazer a tese. E não vale a pena bombardeá-lo, porque ele, realmente, tem tanto tanto que fazer que dirigir teses é quase um milagre e é sem dúvida um gesto benemérito. Exceptuam-se, claro, orientadores que não sejam universitários. Esses pode ser que tenham algum tempo livre.

Parece-me que está a repousar em demasia no que vai perguntar ao orientador que ainda não escolheu, e pergunta-me como o fazer. Não há, nem pode haver, nem deve haver, orientadores fada-madrinha, munidos de varinhas de condão. Não tenha ilusões.

Em Portugal, a tradição é de orientadores muito pouco directivos, o que tem muitas vantagens: de liberdade para o investigador, desde logo. Fazer-se uma tese por interposta pessoa, como parece alguns quererem, sobretudo em alguns países e universidades, é empresa complexa e talvez quase sempre atreita a muitas desilusões de parte a parte. Por isso, é bem mais correcto que nestas coisas académicas haja sobretudo orientação ou coordenação e não direcção. A direcção em matérias do espírito é em grande medida mutilação, arregimentamento.

O Orientador não é co-autor da dissertação, e, por isso, não pode ser considerado co-réu no júri da sua avaliação. Pense nisso.

Como escolher um orientador? Depende. Depende de quem for o investigador. Creio que pode haver boas e más razões para escolher um orientador. São a nosso ver de proscrever desde logo (porque sempre se pagam com língua de palmo) as escolhas de orientadores passa--culpas, muito indulgentes, de orientadores poderosos academicamente, politicamente, empresarialmente, etc. (com o fito de arranjarem emprego ou promoverem o candidato), de orientadores que não sejam da área da tese, ou que não saibam muito do assunto, ou que não se interessem pelo tema. Além do mais, são de proscrever orientadores antipáticos e inacessíveis (menos para os masoquistas) assim como (curioso, não é?) excessivamente colaborantes, simpáticos e facilitadores, que normalmente não fazem ninguém progredir, e muito menos progredir por si próprio.

A natureza humana é o que é, e a natureza universitária não é diferente (há quem diga que é pior). Por isso, embora não seja muito edificante dizê-lo, estamos em crer que é importante haver uma grande empatia (a vários níveis) entre orientador e orientado. Enfrentemos os factos: mesmo empatia em matérias que podem não ser estritamente científicas e académicas. Não tenho qualquer interesse por futebol, pelo que acredito que orientar uma tese de um fanático por futebol não será o excelente, mas não será uma catástrofe – apenas não falaremos nisso. Contudo, com algum exagero, mas talvez nem tanto: se eu tivesse um clube por que fosse fanático, e se o meu clube fosse o clube rival de um doutorando teria que pensar duas vezes em trabalharmos em conjunto. Há pessoas que a torto e a direito lançam para a discussão as suas manias (políticas, religiosas, clubísticas), muito legítimas, mas que podem pôr em causa a simpatia e a empatia necessárias a um empreendimento como uma tese. Claro que é um caso limite, e propositadamente caricatural. Mas evidentemente que numa tese de política (isso aconteceu, *cum grano salis*, com grandes nomes da filosofia) não pode um pacifista orientar um belicista ou vice-versa. Pelo menos parece muito difícil.

Não é que o orientador e o orientado devam ser um o espelho do outro, concordes em tudo. É que certas divergências, além de tornarem a convivência penosa, insensivelmente (ou sensivelmente) minam, em alguns casos, a admiração intelectual necessária ao labor conjunto. Por muita admiração que um materialista tenha por um espiritualista (e vice-versa), por muito que ambos saibam que na república do saber todos cabem, e em igual assento, a verdade, a verdade crua, é que muitas vezes passa pela mente menos consciente e menos dada ao *fair play* que quem não pensa, em certas matérias fundantes ao menos, como nós, não pode ser tão inteligente assim... Muitos o confessaram já, mas nem todos: porque existe também um conjunto de convenções politicamente correctas que não se podem infringir. Nem todos são tão sábios, tão santos e tão isentos como o tipo-ideal do Universitário. Essa seria capaz de todos os convívios.

Em suma, há alguma comunhão de ideias que facilita o trabalho conjunto, embora orientador e orientado não sejam uma equipa, salvo, talvez em áreas laboratoriais e afins... Não há contudo regra sem excepção. E há casos em que a admiração de base pela pessoa e pelo seu perfil de académico e de intelectual é tão forte (e não só a admiração, que vem de quem se propõe fazer a tese; mas a irradiação do carisma e do brilhantismo do Mestre, que deste emana) que todas as divergências superficiais se diluem e esbatem. Há casos de grandes Mestres que tiveram discípulos igualmente gran-des que nunca com eles concordaram em questões filosóficas, religio-sas, éticas, políticas, etc., etc. Mas são casos em que tem de se juntar à imensa envergadura do Mestre a imensa qualidade do discípulo, já enquanto discípulo. E além de qualidade em ambos, capacidade de convivência, apreço pelas coisas mais essenciais, comunhão num modelo de universidade, num espírito universitário acima das pertenças mais particulares, etc. Não é coisa fácil. São muitos requisitos a reunir em duas pessoas.

Se não estiver certo de que é capaz de conviver com a profunda diferença, ou se pressente que um orientador não simpatizará com a sua diferença, vá pelo caminho mais seguro: escolha, pois, um orientador com o qual tenha empatia profunda, e com qualidade irrepreensível, sem mácula. Alguém que possa apresentar um dia, mais tarde, como uma espécie de seu passaporte intelectual. Ainda há muitas boas universidades e círculos intelectuais em que a primeira coisa que se pergunta a alguém que chega é em que universidades (no plural, claro) e com que professores se fizeram as teses.

Mas não tenha ilusões. A tese é sua, não dele ou dela.

Consulte os colegas mais velhos, que já passaram por esta provação. Eles lhe dirão que o trabalho é árduo, por vezes desesperante. E que, se tiveram a tentação de pegar no telefone ou mandar um e mail ao orientador para as suas angústias, muitas das vezes o não encontrarão (ele tem horário de trabalho, o coitado), e, pior ainda, nos casos de orientadores mais desocupados e por isso com tempo para serem mais solícitos, as angústias com que iam acabarão por se multiplicar. Salvo o orientador "patron" puro, que manda trabalhar o servo da gleba, os orientadores, em geral, abrem mais pistas. Logo, mais dúvidas.

Fale com os colegas que fizeram tese. Eles lhe dirão que o tempo é que amadurece as soluções. E que jamais um orientador que não seja um capataz (mas esses não interessam, não é?) teria a indelicadeza de espírito de forçar um caminho para uma tese.

Uma tese é um exercício de liberdade e uma prova de maturidade. Um estudante que esteja permanentemente inseguro, repetidamente precisando de conselhos do orientador não está, visivelmente, em condições de fazer uma tese. Há que saber decidir, que saber sacrificar o acessório ao essencial. Fazer uma tese é fazer muitas escolhas. E apresentar uma tese é saber o momento em que escrever mais seria nocivo.

Como numa escultura, há uma imagem que está encerrada no bloco de pedra. O autor da tese, como o escultor, tem apenas que libertar a sua tese do mundo do não-ser-ainda para o mundo do estar--aí. É isso que ele tem que fazer: trazer uma tese à vida da melhor forma possível. Sem mais nem menos. E no final, no último ponto final, deverá, como demiurgo, contemplar a sua obra e, sem vaidade e ilusões sobre o seu valor, intimamente concordar que tudo está bem, tudo está equilibrado, tudo está pronto. Sem perfeccionismos maníacos, mas com todo o rigor e espírito autocrítico. E então ordenará à sua escultura que fale...

Acabada a tese, o seu autor não ficará nervoso e ansioso à espera da sua discussão, que poderá sempre demorar muito mais do que o previsto, do que o legal e até que o razoável. Antes de mais, deverá descansar. Depois, deverá celebrar o ter acabado (não dá azar, garanto, fazê-lo antes das provas orais): divertir-se e recompensar-se pela tese feita. Só depois, e muito moderadamente, deverá rever o que escreveu. E aí sim, deve estudar o júri que tiver pela frente, prever, conforme a idiossincrasia de cada um, as objecções, críticas e questões que poderá levantar, e preparar profissionalmente a sua defesa. Não é impossível prever o que se arguirá. Mas o que será dito numa arguição presumivelmente será mais detectável pelo perfil de cada membro do júri que pelo conteúdo e pela mensagem da dissertação. Obviamente, espera-se, o que será dito resultará de um cruzamento das preocupações dos membros do júri com as do candidato... Não se frustre se na prova lhe não perguntarem nada do que estava à espera. As pessoas são muito diferentes. O que não quer dizer que uns sejam bons e outros maus investigadores por encararem os problemas de diversos ângulos.

Nas provas há ultimamente uma grande tendência dos candidatos para não responderem a boa parte das objecções e críticas do júri, respondendo ao lado, dissertando imparavelmente para evitar brechas que permitissem interrupções, etc. São tácticas que só resultam com alguns arguentes. É verdade que a alteração das classificações em muitos doutoramentos para a simples alternativa entre "aprovado" e "não aprovado", ou fórmulas afins, tem contribuído para a passagem de muitas dissertações que dificilmente o mereceriam, e tem tido como consequência ainda a falta de incentivo para teses melhores: pois todas as aprovadas ficam com a mesma nota. É certo que os júris procuram nas actas, por vezes, salientar os méritos ou os deméritos dos aprovados. Mas não é suficiente. Em geral, esta parificação por baixo tem como consequência haver poucas reprovações nos doutoramentos. Já nos mestrados, a possibilidade de haver notas diferenciadoras é positiva. Mas cuidado: o uso excessivo da táctica da resposta lateral e o imoderado recurso a verbalismo de tiradas preparadas não muito a propósito pode reverter em menos boa classificação. O grande conselho aqui (e também para os arguentes) é que a prova seja uma conversa profunda sobre o tema e o trabalho concreto que o discute. O candidato, que estudou seriamente o assunto deve sempre sobre ele saber mais que o júri, que não teve tanto tempo para se preparar.

Concluída a prova, não se esqueça de pedir logo diploma e certificados (essas coisas demoram por vezes muito; nalguns países – e não do terceiro mundo — um diploma demora mais de 17 anos a obter) em vários exemplares. Não imagina o *stock* de certidões (ou fotocópias autenticadas delas) de que vai precisar ao longo da vida...

E depois deve pensar na publicação, a menos que tenha pressentido que o júri não gostaria que publicasse o seu trabalho. Normalmente, às boas teses é o próprio júri que aconselha a edição.

Se se trata de um trabalho pequeno, uma revista da Faculdade é o lugar normal e muito digno para a edição, sem prejuízo de outras edições no estrangeiro, eventualmente em traduções, se for caso disso.

Já no caso de a obra ter lombada suficiente deve procurar-se a edição em livro. Há Faculdades e Universidades que têm excelentes editoras ou acordos com editoras que propiciam estas edições. Nos casos de as teses serem de temas menos vendáveis, esta solução é a melhor. Cumpre exclusivamente ao autor da tese a decisão sobre a editora a escolher, sendo ilegítima a pressão (não o convite, claro) para que edite aqui ou ali. O senão das edições universitárias de que falámos é, por vezes, a distribuição e o *marketing*. Havendo em contrapartida editoras privadas mais agressivas ou dinâmicas. E muitas delas muito prestigiadas. Cada um deve escolher informando-se das vantagens alternativas de umas e outras soluções.

Com a tese editada, o pesquisador é autorizado a envaidecer-se um bocadinho. Mas só mesmo um tudo-nada e no dia em que ela sair do prelo. Depois, deveria voltar à humanidade normal, que é o grande teste do real valor de um universitário. E deverá antes de mais oferecer a tese aos seus, e logo depois aos mestres e colegas, sem esquecer dedicatórias (manuscritas, pelo menos) que não precisam de ser barrocas: só sinceras. Na edição da tese (em paratexto prefacial ou afim) é de bom tom que se agradeça ao júri e eventualmente ao orientador (se ele tiver merecido). Só no caso de desavença grave com os avaliadores e o orientador é que se compreenderia quiçá, sem alguma grosseria ou muita desatenção, que uma tese impressa (mas só a impressa: o volume a julgar pelo júri deve ser depurado desses paratextos, que podem parecer nuns casos laudatórios em excesso, e noutros até piegas – como quando se agradeça ao canário ou ao periquito) omitisse tal singela simpatia.

Se as teses podem ser enviadas pelo correio a amigos e parentes mais distantes, é de bom tom que, para algumas pessoas (e desde logo professores) sejam entregues em mão. A menos que as pessoas em causa sejam tão atarefadas que agradeceriam aos deuses serem poupadas a uma delicadeza que os obrigará a sacrificar mais um pouco do seu precioso tempo. Por sadismo, pode-se pedir uma entrevista a um desses professores apressados, só para o fazer sofrer. Mas atenção: as editoras hoje em dia são em regra avaras em ofertas aos autores, pelo que fazer aquela maldade correponderá, também, a sacrificar um exemplar, que pode ser preciso para oferecer a quem o vá mesmo ler...

A gestão das ofertas da tese é outro quebra-cabeças. Como as de qualquer livro. Se o autor está no meio académico, sentirá o enorme desconforto de se sentir sempre em falta para com colegas e "superiores" que sempre acharão que têm assinatura dos seus trabalhos. Mas uma tese é uma tese. É conveniente negociar com o editor a compra de mais exemplares para que possa oferecer a todas as pessoas mais directamente conviventes consigo no meio académico. Sobretudo se o autor está a fazer mestrado e quer fazer carreira académica, não é aconselhável que logo de início ganhe inimizades para toda a vida por não ter oferecido a sua tese. Vão-se os anéis...

O mesmo se diga da festa (almoço ou jantar, mais raramente lanche) de celebração da tese. Há Faculdades que têm doutoramentos solenes, com menus especiais e convidados obrigatórios, que são cerimónias inolvidáveis mas ficam caríssimas (são, obviamente, facultativas: e ninguém está à espera delas). Contudo, falamos agora das festas que se fazem logo a seguir às provas. A menos que haja epidemia, revolução ou estado de sítio, que se esteja de luto, com sérias doenças em casa, ou sob pressão de outro motivo de força maior é de cordialidade académica e mesmo social oferecer essa celebração. Diz-se que há faculdades que custeiam essas bodas. Mas creio que será coisa excepcional e tenderá a desaparecer, pela escassez de recursos das mesmas (a última coisa que uma faculdade tem que custear são almoços comemorativos). Assim sendo, a solução é convidar para um restaurante (ou casa, ou mansão arrendada), conforme as posses (e o gosto ostentatório) de cada um. Não parece de bom tom fazer uma festa exageradamente feérica e luxuosa. É mesmo novo-riquismo.

A escolha dos convidados para estas celebrações tem de ser feita também com critério e cuidado. Não fique melindrado se os membros do júri declinarem o convite. Por um lado, eles não querem pesar-lhe no bolso, em alguns casos. Noutros, estão mesmo cansados. E noutros ainda, devem regressar a suas casas, muitas vezes longe da universidade em que ocorreram as provas. Não se esqueça que estas ocasiões também são ensejo para distinguir quem merece e esquecer quem não merece. Há uma linguagem simbólica nestes convites. Não esqueça é ninguém por incúria, porque tal não será lido como negligência mas como discriminação dolosamente feita de caso pensado.

Eu sei que ter tantos respeitos humanos tira em grande medida o prazer destas coisas. Mas a grande solução, então, é mesmo não ligar a nada disso, fazer um ar algo de marciano, e ir para casa comemorar com a família e talvez alguns amigos chegados, sem se preocupar com as maneiras de corte da academia. Já começa a haver quem o faça.

Um dia, se tiver muita, muita sorte, a sua tese começará a ser muito citada e os imensos exemplares que jaziam em *stock* (para desespero do editor) começarão a vender-se. Se conseguir um dia que a sua tese venha a fazer uma segunda edição será o mais feliz dos autores. Até lá (e, a menos que o seu tema seja imediatista, é de presumir que isso só venha a acontecer quando já estiver aposentado), desejo-lhe uma excelente vida. E isso é que é importante.

BIBLIOGRAFIAS

"The true University of these days is a collection of books."
Thomas Carlyle

Este livro, ao querer-se acessível e breve, inclui bibliografias que, não sendo extensas, têm de ser direccionadas, e subdivididas, e não uma lista alfabética acriticamente produzida pelo computador. Processo hoje facílimo, e fútil.

Pretendendo-se ainda que — em aulas, em pausas para estudo, em férias, ou simplesmente no futuro — os actuais estudantes ainda venham a ler as bibliografias, optámos por rigorosas amputações e graves sacrifícios, tendo em vista os condicionalismos contextuais: tempo, conhecimentos linguísticos, escassez de espécimes nas nossas bibliotecas, necessidade de apresentar obras que funcionam entre si como alternativas, por razões de não se saber qual ou quais se encontrarão disponíveis, etc.. Se todo este livro é feito só em intenção dos estudantes, as escolhas desta parte mais ainda sublinham uma tal finalidade.

Quando se pôde seleccionar um artigo em vez de um livro, ou um livro mais pequeno em detrimento de um livro maior, optou-se sempre pelo mais conciso; também sempre nos decidimos pela língua mais acessível, preferindo-se as traduções credíveis aos originais em idiomas menos correntes; igualmente se escolheram, de muitos autores, apenas as referências mais significativas, e as mais sucintas e mais fáceis de encontrar. Porém, em vão se procurará a repetição, numa lista final, de alguns textos das parciais que só nestas tenham cabimento, e mais em vão ainda alguns livros incidentalmente citados em nota de rodapé, ou de matérias distantes das fulcrais nos estudos em causa.

Em contrapartida, também se incluiram obras mais antigas e de disciplinas auxiliares (e mesmo de Filosofia) quando os seus méritos didácticos as recomendaram para suprir clamorosas lacunas de cultura que deveria considerar-se adquirida por estudantes universitários: mas que, infelizmente, não o está.

I. BIBLIOGRAFIA REFERENCIAL

1. Para aprofundamento da visão adoptada

FERREIRA DA CUNHA, Paulo — *Filosofia Jurídica Prática*, Coimbra, Lisboa, Quid Juris; 2009; Idem — *Tratado da (In)Justiça*, Lisboa, Quid Juris, 2008; *Filosofia do Direito*, Coimbra, Almedina, 2006; *Síntese de Filosofia do Direito*, Coimbra, Almedina, 2009

2. Para uma aproximação às grandes questões teórico-metodológicas do Direito:

FERREIRA DA CUNHA, Paulo — *Filosofia do Direito*, Coimbra, Almedina, 2006, p. 485 ss.

GORDILLO, Agustin — *El Metodo en Derecho*, Madrid, Civitas, 1988

GUERRA FILHO, Willis Santiago — *Teoria da Ciência Jurídica*, São Paulo, Saraiva, 2001

LARENZ, Karl — *Metodologia da Ciência do Direito*, 2.ª ed., Lisboa, Fundação Calouste Gulbenkian, trad. de José Lamego, revisão de Ana de Freitas, 1989

MÜLLER, Friedrich — *O Novo Paradigma do Direito. Introdução à Teoria e Metódica Estruturantes*, São Paulo, Editora Revista dos Tribunais, 2007

NEVES, A. Castanheira — *Digesta, Escritos acerca do Direito, do Pensamento Jurídico, da sua Metodologia e Outros*, Coimbra, Coimbra Editora, 3 vols., 1995; máx. I, p. 483 ss. (questão-de-facto/questão-de-direito); II, p. 7 ss. (fontes do Direito); II, p. 181 ss. (Escolas da exegese, do direito livre, histórica, jurisprudência dos interesses); II, p. 249 ss. (problema metodológico da realização do Direito; método jurídico, interpretação jurídica, redução política do pensamento metodológico-jurídico)

NEVES, A. Castanheira — *Metodologia Jurídica. Problemas Fundamentais*, Coimbra, Stvdia Ivridica, Coimbra Editora/Boletim da Faculdade de Direito, Universidade de Coimbra, 1993

PUY, Francisco — *Tópica Jurídica. Tópica de Expresiones*, México, Porrúa, 2006

VALLET DE GOYTISOLO, Juan — *Metodologia Juridica*, Madrid, Civitas, 1988.

VANDEVELDE, Kenneth J. — *Pensando como um Advogado*, trad. bras., São Paulo, Martins Fontes, 2000

SALDANHA, Nelson – *Da Teologia à Metodologia. Secularização e Crise no Pensamento Jurídico*, Belo Horizonte, Del Rey, 1993

3. **Para uma (relativamente sucinta) aproximação à Filosofia do Direito**:

Atias, Christian — *Philosophie du droit*, 2.ª ed., Paris, PUF, 2004

Bittar, Eduardo C.B./Almeida, Guilherme Assis de — *Curso de Filosofia do Direito*, 6.ª ed., São Paulo, 2007

Caffé Alves, Alaôr *et al.* — *O que é a Filosofia do Direito?*, Barueri, SP, Manole, 2004

Cotterrell, Roger — *The Politics of Jurisprudence. A Critical Introduction to Legal Philosophy*, 2.ª ed., Oxford, Oxford University Press, 2003

Puy Muñoz, Francisco/López Moreno, Angeles (coord.), *Manual de Filosofia del Derecho*, Madrid, Codex, 2000

Reale, Miguel — *Filosofia do Direito*, 19.ª ed., São Paulo, Saraiva, 1999

Ridall, J. G. — *Jurisprudence*, 2.ª ed., reimp., Londres etc., 2004

Teixeira, António Braz — *Sentido e Valor do Direito. Introdução à Filosofia Jurídica*, 3.ª ed., Lisboa, Imprensa Nacional-Casa da Moeda, 2006

Wacs, Raymond — *Philosophy of Law. A Very Short Introduction*, Oxford, Oxford Univ. Press, 2006

4. **Alguns estudos auxiliares de História da Filosofia do Direito, História do Pensamento Jurídico e afins**

Billier, Jean-Cassien/Maryioli, Aglaé — *Histoire de la philosophie du droit*, Paris, Armand Colin, 2001, trad. port. *História da Filosofia do Direito*, Barueri, SP, Manole, 2005

Ferreira da Cunha, Paulo/Aguiar e Silva, Joana/Lemos Soares, António — *História do Direito*, Coimbra, Almedina, 2005

Idem — *Temas e Perfis da Filosofia do Direito Luso-Brasileiro*, Lisboa, INCM, 2000

Idem — *Pensamento Jurídico Luso-Brasileiro*, Lisboa, IN-CM, 2006

Fassò, Guido — *Storia della filosofia del diritto*, Bologna, Il Mulino, 1970, 3 vols. (ed. esp. *Historia de la Filosofía del Derecho*, Madrid, Pirámide, 1982, 3 vols.)

Moncada, Luis Cabral de — *Filosofia do Direito e do Estado*, 2 vols., Coimbra, Coimbra Editora, 1953 e 1966 (Há nova ed. num único vol.) (só a 1.ª parte — ou o 1.º volume — é histórica)

Morrison, Wayne — *Filosofia do Direito. Dos Gregos ao Pós-Modernismo*, trad. port., São Paulo, Martins Fontes, 2006

Nunes, Rizzato — *Manual de Filosofia do Direito*, São Paulo, Saraiva, 2004

Moncada, L.[uis] Cabral de — *Subsídios para uma história da Filosofia do Direito em Portugal (1772-1911)*, Coimbra, Coimbra Editora, 1938

Silva, Nuno Espinosa Gomes da — *História do Pensamento Jurídico*, Lisboa, Universidade Católica Portuguesa, policóp.

Teixeira, António Braz — *O Pensamento Filosófico Jurídico Português*, Lisboa, ICALP, 1983

Idem — *História da Filosofia do Direito Portuguesa*, Lisboa, Caminho, 2005

Truyol Serra, Antonio — *Historia da Filosofia do Direito e do Estado*, II vols., trad. port., Lx.ª, Instituto de Novas Profissões, I, 1985, II 1990

Villey, Michel — *La formation de la pensée juridique moderne*, Paris, Montchrestien, 1975, nova ed., Paris, P.U.F., 2003

5. **Enciclopédias, Dicionários, Vocabulários, etc..**

Arnaud, André-Jean (ed.) — *Dictionnaire encyclopédique de théorie et de sociologie du droit*, Paris, L.G.D.J., ed. de 1993

Cayla, Olivier/Halperin, Jean-Louis — *Dictionnaire des grandes œuvres juridiques,* Paris, Dalloz, 2008

Cuvillier, Armand — *Nouveau vocabulaire Philosophique*, 2.ª ed., Paris, Armand Colin, 1956 (trad. port. Lólio Lourenço de Oliveira e J. B. Damasco Penna, revisão de Augusto Abelaira, *Vocabulário de Filosofia*, ed. port., Lisboa, Livros Horizonte, 1973

Enciclopédia *Biblos*, S. Paulo, Lisboa, (enciclopédia literária)

Enciclopédia *Logos*, S. Paulo/Lisboa, Verbo (enciclopédia filosófica geral)

Enciclopédia *Pólis*, S. Paulo/Lisboa, Verbo (enciclopédia geral de ciências sociais, incluindo importantes entradas filosófico-jurídicas)

Ferrater Mora, José — *Dicionário de Filosofia*, trad. port. de António José Massano e Manuel J. Palmeirim, Lisboa, Dom Quixote, 1977 (versão abreviada, sob a orientação do autor, do célebre *Diccionario de Filosofia*)

Gray, Christopher (ed.) — *The Philosophy of Law: an Encyclopedia*, New York, Garland, 1999

Julia, Didier — *Dictionnaire de la Philosophie*, 2.ª ed., Paris, Larousse, 1992 (edição de bolso)

Kunzmann, Peter *et al.* — *Atlas zur Philosophie*, Munique, Deutscher Tachenbuch, 1991 (trad. cast. *Atlas de Filosofia*, Madrid, Alianza, 1999

Lalande, André (org.) — *Vocabulaire Technique et critique de la Philosophie*, trad. port. coord. por António Manuel Magalhães, *Vocabulário — técnico e crítico — da Filosofia*, Porto, Rés, s.d., 2 vols. (clássico)

Lima Júnior, Dilson Machado de — *Dicionário Bibliográfico e Teórico. Filosofia do Direito*, Belo Horizonte, Líder, 2007

II. BIBLIOGRAFIA FILOSÓFICA ELEMENTAR

1. **Teórica**

Têm recentemente proliferado pequenos livros que pretendem fazer crer poderem ensinar filosofia 'sem dor' e num par de horas. Alguns muito ilustrados e até em Banda Desenhada. Não podendo conhecê-los a todos, diremos, pelos muitos que vimos, que normalmente são pior mal que não se saber nada. A única excepção que conhecemos, em BD, é Denis Huisman — *A Filosofia para principiantes*, trad. port. de Jorge Lima Alves, Lisboa, Dom Quixote, 1983. Mesmo assim, talvez excessivo; só o recomendaríamos a quem já soubesse Filosofia. E apenas "enganando" pelo título, as lições, muito sérias, de Witold Gombrowicz — *Cours de Philosophie em six heures un quart*, Paris, Rivages, 1995, que talvez também não sejam para principiantes. Outros títulos, de grande nível, serão, *v.g.*:

Boécio — *De Philosophiæ Consolatione*, trad. fr. de Colette Lazam: Boèce, *Consolation de la Philosophie*, Paris, Rivages, 1989 (ed. latina: texto estabelecido por

E. K. Rand, The Loeb Classical Library, Harvard University Press e William Heinemann Ltd., 1978). (apologético e poético; pungente)

COMTE-SPONVILLE, André — *L'amour la solitude*, Venissieux, Paroles de l'Aube, 1996 (conversas de um professor de filosofia nosso contemporâneo; actual e com alguns desafios)

GAARDER, Jostein — *O Mundo de Sofia. Uma Aventura na Filosofia*, trad. port. de Catarina Belo, Lisboa, Presença, 1995 (elementar e de malha ficcional)

GARCÍA MORENTE, Manuel/ZARAGÜETA BENGOECHEA — *Fundamentos de Filosofía*, 2.ª ed., Madrid, Espasa-Calpe, 1947 (não recente, mas sempre claro)

GEISLER, Norman/FEINBERG, Paul D. — *Introdução à Filosofia. Uma perspectiva cristã,* trad. bras., S. Paulo, Vida Nova, 1983 (perspectiva cristã, como diz o título, mas plenamente filosófica)

INNERARITY, Daniel — *A Filosofia como uma das Belas Artes*, trad. port. de Cristina Rodriguez e Artur Guerra, Lisboa, Teorema, 1996 (moderno, acessível, esclarecedor, apaixonante; com tópicos essenciais para a filosofia da Filosofia)

JASPERS, Karl — *Iniciação Filosofia,* trad. port., Lisboa, Guimarães, 1972

LAHR, C. — *Manual de Filosofia*, resumo do *Cours de Philosophie*, por G. P., 8.ª ed., Porto, Livraria Apostolado da Imprensa, 1968 (sofrendo o peso dos anos, mas ainda utilíssimo)

MARÍAS, Julián — *Introductión a la Filosofía*, 4.ª ed., Madrid, Alianza Editorial, 1995

MAUROIS, André — *Un art de vivre*, Paris, Plon, 1939 (uma "filosofia de vida" muito bem escrita, com algumas observações únicas e um bom número de ideias a revisitar).

MERLEAU-PONTY, Maurice — *Éloge de la Philosophie*, Paris, Gallimard, 1953 (trad. port. de António Braz Teixeira, Elogio da Filosofia, 4.ª ed., Lisboa, Guimarães, 1993) (não tão apologético quanto uma leitura superficial do título deixaria antever)

ORTEGA Y GASSET, Jose — *O que é a Filosofia?*, Rio de Janeiro, Livraria Iberoamericana, 1961 (tb. trad. na Cotovia)

PIEPER, Josef — *Verteidigungsrede für die Philosophie*, München, Kösel, 1966 (trad. cast. de Alejandro Esteban Lator Ros, *Defensa de la Filosofía*, 4.ª ed., Barcelona, 1982) (apologético, mas não só)

POLO, Leonardo — *Introducción a la filosofía*, Pamplona, EUNSA, 1995 (elucidativo)

SERRÃO, Joel — *Iniciação ao Filosofar. Antologia e Problematização*, 2.ª ed., Lisboa, Sá da Costa, 1974 (estimulante e inspirador)

SERRÃO, Joel/GRÁCIO, Rui (args.) — *Filosofia* (Antologia), 2.ª ed., Lisboa, Sá da Costa, 1974

RUSSEL, Bertand — *The Problems of Philosophy*, 3.ª ed. port., trad. e prefácio de António Sérgio, *Os Problemas da Filosofia*, Coimbra, Arménio Amado, 1974 (um belo livro no bom estilo britânico)

2. **Metodológica**

FOLSCHEID, Dominique/WUNENBURGER, Jean-Jacques — *Méthodologie Philosophique*, Paris, P.U.F., 1992 (didáctico)

COSSUTA, Frédéric — *Eléments pour la lecture des textes philosophiques*, Paris, Bordas, 1989 (didáctico)

FERRER, Urbano — *Filosofía. Guía de estudios universitarios*, Pamplona, EUNSA, 1984 (para candidatos à licenciatura em Filosofia, mas útil em geral; contém bibliografias elementares úteis)

FRANKLIN, Agostinho — *Estudar Filosofia*, Porto, Porto Editora, 1996 (muito elemen-tar)

HUISMAN, Denis — *L'art de la dissertation philosophique*, 6.ª ed., Paris, Sedes, 1965 (absolutamente essencial, ante a nossa geral falta de espírito pedagógico)

3. **História da Filosofia**

ABBAGNANO, Nicola — *História da Filosofia*, trads, vários, XIV vols., vv. eds., Lisboa, Presença.

ALAIN —*Abrégé pour les aveugles*, Paris, Flammarion, vv. eds. (sucinto e pleno de *sagesse,* assim como os *Propos* do mesmo autor)

CALAFATE, Pedro (dir.) — *História do Pensamento Filosófico Português*, Lisboa, Caminho, vários volumes, 1999-... (em curso de publicação)

CHÂTELET, François (dir.) — *História da Filosofia*, Lisboa, Dom Quixote, 8 vols. (também existe uma versão, condensada em 4 vols., editada pela mesma editora)

CLÉMENT, Marcel — *Une Histoire de l'Intelligence*, Paris, L'escalade, vv. vols., 1979-...(estimulante)

COHN, J. E. — *Los Grandes Pensadores. Introducción Histórica a la Filosofia*, trad. cast. de Domigo Miral, Barcelona, Labor, s.d. (selecção de autores essenciais)

FRANCA, Leonel, s.d. — *Noções de História da Filosofia*, 24.ª ed., Rio de Janeiro, Agir, 1990

FERRY, Luc — *Apprendre à Vivre. Traité de philosophie à l'usage des jeunes générations,* Paris, Plon, 2006 (um dos mais interessantes e coerentes ensaios históricos de Filosofia Geral numa perspectiva humanista e contemporânea)

GARCÍA MORENTE, Manuel/ZARAGÜETA BENGOECHEA, Juan — *Fundamentos de Filosofia e Historia de los sistemas filosóficos*, 2.ª ed., Madrid, Espasa-Calpe, 1947 (clássico).

GAMBRA, Rafael — *Pequena História da Filosofia*, trad. port. de Leonor Aires de Campos, Porto, Tavares Martins, 1964

MARÍAS, Julián — *História da Filosofia*, trad. port., Porto, 1973 (org.: Madrid, Revista de Occidente, 1941)

PADOVANI, Umberto/CASTAGNOLA, Luís — *História da Filosofia*, 12.ª ed. bras., S. Paulo, Melhoramentos, 1978

REVEL, Jean-François — *Histoire de la Philosophie Occidentale*, Paris, Stock, 1968 (trad. port. de Maria Tacke, *História da Filosofia Ocidental*, 2 vols., Lisboa, Moraes, 1971) (com a confessada ambição de ser uma história da filosofia popular, é todavia mais que isso)

4. **Clássicos da Filosofia**

Procurámos aqui não exceder muito os 100 títulos, cientes, como estamos, de que, assim, ainda deixaríamos ao leitor mais de 3 000 para o resto da vida, se ler um livro por semana — o que é razoável.

Os títulos foram traduzidos para português pelas suas designações correntes na nossa língua. Porém, numa meia dúzia de casos, não conhecendo uso nem precedente, procurámos a tradução mais razoável e literal. Quando o título original se costuma manter no uso corrente em português, mantivemo-lo também aqui. Os nomes dos autores seguiram também os usos — umas vezes respeitando o original; outras, vertendo-o para uma "versão portuguesa".

É óbvio que esta é uma selecção, lacunosa, sempre, e pessoal, sempre. Mais: circunstancial. Amanhã poderia ter algumas diferenças. Os especialistas não encontrarão aqui senão perda de tempo.

Não se incluem autores portugueses ou lusófonos, cujas principais obras filosóficas poderão ser consultadas, por exemplo, na bibliografia do nosso *Amor Iuris.*[228]

ABELARDO, Pedro — *Sic et Non*
AGOSTINHO, S. — *A Cidade de Deus*
AGOSTINHO, S. — *Confissões*
AGOSTINHO, S. — *Do Livre Arbítrio*
AL-FARABI, Abu Nasr — *A Cidade Ideal*
ALAIN — *Propos sur*
ANSELMO DE CANTEBURY — *Proslogion*
AQUINO, S. Tomás de — *Suma Teológica*
ARISTÓTELES — *Económicas*
ARISTÓTELES — *Ética a Nicómaco*
ARISTÓTELES — *Metafísica*
ARISTÓTELES — *Poética*
ARISTÓTELES — *Políticas*
ARISTÓTELES — *Retórica*
ARISTÓTELES — *Organon*
AURÉLIO, Marco — *Pensamentos*
AVERRÓIS — *Grande Comentário*
AVICENA — *O Livro da cura do erro*
BACHELARD, Gaston — *A Filosofia do Não*
BACHELARD, Gaston — *O novo espírito científico*
BACON, Francis — *Ensaios*
BACON, Francis — *Instauratio magna*
BACON, Francis — *Novum Organum*
BENNIAM, J. — *Introdução aos princípios da moral e da legislação*

[228] As referências a obras mais filosófico-políticas podem encontrar-se nos nossos volumes na colecção "O Essencial sobre", da Imprensa Nacional-Casa da Moeda: *clássica, medieval, moderna, liberal e social, romântica e contemporânea* (para esta última, 2 vols.)

BENTHAM, J. — *Um livro de falácias*
BERGSON, Henri — A *Evolução criadora*
BERGSON Henri — *As duas fontes da moral e da religião*
BERGSON, Henri — O *riso*
BERKELEY, George — *Diálogos de Hylas e Philonos*
BOÉCIO — *A Consolução da Filosofia*
CAMUS, Albert — *O Homem revoltado*
CAMUS, Albert — *O Mito de Sísifo*
CARROLL, Lewis — *A lógica sem dificuldade*
CHESTERTON, G. K. — *Disparates do Mundo*
CHESTERTON, G. K. — *O homem que era quinta feira*
CÍCERO — *Catilinárias*
CÍCERO — *Das Leis*
CÍCERO — *Dos deveres*
CONFÚCIO — *Pensamentos*
DESCARTES, René — *Discurso do Método*
DIDEROT, Denis — *Carta sobre os cegos*
DIDEROT/D'ALEMBERT (org.) — *Enciclopédia*
EPICTETO — *Manual*
ERASMO — *O Elogio da Loucura*
ESCOTO, Duns — *Tratado do primeiro princípio*
ESPINOSA, B. — *Ética*
ESPINOSA, B. — *Tratado teológico-político*
HEGEL, G. W. F. — *Fenomenologia do espírito*
HEIDEGGER, Martin — *Caminhos que levam a nenhures*
HEIDEGGER, Martin — *Introdução à Metafísica*
HEIDEGGER, Martin — *Ser e tempo*
HERACLITO — *Da Natureza*
HOBBES, Thomas — *Do Cidadão*
HOBBES, Thomas — *Leviathan*
HUME, David — *Investigação sobre o entendimento humano*
HUSSERL, Edmundo — *A filosofia como ciência de rigor*
ISIDORO DE SEVILLA S. — *Etimologias*
KANT, Immanuel — *Crítica da Faculdade de Julgar*
KANT, Immanuel — *Crítica da Razão Prática*
KANT, Immanuel — *Crítica da Razão Pura*
KIERKEGAARD, Soren — *Temor e Tremor*
LA BOÉTIE, Étienne de — *Discurso da servidão voluntária*
LAO TSE — *Tao Te King*
LEIBNIZ — *Ensaios de Tediceia*
LEIBNIZ — *Monadologia*
LEVINAS, Emmanuel — *Difícil liberdade*
LOCKE, John — *Ensaio sobre a verdadeira origem, extensão e fim do governo civil (Segundo Tratado do Governo Civil)*
LOCKE, John — *Ensaio sobre o entendimento humano*
LÚLIO, Raimundo — *Doze Princípios da Filosofia*
LYOTARD, Jean-François — *A Condição Pós-Moderna*

MALEBRANCHE, Nicolas — *Conversa entre um filósofo cristão e um filósofo chinês*
MAQUIAVEL, Nicolau — *O Príncipe*
MARX, Karl — *O Capital*
MONTAIGNE — *Ensaios*
MONTESQUIEU — *Cartas Persas*
MONTESQUIEU — *Do Espírito das Leis*
MORO, Tomás — *A Utopia*
NIETZSCHE, Friedrich — *A Gaia ciência*
NIETZSCHE, Friedrich — *Genealogia da Moral*
OCCAM, Guilherme de — *Tratado sobre os princípios da Teologia*
ORTEGA Y GASSET, José — *A rebelião das massas*
ORTEGA Y GASSET, José — *Mirabeau ou o político*
PARMÉNIDES — *"Poema"*
PASCAL, Blaise — *Pensamentos*
PEIRCE, C. S. — *Como tornar claras as nossas ideias*
PLATÃO — Obras completas (começando pela *Apologia de Sócrates, República, Minos, Górgias, Crítias,* etc.)
ROSMINI, António — *Introdução à Filosofia*
ROUSSEAU — *Do contrato social*
ROUSSEAU — *Emílio*
SARTRE, Jean-Paul — *O Ser e o Nada*
SCHOPENHAUER, Arthur — *O Mundo como vontade e representação*
SÉNECA — *De vita beata*
TOCQUEVILLE, Alexis de — *Da democracia na América*
TOCQUEVILLE, Alexis de — *O Antigo regime e a Revolução*
UNAMUNO, Miguel de — *Do sentimento trágico da vida*
VOLTAIRE — *Cândido*
VOLTAIRE — *Dicionário Filosófico*
VOLTAIRE — *Zadig*
WITTGENSTEIN, Ludwig — *Tractatus logico-philosophicus*

5. **Clássicos em geral**

Por todos, v. a monumental colecção dos *Great Books* organizada por Mortimer Adler, e ligada à Enciclopédia Britânica. E o preciosíssimo *Syntopicon*. Cf. inúmeros *links* utéis *in*: *http://www.thegreatideas.org/links.*

III. BIBLIOGRAFIA METODOLÓGICA GERAL COMPLEMENTAR

ATIAS, Christian — *Théorie contre arbitraire*, Paris, P.U.F., 1987
Enciclopédia Einaudi, volume 10., "Dialéctica", Lisboa, Imprensa Nacional-Casa da Moeda, 1988
FEYERABEND, Paul — *Against Method*, edição port. revista, trad. de Miguel Serras Pereira, *Contra o Método*, Lisboa, Relógio D'Água, 1993

MAN, Paul de — *The Resistance to Theory*, trad. port. de Teresa Louro Pérez, *A resistência à teoria*, Lisboa, Edições 70, 1989

MARC, Alexandre — *De la méthodologie à la dialectique*, Paris, Presses D'Europe, 1970

IV. BIBLIOGRAFIA GERAL

1. **Textos Literários (ilustrativos) e seu comentário**

CAMUS, Albert — *Les Justes*, *La Chute*, *Caligula* (as traduções de Camus, em português, forma sobretudo publicadas na editora Livros do Brasil. D'*A Queda*, há ainda ed. de bolso, Verbo/livros RTP; Edição fr. — na "Bibliothèque de la Pléiade", Paris, Gallimard, em 2 vols.)

DICKENS, Charles — *Bleak House* (ed. de bolso, *v.g.*: Wordsworth Classics, ed. 1993. 3.ª reimp. 1995)

DOSTOIEWSKI — *Crime e Castigo* (ed. port. de bolso: Minerva, 2 vols.)

Bibliog. crítica recente: por todos, cf.

Christian TALIN — *Ontologie criminelle chez Dostoïevski,* "Revue Internationale de Philosophie Pénale et de Criminologie de l'Acte, n.º 7-8, pp. 7-19;

Marlène ZARADER — *La dialectique du crime et du châtiment chez Hegel et Dostoïevski*, "Revue de Métaphysique et de Morale", n.º 3, juillet-septembre 1976, Paris, Armand Colin, pp. 350-375.

O Livro de Job (qualquer edição da Bíblia). Antes de mais, o Comentário de S. Tomás de Aquino — *Expositio super Iob ad litteram.*

Bibliog. crítica recente: por todos, cf.

José Nunes CARREIRA — "Job entre os Filósofos", in *Filosofia Antes dos Gregos*, Mem Martins, Europa-América, 1994, p. 202 ss.

David J. A. CLINES — *The Book of Job*, in *The Oxford Companion to the Bible*, ed. by Bruce M. Metzger / Michael D. Coogan, New York/Oxford, Oxford University Press, 1993, p. 368 ss..

Introdução e notas do livro na edição *La Bible de Jérusalem*, 14.ª ed., Paris, Cerf, 1994

Philippe NEMO — *Job et l'excès du mal,* com posfácio de Emmanuel Levinas, Paris, Albin Michel, 1999.

Samuel TERRIEN — *Jó*, trad. bras., S. Paulo, Paulus, 1994 (com copiosa bibliografia teológica, literário-linguística, histórica, etc.)

LUKES, Steven — *The curious Enlightenment of Professor Caritat*, trad. port. de Teresa Curvelo, *O Curioso Iluminismo do Professor Caritat*, Lisboa, Gradiva, 1996

RACINE — *Les Plaideurs* (*v.g. in* ed. *Théâtre Complet*, texte établi, avec préface, notices et notes par Maurice Rat, Paris, Garnier, 1960, p. 179 ss.)

SHAKESPEARE, William — *The Merchant of Venice* (ed. de bolso, bilingue, trad. de D. Luís de Bragança, Publicações Europa América)

SARTRE, Jean-Paul — *Les mains sales* (*v.g. in* ed. de bolso, com trad. port. de António Coimbra Martins, *As Mãos Sujas*, Lisboa, Europa-América, 1972)

SÓFOCLES — *Antígona, Rei Édipo* (Há uma edição em português, da editoral Verbo// livros RTP, com ambas as peças).

Bibliog. recente: por todos, cf.

Henry BACHAU — *Antigone*, Actes du Sud, 1997; Idem — *Œdipe sur la route*, *ibid.*, 1990 (ficções recentes mais conhecidas)

Joaquín GARCÍA-HUIDOBRO — "Antígona: el descubrimiento del límite", in *Naturaleza y Politica*, Valparaiso, EDEVAL, 1997

Javier HERVADA/Juan ANDRES MUNÖZ — *Derecho. Guía de los Estudios Universitarios*, Pamplona, EUNSA, 1984. p. 149 ss. (Há ed. port., Porto, Rés, s/d);

George STEINER — *Antígonas,* trad. port., Lisboa, Relógio D'Água, 1995;

Stamatios TZITZIS — *La Philosophie Pénale*, Paris, P.U.F., 1996, máx. p. 69 ss..

Sugestões complementares:

Jean Anouilh — *Beckett*; William Faulkner-*Santuário;* Franz Kafka — *O Processo*; Hervé Bazin — *A morte do cavalinho*; Eça de Queirós — *A Tragédia da rua das Flores*; *O Mandarim,* Miguel Torga — "Justiça", *Contos da Montanha*; Ferreira de Castro — *A Missão, Farsa do advogado Pathelin* (anónimo); W. Shakespeare — *Júlio César*; passos de Gil Vicente, Molière, várias óperas, etc., etc.

2. **Colectâneas de textos doutrinais**

CASANOVAS, Pompeu/Moreso, José Juan (eds.) — *El ámbito de lo jurídico. Lecturas de pensamiento jurídico contemporaneo*, Barcelona, Crítica, 1995

GARCÍA-GALLO, Alfonso — *Antologia de Fuentes del Antiguo Derecho. Manual de Historia del Derecho*, II, 9.ª ed. rev., Madrid, 1982 (Muitíssimo rico e completo — evidentemente com interesse mais histórico, mas com decisiva importância para a compreensão da génese e consolidação epistemológica do Direito)

HAMPSTEAD, Lord Lloyd of/FREEMAN, M.D.A. — *Lloyd's Introduction to Jurisprudence*, 5.ª ed., London, Stevens & Sons, 1985

MALAURIE, Philippe — *Anthologie de la Pensée Juridique*, Paris, Cujas, 1996

MARTINEZ, Soares (selecção, tradução e notas) — *Textos de Filosofia do Direito*, Coimbra, Almedina, 1993

SOARES, Teresa Luso — *Textos de Direito Romano*, Lisboa, AAFDL, 1987 (evidentemente com interesse mais histórico, mas com decisiva importância para a compreensão da génese e consolidação epistemológica do Direito)

TEIXEIRA, António Braz — *Filosofia Jurídica Portuguesa Contemporânea*, Porto, Rés, s.d. [1993] (selecção de textos e biobibliografias)

3. **Revistas, obras colectivas, etc.**

(precedidas das respectivas abreviaturas correntes; assinalam-se com * as mais especializadas nas áreas jusfilosóficas e jurídicas humanísticas):

	AÖR	— *Archiv des öffentlichen Rechts*
*	*APD*	— *Archives de Philosophie du Droit*
*	*ARSP*	— *Archiv für Rechts- und Sozialphilosophie*
	AS	— *L'Année Sociologique*
	BFDUC	— *Boletim da Faculdade de Direito da Universidade de Coimbra*
*	*BIASL*	— *Bulletin of the International Association for the Semiotics of Law*
	BMJ	— *Boletim do Ministério da Justiça*
	C	— *Critique. Revue Générale des publications françaises et étrangères*
	CILB	— *Cadernos Interdisciplinares Luso-Brasileiros*
*	*CP*	— *Constats et Prospective. Revue Internationale de Criminologie et de Philosophie du Droit Pénal* (depois designada RIPPCA)
*	*CSLL*	— *Cardozo Studies in Law and Literature*
*	*D*	— *Doxa*
	DJAP	— *Dicionário Jurídico da Administração Pública*
	DJ-RFDUCP	— *Direito e Justiça. Revista da Faculdade de Direito da Universidade Católica Portuguesa*
*	*DRFTJ*	— *Droits. Revue Française de Théorie Juridique*
	DS	— *Droit et Société. Revue Internationale du Droit et de Sociologie Juridique*
	E	— *Esprit*
*	*EY*	— *EYDIKIA*
*	*FDH*	— *Fides. Direito e Humanidades*
	H	— *Hermeneutica*
	HLR	— *Harvard Law Review*
*	*I*	— *Iustitia*
*	*IJSL*	— *International Journal for the Semiotics of Law*
	JLE	— *Journal of Legal Education*
	JRSG	— *Jus. Rivista di Scienze Giuridiche*
	L	— *Logos. Enciclopédia Luso-Brasileira de Filosofia*
*	*LC*	— *Law and Critique*
	M	— *Mirandum*
*	*N*	— *Nomos. Revista Portuguesa de Filosofia do Direito e do Estado*
	NO	— *Notandum*
	NLR	— *Nova Law Review*
	OD	— *O Direito*
*	*OP*	— *Oñati Proceedings*
	P	— *Pólis*
*	*PD*	— *Persona y Derecho. Revista de fundamentación de las Instituciones Jurídicas y de Derechos Humanos*

	PQ	— *The Political Quarterly*
	PS	— *Political Studies*
*	*QFSPGM*	— *Quaderni Fiorentini per la Storia del Pensiero Giuridico Moderno*
	RBEP	— *Revista Brasileira de Estudos Políticos*
	RBF	— *Revista Brasileira de Filosofia*
	RCCS	— *Revista Crítica de Ciências Sociais*
	RCL	— *Revista de Comunicação e Linguagens*
	RDE	— *Revista de Direito e Economia*
	RDES	— *Revista de Direito e de Estudos Sociais*
	RDP -GA	— *Rivista di Diritto Pubblico - La Giustizia Amministrativa*
	RDPSPFE	— *Revue du Droit Public et de la Science Politique en France et a l'Etranger*
	RD-UCV	— *Revista de Derecho. Universidad Catolica de Valparaiso*
	REP	— *Revista de Estudios Politicos*
	RFDL	— *Revista da Faculdade de Direito de Lisboa*
*	*RHFDSJ*	— *Revue D'Histoire des Facultés de Droit et de la Science Juridique*
*	*RIEJ*	— *Revue Interdisciplinaire d'Etudes Juridiques*
*	*RIFD*	— *Rivista Internazionale di Filosofia del Diritto*
*	*RIPPCA*	— *Revue Internationale de Philosophie Pénale et de Criminologie de l'Acte* (antes designada CP)
*	*RITD*	— *Revue Internationale de la Théorie du Droit*
	RLJ	— *Revista de Legislação e de Jurisprudência*
*	*RJ*	— *Ratio Juris. An International Journal of Jurisprudence and Philosophy of Law*
	ROA	— *Revista da Ordem dos Advogados*
	RPF	— *Revista Portuguesa de Filosofia*
	SLR	— *Stanford Law Review*
	TLR	— *Texas Law Review*
	UCDLR	— *University of California. Davis Law Review*
	V	— *Videtur*
	VELBC	— *Verbo - Enciclopédia Luso-Brasileira de Cultura*
*	*VL*	— *Vera Lex. International Journal of Natural Law and Right*
	VLR	— *Vanderbilt Law Review*
*	*YJLH*	— *Yale Journal of Law and Humanities*

4. **Filmografia**

Alguma da principal filmografia útil para os prolegómenos à Filosofia jurídica encontrar-se-á comentada nas seguintes obras:

ARNAUD, André-Jean — *Critique de la Raison Juridique*, 1. *Où va la Sociologie du Droit*, Paris, L.G.D.I., 1981, p. 457 ss..

D'AMATO, Anthony — *Justice and the Legal System. A Coursebook* (designadamente no *Teacher's Manual*, Cincinnati, Anderson Publishing, 1993).

WAGNER, Anne/PENCAK, William — *Images in Law*, Aldershot/Burlington, VT, 2006
LACERDA, Gabriel — *O Direito no Cinema. Relato de uma experiência didática no Campo do Direito*, 1.ª ed., 1.ª reimp., Rio de Janeiro, FGV, 2007

5. Imagem do Direito

É rara — mas deveras interessante e inspiradora — a iconografia do Direito e dos juristas.

Dos símbolos jurídicos há um pouco mais fontes. Cf. assim, em geral, incluindo imagética em geral

COHEN, Morris L. — *Law. The Art of Justice*, s/l, Beaux Arts Editions, 1992
KOCHER, Gernot — *Zeichen und Symbole des Rechts. Eine historische Ikonographie*, MUNIQUE, C.H. Beck, 1992
MALAURIE, Philippe — *Anthologie de la Pensée Juridique*, Paris, Cujas, 1996
SELLERT, Wolfgang — *Recht und Gerechtigkeit in der Kunst*, Göttingen, Wallstein, 1993

ÍNDICE